Josef H. Reichholf

Der Hund und sein Mensch

»Der Hund ist ein Phänomen. Etwas so Einzigartiges, dass man ihn nicht hätte erfinden können.« Hat er sich also selbst erfunden und domestiziert, als er sich vor Tausenden von Jahren als freier Wolf den sesshaft gewordenen Menschen genähert und angeschlossen hat? Was war der Grund dafür, dass er nicht nur als Begleiter bei der Jagd geschätzt, sondern bald zu dem Haustier wurde, das uns heute näher ist als jedes andere Tier? Sein ausgeprägtes Sozialverhalten und seine hohe Bereitschaft zur Kooperation? Josef H. Reichholf widmet sich mit Wissen und Herzblut einer der ältesten Beziehungen der Evolution: der beispiellosen Freundschaft zwischen Hund und Mensch.

Prof. Dr. Josef H. Reichholf, 1945 in Niederbayern geboren, Evolutionsbiologe und Ökologe, war Leiter der Wirbeltierabteilung der Zoologischen Staatssammlung München und Professor für Ökologie und Naturschutz an der Technischen Universität München. Er ist Träger der »Treviranus-Medaille«, der höchsten Auszeichnung der Deutschen Biologen, und erhielt neben vielen anderen Preisen den Grüter-Preis für Wissenschaftsvermittlung sowie den Sigmund-Freud-Preis für wissenschaftliche Prosa der Deutschen Akademie für Sprache und Dichtung. Er lebt im Inntal.

Josef H. Reichholf

Der Hund und sein Mensch

Wie der Wolf sich und uns domestizierte

dtv

Auch für ihn.

MIX
Papier aus verantwortungsvollen Quellen
FSC® C019821

2022 dtv Verlagsgesellschaft mbH & Co. KG, München
Lizenzausgabe mit Genehmigung der Carl Hanser Verlag GmbH & Co. KG, München
mit einem Zusatzkapitel (»Coronahunde«) für die Taschenbuchausgabe

Umschlaggestaltung: Katharina Netolitzky
Umschlagmotiv: stocksy.com
Satz: Eberl & Koesel Studio, Altusried-Krugzell
Druck und Bindung: Druckerei C. H. Beck, Nördlingen
Printed in Germany · ISBN 978-3-423-35167-6

INHALT

VORBEMERKUNG

Ein Findling und ein Polizeihund 7

I WIE AUS WÖLFEN HUNDE WURDEN

Wer oder was ist ein Hund? 23
Eine schöne Geschichte? Wie Steinzeitjäger aus Wölfen Hunde züchteten 27
Einwände und Alternativen 32
Die Selbstdomestikation von Wölfen 35
Auf der Suche nach Fakten 39
Streunende Hunde 42
Rangordnungen 46
Hunde und andere Hundeartige 50
Beute und Beutegreifer 56
Läufer unter tropischer Sonne 64
Wölfe als (Erd-)Höhlenbewohner 69
Eiszeitland 75
Wolfsleben im Eiszeitland 81
Nochmals die Eiszeitmenschen 87
Jagd und Jagderfolg 96
Der »Pleistozäne Overkill« 102
Die Folgen des Overkills für die Neandertaler und die Wölfe 107
Die (spät-)eiszeitliche Aufspaltung von Wölfen in zwei ökologische Formen 113

Westeuropa und China: ein oder zwei Ursprungsgebiet(e) des Hundes? ... 121

II DIE BEZIEHUNG ZWISCHEN HUND UND MENSCH

Ein zauberhafter Welpe ... 129
Verhaltensweisen ... 137
Gieriges Fressen und bedingungsloses Vertrauen ... 150
Halb tot aus der Hundepension ... 153
Silvester ... 155
Sprachverständnis, Bellen und Gespräche mit »er« ... 157
Hundeblicke ... 160
Was ist das für eine Beziehung? ... 163
Die Sinneswelten von Mensch und Hund ... 166
Hormone und Spiegel ... 175

III HUND UND MENSCH – UND KATZE? EIN AUSBLICK

Die Katze – ein Vergleichsfall? ... 184
Die Selbstdomestikation – ein verbreiteter Prozess ... 193
Coronahunde ... 197

Zusammenfassender Rückblick ... 205
Nachwort ... 208
Dank ... 212
Literatur ... 214
Register ... 218

VORBEMERKUNG

Wie wurde der Wolf zum Hund?
Warum wurde er Haustier?
Was sind die Folgen?

Um diese Fragen geht es hier. Fast immer wurden sie bisher getrennt behandelt. Und nicht selten aus einer sehr selbstbezogen-überheblichen Position heraus beantwortet – so, als ob es ein klares Ziel spätsteinzeitlicher Domestikation gewesen wäre, aus Wölfen Hunde zu machen. Und der Wolf gar nicht anders konnte, als mitzumachen bei seiner Erniedrigung zum Haustier.

Wir neigen dazu, hinter den Geschehnissen Absichten zu vermuten, wenn Menschen beteiligt sind. Formulierungen wie »... um zu ...« verraten dies. Unsere eigene Geschichte lehrt allerdings, dass die Folgen aktueller Entscheidungen für die nächste Generation kaum jemals berücksichtigt werden. Der gegenwärtig beklagte Mangel an Bereitschaft, für die Zukunft vorzusorgen, für eine Zeit, die nur wenige Jahrzehnte vor uns liegt, zeigt dies anschaulich. Wie sollten Menschen der Steinzeit also so weit vorausgeplant haben, dass sie die Domestizierung wilder Wölfe begannen, um irgendwann in ferner Zukunft Hunde halten zu können? Nicht sie selbst und ihre Kinder oder Enkel, sondern die Nachkommen viele Generationen später, in einer unvorstellbar fern liegenden Zeit.

Wölfe sind keine Kuscheltiere. Am Beginn ihrer Hundwerdung, wie immer diese verlief, mussten sich die Menschen mit ihnen arrangieren. Und dabei stets fürchten, gebissen zu werden. Bereits leichte Verletzungen durch Hundebisse können Wundstarrkrampf und andere lebensgefährliche Infektionen verursachen. Selbst unter heutigen Bedingungen, mit wirkungsvoller medizinischer Versorgung und umfangreichem verhaltensbiologischem Wissen, ist die Zähmung wilder Wölfe im großen Stil kaum vorstellbar. Zigtausendfach kommen Hundebisse alljährlich in Deutschland vor, millionenfach global. Wolfsgroße Hunde sind kein lebendiges Spielzeug. Wie konnte die Hundwerdung unter den ungleich schwierigeren Bedingungen der fernen Eiszeit zustande kommen, als die Menschen noch als Jäger und Sammler in kleinen Gruppen umherzogen und über keine Gewehre verfügten, um sich der Wölfe zu erwehren? Und doch haben wir ihn, den Hund, unseren tierisch besten Freund. Wie er wurde, was er ist, das ist eine spannende Geschichte. Sie betrifft uns alle – mit oder ohne Hund.

EIN FINDLING UND EIN POLIZEIHUND

Von frühen Erfahrungen hängt viel ab, ob Menschen Hunde mögen oder nicht. In meiner Kindheit und Jugendzeit hatte ich mit zwei ganz unterschiedlichen Hunden zu tun. Ich war noch nicht eingeschult, als wir über eine Tante aus München einen kleinen Hund erhielten. Von der Feuerwehr war er aufgegriffen worden. Unser Häuschen am Rand des Dorfes im niederbayerischen Inntal hatte einen umzäunten Garten. Die Umstände schienen also günstig für den munteren kleinen Schnauzer, der uns gleich begeisterte. Ich war noch zu klein, um genauere Erinnerungen an ihn zu bilden. Umso stärker setzte sich sein jähes Ende in meinem Gedächtnis fest. Das Unheil nahm seinen Lauf, kaum dass wir ihn ein paar Tage bei uns hatten. Lumpi, so nannten wir ihn, war auf Entenjagd dressiert. Unsere Nachbarin hielt gerade eine Schar junger Enten auf einem kleinen Teich neben dem Kuhstall. Wenn sie Hunger hatten, schnatterten die Entlein laut. Das war oft der Fall. Kaum hörte Lumpi die Rufe, suchte oder grub er sich ein Schlupfloch im Zaun, sauste zu den Enten, fasste sich eine und schüttelte sie tot. Schließlich hatte er es so gelernt. Zum Erlegen einer weiteren kam er bei dieser ersten Entenjagd nicht mehr, weil die Bäuerin auf ihn losging und ihn mit lautem Geschrei davonjagte. Lumpi suchte bei uns Zuflucht. So wusste sie sofort, woher das Untier kam.

Von meiner Mutter kassierte sie den Preis, den die fett gewordene Ente ein halbes Jahr später unter günstigsten Umständen vielleicht erzielt hätte. Die tote Jungente behielt sie trotzdem. Auch die nächste und übernächste, die Lumpi in den folgenden Tagen erlegte, bekamen wir nicht. Obwohl wir meinten, alle Schlupflöcher im Zaun gefunden und unpassierbar gemacht zu haben, gelang es ihm auszubrechen, wenn er die Entenrufe hörte. Das Verhältnis zur Nachbarin war zerrüttet. Ich hielt sie für eine alte Hexe, nachdem Lumpi vom Jäger aus dem Dorf erschossen worden war. Der kleine Hund habe ihm leidgetan, sagte er meiner Mutter. Vielleicht wollte er sich dafür entschuldigen, dass das Erschießen so fürchterlich verlaufen war. Nachdem er zunächst nur einen Bauchdurchschuss erzielt hatte, schoss er mit Schrot mehrfach aus nächster Nähe auf den Hund ein. Unsäglich, was dem Kleinen angetan wurde, bloß weil er jenen Impulsen folgte, die ihm andressiert worden waren. Wir begruben ihn im Garten, und ich weinte bitterlich. Die Bäuerin strafte ich fortan mit Verachtung, was ihr ziemlich gleichgültig gewesen sein dürfte. Als sie ein paar Jahre später starb, empfand ich kein Mitleid, sondern kindliche Genugtuung.

Wie unsere Katze damals auf den plötzlichen Tod des Hundes reagierte, weiß ich nicht mehr. Sie hatte ihn die kurze Zeit, die er bei uns lebte, zwar toleriert, aber nach Katzenart umgehend durch ein paar Pfotenschläge mit ausgefahrenen Krallen auf Distanz gehalten. Vagen Erinnerungsbildern zufolge saß sie auf erhöhter Stelle und schaute auf ihn hinab, die Pupillen zusammengekniffen zum Schlitz. Er war zum Spielen aufgelegt und bellte sie an. Das missfiel ihr. Sie sprang direkt vor ihm herunter und schritt, sich nicht weiter um ihn kümmernd, mit hochgerecktem Schwanz davon. Katzen gab es in meiner Kindheit und Jugend immer. Manche legten sich zur bettlägerigen Großmutter und wärmten sie. Meistens hatten wir Kater, aber auch Weibchen, die Junge bekamen. Daher war meine Kinderwelt von Katzen geprägt. Nach dem Desaster mit Lumpi, den im Dorf niemand hatte aufnehmen wollen, weil sein schändliches Tun, stark aufgebauscht (der »Mörderhund«), sogleich die Runde gemacht hatte, gab es in meiner Kindheit und frühen Jugendzeit als Haustiere nur die Katzen. Sie lebten ein sehr selbstständiges Leben, kamen, wenn sie gestreichelt werden wollten, und verschwanden wieder, dass ich sie mitunter tagelang nicht mehr sah. Sie fingen Mäuse, gelegentlich auch Ratten. Einer wurde im Kampf mit einer großen Ratte die Kehle durchgebissen. Die Speiseröhre hing ihr heraus. Ein anderer Nachbar erbarmte sich und tötete sie. Wir wären dazu nicht imstande gewesen. Tierärzte für Kleintiere gab es damals weit und breit nicht, wir hätten uns zudem die gewiss sehr teuere Operation nicht leisten können. Auch diese Katze, die beste Rattenkatze, wie Oma sagte, erhielt im Garten ein Grab. Dass eine andere junge Katze im nächsten Frühjahr drei Kätzchen ins Haus brachte, tröstete mich über den Verlust der Vorgängerin hinweg, die ich sehr gemocht hatte.

Doch dann, gut ein Jahrzehnt nach Lumpi, begann für mich die wunderbare Zeit mit einem riesigen Schäferhund. Direkt neben unserem Häuschen war für Grenzpolizisten ein Vier-Familien-Wohnblock errichtet worden. Die österreichische Grenze war nur einen halben Kilometer vom Dorf entfernt, und auf der deutschen Seite nahm man den Grenzschutz sehr ernst. So ernst, dass die meisten Grenzpolizisten zusammen mit einem ausgebildeten Hund »Streife gehen« mussten. Unregelmäßig zu verschiedenen Tages- und Nachtzeiten selbstverständlich, damit kein System erkennbar wurde. Wir als Anwohner verstanden das nicht, hüben in Bayern wie drüben in Österreich. Die Grenze und mehr noch die Grenzkontrollen hielten wir für völlig überflüssig. Das sah man allerdings in Bonn nicht so, wo die Regierung der Bundesrepublik damals noch saß. Die »Grenzer«, wie sie bei uns genannt wurden, nahmen ihren Dienst durchaus ernst, wenngleich in eher formalem Sinne. Mit der Bevölkerung gerieten sie nicht in Konflikt, weder in Bayern noch in Österreich. Beim sogenannten Innendienst saßen sie ohnehin beisammen in denselben Kontrollstellen an den Grenzübergängen. In dieser gänzlich unproblematischen Lage an der Grenze waren die Streifengänge bei gutem Wetter und vor allem für die Hunde ein Vergnügen. Diese verbrachten ja die übrige Zeit in Zwingern und konnten nichts tun, als sich gegenseitig anzubellen. Das hörten ihre Herren, die am Tag schlafen wollten, natürlich nicht gern, wenn sie von der nächtlichen Tour bei Wind und Wetter zurück waren. Die Hunde sollten sich also zunächst möglichst still und dann aufmerksam verhalten, wenn der Dienstgang begann. Dabei sahen die riesigen Schäferhunde richtig angsteinflößend aus.

Einer dieser Hunde war besonders groß und von den anderen, die in den Zwingern nebenan untergebracht waren, offenbar sehr gefürchtet. Sie wagten kaum, ihn durchs Gitter anzubellen, wenn er draußen im Hof frei lief. Seinen Besitzer fanden wir sehr nett, auch wie er mit dem Hund umging. Das sah mitunter allerdings nach einem Kräftemessen aus, so hart und laut wurden die Kommandos gerufen. Die Grenzerfamilie hatte eine Tochter. Als sie unsere Nachbarn wurden, ging sie wohl noch nicht zur Schule. An manchen Tagen holte die Kleine aber beim Bäcker im Dorf frische Brötchen – zusammen mit dem Hund. Sie führte ihn dabei an kurzer Leine. Da reichte er ihr bis zur Schulter, nur ihr Köpfchen ragte darüber hinaus. Entsprechend gekleidet, hätte sie wie Rotkäppchen mit dem Wolf ausgesehen. Der riesige Hund war wahrscheinlich noch massiger als ein echter Wolf. Er folgte der Kleinen auf jeden Wink. Doch ein gemütlicher Bär war er gewiss nicht. Vor einer solchen Fehleinschätzung warnte sein tiefes Knurren, sobald jemand dem Mädchen zu nahe kam. Ein paar Meter Abstand mussten es sein. Die Leute im Dorf vermieden es tunlichst, angeknurrt zu werden. Der Besitzer des Schäferhundes betonte im Gespräch wiederholt, dass er sich selbst wundere, wie gut die Kleine mit dem Tier umgehen könne. Für Hundetrainer der Polizei sei er nämlich ein echter Problemfall. Beim Training beiße er nicht einfach in den speziell gepolsterten Abwehrarm, sondern suche nach anderen Angriffsmöglichkeiten, sodass er sich kaum bändigen lasse. Sein Töchterlein könne ihm aber das Maul aufmachen, die Zähne untersuchen oder sich auf ihn setzen.

Der Hund und ich lernten uns kennen, weil sich sein Herr wiederholt mit mir über den Zaun hinweg unterhielt, wenn er von einem Dienstgang zurückgekommen war. Dieser erzählte mir dabei, dass er draußen am Fluss Vögel gesehen habe, die mich interessieren könnten. Auch andere Grenzer fingen nach und nach an, mir solche Hinweise mitzuteilen, nachdem wir uns auf den Dämmen nahe der Grenze getroffen hatten, weil ich auch unterwegs war beim Beobachten und Zählen der Wasservögel.

Eines Tages bot mir einer dieser Grenzpolizisten einfach an, seinen Hund mit hinauszunehmen. Er war in den Innendienst versetzt worden, der Hund bekam daher viel zu wenig Auslauf. Weggeben wollte er ihn jedoch nicht. Ero, so hieß er, sei ein ganz braver Schäferhund. Seine Größe und das finstere Aussehen würden täuschen. Ich könne ja im Garten anfangen, mich mit ihm vertraut zu machen. Vom Fenster aus würde er sehen, wie sich der Hund bei mir verhielt und wie ich mich mit ihm anstellte. Das war ein großartiges Angebot. Nicht einmal im Traum hätte ich mir damals vorstellen können, einen Polizeihund an die Hand zu bekommen, und sei es auch an der Leine und für kurze Zeit. Also redete ich durch den Gitterzaun auf Ero ein: »Magst du mit mir hinaus? Hinaus in die Au und zum Wasser? Du bist ein schöner Hund! Und so ein Braver!« Er schaute mich an und wedelte schließlich ein wenig mit dem Schwanz. Daraufhin nahm ihn sein Herr an die Leine, führte ihn zu uns in den Garten und übergab ihn mir. Nun sollte ich ihm ein paar Kommandos, wie »Sitz«, »Platz« und ähnliche, geben, ihn abliegen oder die Leine bringen lassen, ihn zu mir rufen; alles Formen der Dressur, die zur Grundausbildung der Hunde gehören und nichts Polizeispezifisches an sich hatten. Spezielle Polizeikommandos auszuprobieren, in diese vielleicht verlockende Verlegenheit sollte ich besser gar nicht erst kommen.

Alles klappte auf Anhieb. Als mir Ero auf ein kurzes »Pfote« seines Herrn hin sofort die rechte Pfote entgegenstreckte, wirkte es für mich wie ein Handschlag als Zustimmung. Verblüfft sah ich, wie die Pfote auf meiner Hand ruhte. Damit war abgemacht, dass ich ihn mitnehmen würde auf meine Gänge und Radfahrten in die Natur. Und ein wunderbarer Sommer begann. Der Hund durfte mich begleiten, wann immer ich Zeit hatte. Mit seinem Alter von sechs oder sieben Jahren hatte er noch eine sehr gute Kondition. Auch war er nicht betroffen vom Hüftleiden, das viele alternde Schäferhunde befällt und ihnen das Leben schwer und schmerzhaft macht. Meistens japste er mir schon vom Zwinger aus entgegen, wenn er meine Schritte im Hof hörte. Fuhr ich mit dem Fahrrad hinaus zum Fluss, lief er an einer mehrere Meter langen Leine. Manchmal zog er mich so flott hinter sich her, dass ich ihn abbremsen musste, um auf den steinigen Feldwegen nicht zu schnell zu werden. Auf jeden kurzen Ruf hin hielt er inne und schaute mich an, um abzuwarten, wie es weitergehen sollte. Draußen auf den Dämmen durfte er dann frei laufen. Sie waren übersichtlich, und er trottete ohnehin nie zu weit voraus. Aufs Wort blieb er stehen oder kam zu mir zurück.

Der Dammwärter hatte ein Boot; eine »Zille«. Das ist ein langer, flacher Holzkahn mit spitzem Bug und breitem Heck, Schlagrudern und zwei Sitzbrettern. Mit diesem Boot durfte ich hinausfahren zu den Inseln und sogar hinüber ans österreichische Ufer. Dafür hatte ich von der örtlichen oberösterreichischen Behörde eine Anlandegenehmigung (»zu jeder Tages- und Nachtzeit und ohne Ausweiskontrolle«) erhalten. Dem Hund machten die Bootsfahrten großes Vergnügen. Kaum kamen wir in die Nähe des Kahns, sprang er schon hinein und setzte sich am Bug so in Position, dass er bei der Fahrt übers Wasser blicken konnte. Wie eine übergroße Galionsfigur sah er aus. Wir gaben sicher ein eindrucksvolles Bild ab, ich als Ruderer und der große Hund vorn im Boot wie ein vornehmer Passagier, der sich über den großen Fluss chauffieren lässt. Das Schwanken, das beim Rudern gegen starke Strömung nicht zu vermeiden war, machte ihm nichts aus. Als die Wassertemperatur für mich allmählich akzeptabel wurde, badeten wir. Da der aus den Zentralalpen kommende Fluss, der Inn, auch im wärmsten Sommer kaum 15 Grad Celsius Wassertemperatur erreicht, kamen zum Schwimmen hauptsächlich die Lagunen zwischen den Inseln infrage, in denen das Wasser beträchtlich wärmer wurde.

Nicht wissend, wie er sich verhalten würde, hieß ich den Hund beim ersten Mal am Ufer meine Kleider bewachen. Das tat er zwar brav, aber ich merkte, dass es ihn auch ins Wasser und zu mir zog. Also hieß ich ihn kommen. Im Nu war er mit einem mächtigen Satz bei mir und schwamm mit. Sogar den passenden Abstand hielt er ein, der nötig war, damit mich die Krallen seiner Pfoten nicht trafen. Als Hund konnte er das Wasser nur »treten« – etwa so, als ob er an Land weiterlaufen würde –, aber keine ausholenden Seitwärtsbewegungen mit den Beinen machen. Trotzdem schwamm er, wohl dank seiner riesigen Pfoten, mühelos neben mir her und hätte mich wahrscheinlich überholt, wenn er das gewollt hätte. Da mir schneller kalt wurde als ihm mit seinem so dichten Fell, schwamm ich nach etwa einer Viertelstunde zurück zum Ufer. Kaum angekommen, erhielt ich eine kräftige Dusche, weil er sich direkt neben mir abschüttelte. Damit musste ich fortan stets rechnen. Beim Abschütteln eine passende Distanz zu halten, das verstand er nicht, und es war viel Wasser in seinem Fell, wenn er nach längerem Schwimmen herauskam. Die besten Lagunen nutzte natürlich auch die Dorfjugend zum Baden. Schwimmbäder gab es damals weit und breit keine. Mit Hunden waren die Kinder und Jugendlichen vertraut, weil die meisten Bauern einen Hofhund hielten; arme Tiere, die an Ketten hingen und kaum jemals hinaus in die Auen oder an den Fluss kamen. Die Polizeihunde kannte die Dorfjugend natürlich auch, allerdings meist nur als Begleiter der Pistolen tragenden und Furcht einflößenden Herren, wenn diese Streife gingen oder an den Grenzübergängen kontrollierten. Entsprechend distanziert verhielten sich die anderen Jugendlichen nun mir gegenüber. Schwamm ich in einer Lagune, durfte sich auf mehrere Meter Distanz niemand nähern, sonst kam ein angsteinflößendes Knurren übers Wasser entgegen. Lag der Hund dann draußen zum Trocknen neben mir, konnten die Jungs, die ich kannte, näher kommen, um sich mit mir zu unterhalten.

Am ehesten duldete er die Nähe anderer Menschen beim Gang durchs Dorf. Wer uns da entgegenkam oder überholte, brauchte kaum mehr Abstand zu halten, als es normalerweise ohnehin üblich war. Diese ganz von der Situation abhängige Wachsamkeit beeindruckte und beschäftigte mich schon damals. Wie war es möglich, dass der Hund von sich aus die Lage einschätzte? Warum knurrte er nicht, wenn wir auf der Straße an jemandem nahe vorbeimussten? Warum wollte er im Wasser ein Mehrfaches an Abstand gewahrt wissen? Doch wahrscheinlich wunderte ich mich damals eher, als dass ich wirklich nach Antworten auf konkrete Fragen suchte. Ich hatte ja gerade erst angefangen, Erfahrungen mit einem Hund zu sammeln. Seine Vorgeschichte kannte ich nicht. Ich wusste nur, dass er gut dressiert worden und verlässlich war.

Im Auwald gab es an etwas abgelegener Stelle einen Baggersee. Kies für Straßenbau war daraus entnommen worden. Der Abbau reichte mehrere Meter tief ins Grundwasser hinein. Dieses Wasser war wunderbar klar und wurde früh im Sommer bereits warm, schneller als die Lagunen am Inn, in die ab Juni die kalten Fluten von Gletscherwasser einströmten. Diese waren von Schwebstoffen getrübt, Gletschermilch genannt. Der Baggersee hingegen blieb klar, auch wenn er sich auf angenehme Badetemperaturen von um die 25 Grad erwärmt hatte. Sehr unangenehm war allerdings, dass es viele Bremsen und meistens auch massenhaft Stechmücken gab. Diese stammten aus dem von Altwässern und Tümpeln durchsetzten Auwald. Da schwammen wir im Sommer doch lieber im kühleren, getrübten Wasser der Lagunen. Eines schönen Junitages, nach mehreren Stunden vogelkundlicher Untersuchungen im Auwald und entsprechend verschwitzt, hatte ich Lust, im Baggersee zu baden. Es gab zwar eine Zufahrt, ein Überbleibsel vom Kiesabbau, die zum flachen Teil des Gewässers führte. Doch die tiefen, besonders klaren Bereiche befanden sich direkt unterhalb der gut zwei Meter hohen Abbaukanten, die fast senkrecht zum Wasser abfielen. Mit einem Kopfsprung von dort oben einzutauchen schien mir in dem Moment das höchste der Gefühle. Ich zog mich also aus, ließ den Hund bei den Kleidern und sprang. Wie weit ich aus kurzem Anlauf springen musste, um gut einzutauchen, wusste ich aus den Vorjahren, das machte ich ganz automatisch. Als ich auftauchte, spürte ich jedoch, wie mich etwas am Arm packte und zerrte. Kaum war ich mit dem Kopf über Wasser, sah ich, dass der Hund mich erfasst hatte und ans Ufer zog. Das war zwar nur ein paar Meter entfernt, aber steil und durch den ständig nachrutschenden Kies zum Aussteigen ungeeignet. Also dirigierte ich meinen Retter ein Stück parallel zum Ufer, bis wir auf eine schmale Uferbank steigen konnten. Bei der Rettung hatte ich ein paar Kratzer seiner Krallen abbekommen, die in den nächsten Tagen zu roten Streifen wurden, sich aber nicht entzündeten. Überrascht und fasziniert, wie ich war, eilte ich nach oben und machte vom Steilufer gleich den nächsten Kopfsprung. Wie erwartet, fasste mich der Hund beim Auftauchen. Dieses Mal ließ ich mich von ihm bis zum Ufer ziehen. Großartig! Was für ein toller Hund, stellte ich in meiner Begeisterung fest und wollte gleich noch ein drittes Mal ausprobieren, ob er mich retten würde. Ero erkannte meine Absicht, denn nun schob er sich winselnd und mit hohem Bellen klagend vor die Uferkante und versuchte, mich vom Springen abzuhalten. Dies war kein bloßes Theater, sondern zweifellos ernste Absicht. Ich ließ es sein und verstand. Zumindest bildete ich mir ein, den Grund begriffen zu haben: Die Uferkante war gut zwei Meter hoch, und um sauber ins tiefe Wasser eintauchen zu können, musste ich etwa zwei Meter weit springen. Bei einem mit vorgestreckten Händen halbwegs gut geführten Kopfsprung bemerkt man fast nichts vom Aufprall, man taucht »elegant« ein, glatt und mit wenigen Spritzern. Ganz anders verhält es sich beim Hund. Er landet nach mindestens drei Metern schrägen Flugs mit einem Bauchklatscher. Bei einem Gewicht von über fünfzig Kilogramm kommt ein heftiger Aufprall zustande, der sicher wehtut. Nicht ganz so sehr wie beim Menschen, weil unsere Bauchseite nackt ist. Aber auch das Fell am Bauch schützt den Hund sicher nicht gut genug gegen den Aufschlag. Bis heute kann ich mir für sein Verhalten keine bessere Erklärung zusammenreimen. Mit wortreichen Entschuldigungen lobte ich den Hund also und »versprach« ihm, nie wieder so einen Unsinn zu machen. Und hoffte, dass bei ihm alles in Ordnung war. Mit schlechtem Gewissen holte ich ihn anderntags wieder ab. Beruhigt stellte ich fest, dass ihm nichts anzumerken war. Er verhielt sich wie immer munter und unternehmungslustig. Auch weiterhin schwamm er gern mit mir. Warum ich ihn in den Tagen danach so oft und so viel lobte, verstand er sicher nicht. Aber für mich war es wichtig; ich hatte das Bedürfnis, ihm etwas Gutes zu tun.

Mit ungetrübten Freuden verging die Zeit. In den Sommerferien verbrachte er fast jeden Tag mit mir draußen oder wir spielten im Garten »suchen«. Was immer ich versteckte, tarnte oder meterweit ins Gras warf, er fand es und brachte es im Nu herbei. Zerbrechliches transportierte er mit gebleckten Zähnen und hochgezogenen Lefzen ganz vorsichtig. Knochen rührte er nicht an, bis er die Erlaubnis dazu bekam. Ruhten wir irgendwo, streckte er sich entspannt neben mir aus. Als im Winter die Lagunen und schließlich auch große Teile des Stausees zufroren, gab es für uns ein neues Vergnügen: Eislaufen mit Fahrradziehen. Über Kilometer flitzte er dahin wie ein Schlittenhund und zog mich über die lange Leine mit. Das ging auf dem von dünner Schneeschicht bedeckten Eis viel besser als auf den Straßen oder Flurwegen im Sommer und Herbst. Das Fahrrad lief fast ohne Widerstand. Anfangs hatte ich Bedenken, wir könnten einbrechen, weil durch Unterströmungen und wechselnde Wasserführung des Flusses auf einem Stausee keine gleichmäßige Eisdicke wie auf zufrierenden Seen zustande kommt. Doch wie ich bald merkte, spürte er dünnere Stellen frühzeitig genug. Hielt er an, prüfte ich die Eisdicke und stellte stets beruhigt fest, dass wir nicht in gefährliche Zonen geraten waren. Diese Eisfahrten gehören zu meinen schönsten Erinnerungen an ihn. Allzu schnell endete diese großartige Hundezeit jedoch leider, als sein Besitzer versetzt wurde, wie das damals für die Beamten des Grenzschutzes üblich war.

Mit Ero endete mein direkter Kontakt zu Hunden für Jahrzehnte. Ein wenig hatte ich von ihrem Leben und ihren Fähigkeiten kennengelernt. Doch meine beruflichen Umstände erlaubten mir keine Hundehaltung. Das Großstadtleben und häufige, auch längere Abwesenheiten standen dagegen. Für lange Zeit beschränkten sich meine Erfahrungen also auf kursorische Begegnungen. Etwa mit jenen Hunden in Südamerika, Afrika und insbesondere in Asien, die meistens vergessen oder bewusst unberücksichtigt bleiben, wenn es um »die

Hunde« geht: die weitgehend frei lebenden, »streunenden« Hunde, die in Indien Parias genannt werden. Sie bilden das Gegenstück zum voll ausgebildeten, perfekt »dressierten« Schäferhund und zum verspielten Kleinhund, der zwar auf Entenjagd trainiert, ansonsten aber eher ein lebendiges Spielzeug gewesen war. Zu dieser Kategorie der Gelegenheitskontakte gehörte auch ein Dackel, mit dem ich in München mehrere Jahre lang fast Tür an Tür lebte. Er lernte es nicht, mich zu erkennen. Jedes Mal, wenn er mich sah oder auch nur hörte, bellte er wie ein Verrückter. Seinen Besitzern war das sehr peinlich, denn auch sie schafften es nicht, ihn umzustimmen. Zu meinen Gunsten hielten sie ihn einfach für zu dumm. Als wir viele Jahre später doch selbst einen Hund bekamen, erlebte ich allerdings mehrere solcher Fälle, in denen unser Hund bestimmte Personen trotz allen guten Zuredens nicht akzeptierte. Kamen diese zu Besuch, führte er sich auf, als ob er auf sie losgehen wollte. Dass er das nicht durfte, quittierte er mit tiefem Grollen. Um diese Formen spontaner Ablehnung bestimmter Menschen wird es in anderem Zusammenhang noch gehen. Sie ist, wie ich meine, ein wichtiger Punkt, wenn man die Hunde und die Hundwerdung verstehen möchte. Meine frühen Erfahrungen mit Hunden enthalten dazu Aspekte, die mir damals nicht bewusst geworden sind und die vermutlich viele Menschen, die Hunde halten, nicht bemerken, weil Hunde »halt so sind«. Ich greife an dieser Stelle einige Aspekte heraus, die später noch einmal im Detail Berücksichtigung finden und dabei tiefere Einblicke in das Hundsein ermöglichen werden.

Besonders schwierig ist die Unterscheidung von erlerntem, andressiertem Verhalten einerseits und natürlichem Verhalten andererseits, auch weil gezielte Zucht über zahlreiche Generationen auf bestimmte Fähigkeiten der Hunde eingewirkt hat.

So äußerte sich beim kleinen Lumpi wie beim großen Schäferhund Ero deren jeweils so spezielle Dressur. Doch auch der intensiv trainierte Polizeihund reagierte keineswegs nur »automatisch«, weil er es so gelernt hatte. Sein Versuch, mich vom erneuten Kopfsprung ins Wasser abzuhalten, war ziemlich sicher ein spontan-individuelles Verhalten und nicht angelernt. Auch dass er Unterschiede machte, wie nahe andere Menschen kommen durften, drückt etwas aus, das wir Verständnis zu nennen pflegen. Und das auf das kleine Mädchen bezogene, außerordentlich zahme und fürsorgliche Verhalten des anderen Polizeihundes muss an passender Stelle erneut aufgegriffen werden. Ein weiterer besonderer Aspekt des Hundeverhaltens ist ihre Fähigkeit, der menschlichen Stimme sowohl Kommandos als auch Stimmungen zu entnehmen. Bei oberflächlicher Betrachtung scheint es sich dabei um eine einseitige »Konversation« zu handeln, die dem Hund ein hohes Maß an Anpassung abverlangt. Die Menschen mussten schließlich ihrerseits kein Wolfsgeheul oder nuanciertes Gebell erlernen, um mit Hunden kommunizieren zu können. Verborgen bleibt uns auch die zweifellos sehr große Bedeutung des Geruchs, der den Hunden so viel von uns und von anderen vermittelt, ohne dass wir Menschen das bemerken. Auch die Lebenserwartung von Hunden gestaltet sich anders, als man es erwarten würde. Hätten zum Beispiel Ero und Lumpi beide bis an ihr natürliches Lebensende leben können, wäre ein seltsamer Unterschied zutage getreten: Der Kleine hätte den Großen um mehrere Jahre und höchstwahrscheinlich auch mit weniger Gebrechen überlebt. Ein solcher Befund weicht massiv ab von den üblichen Verhältnissen in der Natur, in der die großen Tiere in aller Regel länger leben als die kleinen, so man vernünftige Vergleiche anstellt. (Unpassend wäre es zum Beispiel, eine Schildkröte von einem Kilogramm Gewicht mit einem Ochsen von einer Tonne zu vergleichen. Aber das soll hier nicht vertieft, sondern nur angedeutet werden.) Bei Hunden liegt die Sache offenbar anders. Ebenfalls erstaunt, dass Bellen bei Weitem charakteristischer für Hunde ist als das wolfstypische Heulen, obgleich sie dieses durchaus auch beherrschen. All diese Befunde und noch viele weitere Details sind aussagekräftig, wenn wir den Hund und die Hundwerdung verstehen wollen, und sie werden an passender Stelle erneut aufgegriffen und in ihrer Bedeutung erläutert.

Doch vorerst liegen nur Puzzlestücke da, die noch kein schlüssiges Bild ergeben können, weil sie dafür bei Weitem nicht vollständig genug sind. Diesem Bild nähern wir uns in den folgenden beiden Teilen von zwei Seiten. In Teil I wird die detaillierte Auseinandersetzung mit evolutionsbiologischen, genetischen, epigenetischen und archäologischen Befunden die Entstehung des Hundes behandeln. In Teil II wird die vertiefte Betrachtung eines Hundes, den wir von ganz klein an großgezogen haben und der bis zu seinem altersbedingten Ende bei und mit (!) uns gelebt hat, diese Erkenntnisse durch einige »persönlichere« Einsichten ergänzen. Doch da es vor allem gilt, »… um zu …«-Erklärungen zu vermeiden, wenn man die Entstehung des Hundes wirklich verstehen möchte, wie ich noch ausführlich begründen werde, unterbreche ich nach diesem Rückblick und behandle zunächst die Frage: Was ist eigentlich ein Hund? Es handelt sich nämlich beim Hund, wie sich zeigen wird, um ein seltsames Zwischenwesen, das sich nicht einfach festlegen lässt. Seltsam allein schon in der Größe. Wären die Hunde »normal«, sollte es auch Menschen so klein wie Gartenzwerge geben dürfen.

I

WIE AUS WÖLFEN HUNDE WURDEN

WER ODER WAS IST EIN HUND?

Die Hunde selbst wissen es und irren sich nicht. Mag der Unterschied auch noch so groß sein, wie zwischen Rehpinscher und Dogge oder zwischen Windhund und Mops. Uns hingegen können auf geringe Entfernung Zweifel kommen, ob es sich um einen Schoßhund oder eine frisierte Katze handelt, die auf dem Arm getragen wird. Oder ob Dackel und Husky wirklich zur gleichen Art gehören können. Gleiche Art? Die Fachleute sind unterschiedlicher Meinung, ob es sich beim Hund um eine eigenständige Tierart oder lediglich um Variationen und Aberrationen des Wolfes handelt. Diese Unsicherheit hat gleich mehrere Gründe. Erstens sind viele Hunde äußerlich so verschieden vom Wolf, dass man gleichsam auf den ersten Blick meint, hier müsse es sich um zwei Arten handeln. Zweitens ist die Rassenvielfalt innerhalb dessen, was wir als Hunde zusammenfassen, geradezu riesig verglichen mit den Wölfen, auch wenn diese durchaus nicht alle gleich aussehen. Es gibt nahezu schwarze und fast weiße, größere und kleinere Wölfe. Dennoch meinen wir auf den ersten Blick sofort in ihnen »den Wolf« zu erkennen. Drittens können sich Hunde mit Wölfen paaren und Nachwuchs zeugen, sofern die Größenunterschiede nicht zu ausgeprägt sind. Die Nachkommen sollten aus biologischen Gründen »Mischlinge« genannt werden, nicht »Hybride«. Denn das wären Nachkommen von Elterntieren, die unterschiedlichen Arten angehören. Daran hält man sich in Züchterkreisen jedoch überhaupt nicht, sondern meint mit Mischlingen die Kreuzungsprodukte unterschiedlicher Hunderassen, also von Züchtungen, die gar keine natürlichen Rassen (= Subspezies) sind. Mischlinge gehen nicht aus Seitensprüngen zu anderen Arten hervor, wie etwa mit Schakalen. Womit, vierter Punkt, beim Hund ein doppeltes Dilemma gegeben ist, nämlich zu unterscheiden, was eine Art ist und was Rassen sind. Hier mischen sich, teils erfolgreich, teils völlig erfolglos, die Genetiker ein. Dem Erbgut zufolge sind Hunde nämlich ganz klar Wölfe. Ausnahmslos.

Also müsste der Hund als eine Unterart (Subspezies, Rasse) von *Canis lupus*, dem Wolf, geführt werden, und nicht als eigenständige Art *Canis familiaris.* Auch wenn uns »familiaris« noch so passend familiär klingt, was auch stimmt, nimmt es lediglich Bezug auf Lebensweise und Verhalten des Hundes. »lupus« hat demgegenüber eine zusätzliche, gegenwärtig kaum noch bekannte Bedeutung, die mit Brennen und Hautausschlag zu tun hat und im wissenschaftlichen Namen des Hopfens steckt, der den »kleinen Wolf« *(lupulus)* kuriert und auch dem Bier Würze und Stabilität verleiht. Man frage nie den Fachmann, ließe sich aus diesen Erläuterungen schließen. Im vorliegenden Fall durchaus mit Berechtigung, denn was eine Art eigentlich ist, können die Spezialisten nicht zweifelsfrei feststellen, nicht einmal mithilfe der modernen Molekulargenetik. Was von ihren Befunden abgeleitet wurde, hat es in letzter Zeit sogar geschafft, viele klare und »offensichtliche Arten« unsicher zu machen oder zu zerlegen, wobei ein ziemliches Durcheinander zustande gekommen ist. Arten sind eben keine fest gefügten Kategorien des Lebendigen. Das sollten wir zwar spätestens seit Darwins epochalem Werk über den *Ursprung der Arten* von 1859 wissen, aber man will es immer noch nicht wahrhaben. Auch im Hinblick auf uns Menschen nicht. Denn wie stünde es um die Menschheit, wenn wir nicht eine allumfassend einzigartige, rasselose und (r)echte Art wären? So etwas darf nach den Ereignissen der letzten Jahrhunderte gar nicht angedacht werden.

In der Tierzüchtung, bei Rassehunden vornehmlich, wird hingegen Rassereinheit konsequent angestrebt – negativen Konsequenzen zum Trotz, wie stark verkürzten, die armen Hunde beeinträchtigenden Schnauzen, Haarlosigkeit (Nackthunde), Kurz- und Krummbeinigkeit oder extrem dünnen Körpern und anderen Absonderlichkeiten. Nur weil es den Menschen so gefällt – manchen Menschen, ist heftig einschränkend zu betonen –, werden genetische Fehler, Aberrationen, durch gezielte Zucht zum Rassemerkmal gemacht, als ob die ohnehin immensen Variationen, die der Hund bietet, nicht genug wären. Diese »gute Vielfalt«, die Variation, wird sogar zugunsten der Reinheit der Rasse, die einem schier mechanischen Vervielfältigen, einem Klonieren gleichkommt, in der Rassezucht aufgegeben. Welpen ungewollter Rassenpaarungen werden als Mischlinge abqualifiziert und bei der Züchtung »aussortiert«: Rassezucht gegen alle Vernunft, besonders extrem beim Hund.

Offensichtlich wettert hier ein (Evolutions-)Biologe. Das will ich gar nicht verschleiern oder beschönigen. Auf das Züchten muss ich im Zusammenhang mit der Hundwerdung des Wolfes ohnehin ausführlicher zurückkommen. Worum es zunächst geht, ist die Feststellung, dass aus guten und weniger guten Gründen die Festlegung des Hundes als Art und die Gliederung der Vielfalt der Hunde in Rassen und Mischlinge reichlich problematisch werden, sobald wir den Bereich des gesunden Menschenverstandes verlassen. Und den Hund selbst als Beurteiler nicht zulassen. Denn dieser würde ziemlich klar die Trennung vom Wolf und die Zusammengehörigkeit aller Hunde ausdrücken. Etwa dadurch, dass Hütehunde seit vielen Jahrhunderten sehr erfolgreich gegen Wölfe eingesetzt werden. Und dass Wölfe umgekehrt nicht zögern, Hunde anzugreifen und zu töten. Viele im Wissenschaftsjargon so abwertend als Anekdoten bezeichnete Beobachtungen von Laien bekräftigen die »Feindschaft« zwischen Hunden und Wölfen, vor allem wo Letztere noch oder jetzt wieder vorkommen. So schrieb Ernst Jünger 1932 in seinem Essay »Dalmatinischer Aufenthalt« von der Adriainsel Korčula: »Wir hörten zuweilen in den Nächten aus den am Strand mündenden Schluchten sein Gebell, das von allen Hofhunden mit jener Mischung von Erregung und Hass beantwortet wurde, mit der jedes Haustier den Ruf des freien und ungezähmten Verwandten vernimmt.« Er meinte nicht den Wolf direkt, sondern den kleineren Verwandten, den Goldschakal *Canis aureus*. Diesen hatte der Nobelpreisträger und Verhaltensforscher Konrad Lorenz aus verhaltensbiologischen Gründen für die Stammart der Haushunde gehalten. Genetisch steht der Schakal den Wölfen tatsächlich sehr nahe, aber nicht so nahe wie die Kojoten *Canis latrans* von Nordamerika, die sich mit den dort Grauwölfe genannten Wölfen mischen und Hybridpopulationen bilden. Es verhält sich also recht rätselhaft mit dem Hund. Kein Wunder, dass so viel und so Unterschiedliches über die Hundwerdung spekuliert worden ist. Die Frage, was der Hund ist, beantworte ich mit: »ein Hund«, und kein Wolf mehr.

Die Feststellung »kein Wolf mehr« wirft sogleich zwei weitere Fragen auf, nämlich »Seit wann?« und »Warum (ist der Wolf Hund geworden)?«. Die Zeitfrage zu klären, dazu hilft tatsächlich die Genetik weiter. Stellen wir sie aber noch kurz zurück. Und widmen uns davor dem Warum. Denn wenn wir herausbekommen, was der Grund oder die Gründe waren, dass sich Wölfe zu Hunden wandelten, lässt sich die Frage, wann dies geschehen ist, genauer stellen. Zwei Szenarien zur Hundwerdung gibt es derzeit. Sie unterscheiden sich, wie sich rasch zeigen wird, in ganz wesentlichen Teilen sehr stark. Beginnen wir mit der inzwischen »klassisch« zu nennenden, weil am längsten vorhandenen Theorie.

EINE SCHÖNE GESCHICHTE? WIE STEINZEITJÄGER AUS WÖLFEN HUNDE ZÜCHTETEN

Eine Theorie ist sie streng genommen gar nicht, sondern eine schöne Erzählung. Und sie geht etwa so: Vor sehr langer Zeit, mehr als 10 000 Jahre ist es her, jagten Steinzeitmenschen, wie so oft, wieder einmal Wölfe. Ihr dichtes Fell wärmt gut, und in den eisigen Winternächten waren wärmende Wolfspelze, auch in der Größe, so ziemlich das Beste, mit dem sich unsere aus dem tropischen Afrika ins nördliche Eiszeitland eingewanderten Vorvorfahren kleiden konnten. Sie kannten und nutzten zwar das Feuer, aber da es vor den gigantischen Eispanzern, die sich von Norden her nach Mitteleuropa geschoben und von den Hochgebirgen der Pyrenäen, Alpen und des Kaukasus ausgebreitet hatten, kaum Bäume gab, war Brennholz knapp. So verheizten sie sogar die riesigen Stoßzähne der Mammuts, die sie in lebensgefährlichen Jagden erbeuteten. Das gab dann wochenlang, vielleicht sogar über Monate Fleisch, also reichlich für den Bauch. Aber die Kälte blieb. Denn nur an wenigen Stellen gab es Höhlen, in deren gemäßigter

Frische sie Unterschlupf fanden. Zudem wurden solche Höhlen von den riesigen Höhlenbären zum Überwintern geschätzt, mit denen man wohl nur ungern allzu nah zusammenrückte. Bäume wuchsen im damaligen Klima kaum, weil die Böden tiefgefroren waren und in den Sommermonaten nur oberflächlich auftauten. Die Bäume, die es dennoch schafften zu wachsen, taten dies sehr langsam. Ihr Holz war zäh. Mit den einfachen Steinwerkzeugen, die den Menschen zur Verfügung standen, war es schwierig bis unmöglich, sie zu fällen. Dafür hielt der winterliche Dauerfrost das Fleisch von Mammuts und anderen erlegten Großtieren sehr lange frisch. Besser wahrscheinlich als unsere Kühlschränke, weil die Luft von Natur aus sehr trocken war. Die Mammuts wanderten, wie andere große Säugetiere auch, im Lauf des Herbsts von ihren Sommerweiden weiter in Regionen, die schneidender Wind im Winter ziemlich schneefrei hielt. Wie die Rentiere und Moschusochsen unserer Zeit in der Arktis brauchte auch die Eiszeittierwelt im Winter Zugang zu Pflanzen am Boden. Solche Regionen boten gerade nicht die geschützten Orte, an denen sich die Eiszeitmenschen wohlfühlen konnten. Höhlen waren rar. Oft mussten Felsnischen genügen. Auf den offenen Flächen mit wenig Schnee bauten die Eiszeitmenschen stumpf kegelförmige Hütten aus Mammutstoßzähnen und bedeckten sie mit Fellen.

Hatten nun die Eiszeitmenschen erfolgreich ein Mammut, einen Riesenhirsch oder ein anderes großes Säugetier erlegt, waren diese frischen Fleischberge natürlich auch höchst attraktiv für andere, die von Fleisch lebten, für die Eiszeit- oder Höhlenlöwen etwa, die noch größer wurden als die größten afrikanischen Löwen, für ähnlich gewaltige Säbelzahntiger, für Hyänen, die gleichfalls die afrikanische Tüpfelhyäne an Körpergröße und Kraft der Kiefer übertrafen – und selbstverständlich auch für Wölfe. Anders als die stärker orts- bzw. gebietsgebundenen Großkatzen und Hyänen streiften die Eiszeitwölfe weiträumig umher, in wohl ebenso großen Gebieten, wie es ihre Nachfahren und Artgenossen heute in Alaska und Sibirien tun. Darin ähnelten sie den nomadischen Eiszeitmenschen. Die Großtiere lernten wahrscheinlich ähnlich rasch wie in unserer Zeit die Gefährlichkeit der zweibeinigen Jäger kennen und versuchten ihnen auszuweichen. Dass dies kein unzulässiger Schluss auf die Gegenwart ist, hat sich überall dort bestätigt, wo erst in jüngerer Vergangenheit Menschen hingelangten: Tiere, die keine Erfahrungen mit den Menschen gemacht hatten, wurden rasch ausgerottet, und zwar auch dann, wenn es dort bereits vor Ankunft der Menschen andere, echte Raubtiere gegeben hatte. Diese wiederum starben vor den Beutetieren aus, weil die Beute für sie durch die schnelle Überjagung seitens der Menschen zu knapp wurde. Eine Vielzahl von Fossilfunden aus dieser Zeit, die erdgeschichtlich der Würm- bzw. der Weichsel- oder (in Nordamerika) der Wisconsin-Eiszeit zuzurechnen ist (Würmglazial im alpinen Bereich, Weichselglazial in Norddeutschland und Nordeuropa bis Nordwestasien), ist vorhanden und bestätigt dieses Szenario – bis hierher zumindest. Auf die Wirkung der Eiszeitjäger auf die Großtierbestände komme ich zurück.

Der nächste Argumentationsschritt ist nun aber Spekulation: Eiszeitjäger töteten eine Wölfin, die kleine Junge hatte, und den Rüden, der für seine Wölfin und die Welpen Fleisch herbeischaffte, ebenfalls. Den Menschen dieser Gruppe ging es gut, weil sie über eine Menge gut gekühlten Mammutfleisches und eine schützende Höhle mit Feuer verfügten. Die Frauen nahmen sich der winselnden Wolfswelpen an und nährten sie mit vorgekautem Fleisch, wie das die Wölfin auch getan hätte. Und weil die Gruppe genug Fleisch hatte, blieb so viel für die

Kleinen übrig, dass sie überlebten, heranwuchsen und sich zu kräftigen Jungwölfen entwickelten. Scheu brauchten sie vor den Menschen, die sie großgezogen hatten, nicht zu entwickeln. Die Mutter und ihr Vater, von denen sie natürlicherweise gelernt hätten, was sie in ihrer Umwelt zu beachten haben, lebten nicht mehr. Die Menschen waren gut zu den Jungwölfen, versorgten sie weiterhin und nahmen sie nach und nach sogar mit auf die Jagd. Vielleicht, weil sie mithilfe der Wölfe ein zum Erlegen ausgewähltes Großtier leichter in eine bestimmte Richtung treiben konnten. Im nächsten Winter schließlich waren die Jungwölfe weitgehend ausgewachsen und selbst fortpflanzungsfähig geworden. Die jungen Rüden liefen fort und suchten nach Partnerinnen aus anderen Wolfsrudeln. Ihr Heulen war die Nächte durch zu hören. Die Jungwölfe wussten es zu deuten. Die junge Wölfin aber blieb bei den Menschen, wie sie dies auch getan hätte, würde sie noch bei Mutter und Vater leben.

Als sie im Winter läufig wurde, gab es aber in der Menschengruppe keinen Partner. Sie schlich nachts umher, heulte auf ihre Weise über die frostige Mammutsteppe und paarte sich sodann mit einem fremden Rüden, den sie noch nie gerochen oder gesehen hatte. Gut ernährt wie sie war, wurde sie trächtig und brachte nach gut zwei Monaten einen Wurf von drei Welpen zur Welt. Die Kleinen wären verhungert und erfroren, obwohl es inzwischen März geworden war und sich der Frost abzuschwächen begann, hätte die Wölfin selbst Beute zur Versorgung der Welpen erjagen müssen. Doch da es den Menschen immer noch gut ging, versorgten sie ihre Wölfin weiter und die Welpen dazu. Diese groß werden zu lassen, war nun noch leichter, weil die Wölfin den Jungen Milch gab und sie später fütterte, als sie vorverdautes Fleisch aufnehmen konnten und brauchten. Die heranwachsenden Jungwölfe lernten nun beides, wölfisches Verhalten und das Wesen und Verhalten der Menschen zu verstehen. Mit dem nächsten Winterbeginn fingen sie an, Gegenleistungen für die Menschen zu erbringen. Sie bildeten ja nun ein Rudel; ein kleines zwar, aber immerhin ein Wolfsrudel. Näherten sich andere Wölfe, griffen sie diese an, sofern es sich um herumziehende Einzelgänger handelte, oder warnten »ihre« Menschen vor einem gefährlichen Rudel aus erfahrenen alten und starken Wölfen. Mit Fackeln und Waffen wehrten die Menschen die Fremden ab. Die bei ihnen lebenden Wölfe blieben. Die Bindung an ihre Menschen festigte sich. Und beide erlangten Vorteile daraus, die Menschen wie auch die mit ihnen lebenden Wölfe. Die Menschen aber begannen damit, im Nachwuchs der Wölfin auszuwählen. Welpen, die ihnen zusagten, ließen sie am Leben, andere töteten sie. Das waren Anfänge, die nach und nach, über viele Generationen von Menschen und Wölfen, die Hundwerdung in Gang setzten. Im Lauf der Zeit veränderten sich diese Hundwölfe. Ihre Köpfe wurden kürzer, die Gehirne kleiner, die Gebisse schwächer. Und da sie zumeist auch bei den Menschen oder in ihrer näheren Umgebung starben, sammelten sich Knochen an. Viele Jahrtausende später ermöglichen es uns diese Skelettteile, die Hundwerdung des Wolfes zu datieren und die Orte, zumindest jedoch die Region(en) zu ermitteln, an denen dies geschah. Frauen waren es demnach, die die Hundwerdung des Wolfes in Gang setzten, indem sie die Wolfskinder fast wie ihre eigenen mit vorgekautem Fleisch, ganz am Anfang vielleicht sogar mit eigener Milch fütterten.

Ganz ähnliche Abläufe waren bis in die jüngste Vergangenheit bei manchen Naturvölkern zu beobachten. Wie geschildert versorgten Frauen Hundewelpen, auch Ferkelchen und andere Säugetiere bis hin zu Affen. Auch sind Frauen bekanntlich besser als Männer, wenn es darum geht, schwierige Pfleglinge wie Jungvögel großzuziehen. Was ließe sich gegen eine solche Sicht der Hundwerdung des Wolfes einwenden? Nach wie vor ist sie die am weitesten verbreitete und vorherrschende These. Sicher auch, weil auf diese Anfänge das Machertum der Männer folgen kann, die gezielt züchten und aus Wölfen etwas ganz Neues, noch nie Dagewesenes schaffen – den Hund. Und diesen gibt es ja. Er ist keine Fiktion.

EINWÄNDE UND ALTERNATIVEN

Die solcherart geschilderte Hundwerdung ist eine »schöne Geschichte«. Sie passt zu uns auf zwei verschiedenen Ebenen. Die erste hebt die Betonung der Frauen als Mütter hervor, die durchaus ähnlich am Anfang der Hundwerdung stehen wie die Urmütter in den Entstehungsmythen der verschiedensten Völker. Auf zweiter Ebene bedient sie unsere Eitelkeit. Der Mensch agiert und gestaltet. Mit dem Hund erweist er sich als Schöpfer eines neuartigen Lebewesens. Beide Aspekte sollten uns stutzig machen. Die Geschichte klingt möglicherweise zu gut, um sich so zugetragen haben zu können. Bedenken wir, dass wir es sind, die das Ergebnis kennen, nicht aber die Steinzeitmenschen selbst. Sie konnten nicht wissen, was Jahrtausende später aus dem Wolf werden würde. Nie und nimmer hätten sie mit ihrer Wolfszucht von Anfang an darauf hinarbeiten können, den Hund zu schaffen. Wäre das Szenario realistisch, müsste es über die Jahrtausende hinweg zahlreiche ähnliche Abläufe gegeben haben. Die Hundwerdung war jedoch ein Einzelfall. Die Genetiker lokalisieren derzeit zwar »den Ursprung« an so unterschiedlichen Orten wie im heutigen Belgien oder in Nordchina, aber diese große Diskrepanz dürfte methodisch bedingt sein beim Vergleich der genetischen Unterschiede und Übereinstimmungen. Die Forschungen sind noch im Fluss. Und selbst wenn es, was durchaus möglich ist, zwei oder ein paar mehr Orte gegeben haben sollte, an denen aus Wölfen Hunde wurden, bleibt der Vorgang eine Seltenheit. Schließlich lebten Menschen unserer Art *Homo sapiens* mindestens 40 000 Jahre im Wolfsland, das Europa, Vorderasien, Nord- und Zentralasien bis Ostasien umfasste, und seit wenigstens 15 000 Jahren auch bei den Wölfen in Nordamerika. Niemandem gelang es jedoch bisher, mit einer handaufgezogenen Jungwölfin einen solchen Ablauf zu imitieren. Und was die Genetik betrifft, so hätte über Generationen hinweg eine beständige Rückkreuzung mit wilden Wolfsrüden stattgefunden und die Hundwerdung verhindert. Genau dies jedoch versuchten die Menschen seit jeher bei ihren Haustieren zu vermeiden, damit diese nicht wieder wild wurden.

Die Zeitspanne des Zusammenlebens von Wölfen und Menschen weitet sich noch mehr, wenn wir den Neandertaler in die Betrachtung mit einbeziehen. *Homo neanderthalensis* lebte bereits über 200 000 Jahre lang in Europa und Westasien, als die Vorfahren von *Homo sapiens* aus Afrika einwanderten. In der damit zur Verfügung stehenden, fünffach längeren Zeitspanne passierte aber nichts, was auf eine Hundwerdung der Wölfe hindeutete.

Versuchen wir daher, die Lage etwas distanzierter zu betrachten und unseren Blick nicht nur auf das mögliche Wirken der (Eiszeit-)Menschen zu richten, sondern auf die Wölfe selbst. Über ihr Leben ist viel bekannt; so viel, dass wir inzwischen wissen, dass es *das* Wolfsleben nicht gibt. Wölfe sind sehr anpassungsfähig, heißt es. Anpassungsfähig woran? An die Welt der Menschen, so ist es meistens gemeint. Die Natur war mit Ackerbau und Viehzucht so sehr verändert worden, dass seither ein halbwegs natürliches Leben von Wölfen nur noch in Extremlebensräumen möglich ist. Da sich gegenwärtig Wölfe in die unterschiedlichsten Regionen Europas ausbreiten, sogar, man möchte es kaum glauben, hinein ins Ursprungsland von Rotkäppchen, überstreicht das Spektrum der Wolfsgebiete so weite Lebensbereiche, dass kaum noch, nein, besser, nur noch sehr grobe Verallgemeinerungen möglich sind. Das ist sogar hilfreich, denn Forschungen an stark dezimierten Restbeständen größerer und gefährlicher Tiere zeitigen zwangsläufig entsprechend verengte Ergebnisse. Mit all den Kenntnissen zum gegenwärtigen Vorkommen von Wölfen und zu ihrer Lebensweise können wir daher der oben geschilderten »schönen Geschichte« eine andere entgegensetzen. Hauptakteure sind darin die Wölfe selbst und nicht die Menschen, zumindest so lange nicht, bis die Hundwerdung weit fortgeschritten oder schon weitgehend abgeschlossen war. Ein kurzer Ausblick in die Kulturgeschichte soll diesen Ansatz abrunden. Es war eine Wölfin, die der Gründungssage Roms zufolge Romulus und Remus großzog. Der Sagenschatz Eurasiens enthält zahlreiche Wolfskinder, während solche in der »schönen Geschichte« völlig fehlen. Ist es nicht merkwürdig, dass die Menschen unterschiedlichster Kulturen akzeptieren, dass Wölfinnen Menschenkinder großziehen, das Umgekehrte aber nicht vorkommt? Vielleicht rechtfertig schon dieser Befund allein den Versuch, anzunehmen, dass die Wölfe die aktivere Seite gewesen sein könnten. Ein darauf aufbauendes Szenario möchte ich im nächsten Kapitel entwerfen.

DIE SELBSTDOMESTIKATION VON WÖLFEN

Nehmen wir also an, nicht die Menschen waren anfänglich der aktive Teil in der Hundwerdung, sondern die Initiative ging unmittelbar von Wölfen aus. Sie haben sich dabei selbst domestiziert. Absurd. Unvorstellbar. Unmöglich. Doch so spontan ablehnend, wie die Reaktionen auf diese Alternative auch ausfallen mögen, sie lässt sich weit besser begründen als die These, der Mensch habe damit angefangen, junge Wölfe in seine Obhut zu nehmen, um diese weiterzuzüchten. Allerdings müssen wir bei der Rekonstruktion fast kriminalistisch vorgehen und weit auseinanderliegende Fakten sichten und zusammentragen. Mit »Selbstdomestikation« ist gemeint, und dies ist vorweg zu betonen, dass Wölfe von sich aus zu den Menschen kamen, sich diesen mehr oder minder locker anschlossen und sich dabei über viele Generationen vom wölfischen zum hundetypischen Verhalten veränderten, ohne direktes Zutun der Menschen. In der langen Phase des Übergangs tragen diese Wölfe noch keinen allgemein bekannten Namen. *Dogwolfs*, Hundwölfe, werden sie von manchen Hundeforschern im angloamerikanischen Sprachraum genannt. Die deutsche Umkehrung zu Wolfshund ist nicht verwendbar, weil sie bereits mit einer anderen Bedeutung belegt ist. Nennen wir sie daher auch »Hundwölfe«.

Nach der Theorie der Selbstdomestikation von Wölfen setzte eine direkte Züchtung von Hunden erst sehr spät ein, und zwar mit der Entwicklung des Ackerbaus und dem damit verbundenen Sesshaftwerden der Menschen. Davor wandelten sich die Wölfe in Zehntausenden von Jahren ganz allmählich zum Hundwolf. Das geschah während der letzten Eiszeit, der Würm- bzw. Weichseleiszeit, als sich die Natur in Europa,

Asien und Nordamerika im Zustand einer Kaltzeit befand, das heißt in einer Eiszeit im umgangssprachlichen Sinne. Die Züchtung von Hunden erfolgt erst in den letzten rund 10 000 Jahren der Nacheiszeit, dem Holozän. Dieses ist erdgeschichtlich eine Warmzeit. Die Selbstdomestikation von Wölfen verlief also in der zwei- bis dreimal längeren Kaltzeit, die Züchtung von Haushunden in der bis in die Gegenwart anhaltenden Warmzeit; bei den meisten Rassen sogar erst in den letzten zwei Jahrhunderten.

Diese Sonderung stützt sich auf zwei voneinander völlig unabhängige Befunde, nämlich auf die Ergebnisse der genetischen Forschung und auf historische Funde von Knochen, die eindeutig genug Hunden zugeordnet werden können. Die Genetik stellt fest, dass die allmähliche Trennung der Vorfahren des Hundes von den Wölfen auf jeden Fall bereits während der letzten Eiszeit stattgefunden hat. Die fossilen Knochenfunde weisen eindeutige Hundemerkmale jedoch erst für die Nacheiszeit nach, sodass mitunter die Domestikation des Wolfes direkt mit der Entwicklung von Ackerbau und Viehzucht verbunden worden ist. Und da sich frühe Ansiedlungen von Ackerbau treibenden Menschen ungleich leichter aufspüren und ausgraben lassen als kurzzeitig benutzte Lager nomadischer Jäger und Sammler, konzentrieren sich zweifelsfrei identifizierte Hundefossilien auf den Vorderen Orient und die Gebiete, in denen sich von dort ausgehend der Ackerbau ausbreitete. Ein ähnliches Bild ergibt sich für Ostasien (China). Die genetischen Befunde verweisen indes auf ein Entstehungszentrum oder deren zwei, nämlich auf Westeuropa und Nordchina. Diese Diskrepanz zwischen fossilen und genetischen Befunden verschwindet, wenn wir davon ausgehen, dass die Selbstdomestikation zum Hundwolf in der Eiszeit stattfand, die Züchtung, also die Domestikation im engeren Sinne, aber erst nacheiszeitlich, in Verbindung mit den entstehenden Ackerbaukulturen. Genetische Befunde und Fossilfunde fügen sich dann als eine zeitliche Aufeinanderfolge zusammen. Es ist leicht vorstellbar, dass sesshaft gewordene Bauern, die bereits Erfahrungen mit der Züchtung von Wildschafen, Wildziegen und Wildrindern zu domestizierten Nutztieren gesammelt hatten, auch gerichtete Zuchtversuche mit den Hundwölfen anstellten. In jener Zeit vor rund 10 000 Jahren entstanden die fossil gut dokumentierten Urhunde. In Mitteleuropa zum Beispiel der sogenannte Torfspitz. Und wie bei den Rindern, deren Züchtungen bereits seit den frühen Zeiten der altägyptischen Pharaonen durch Abbildungen belegt sind, erzeugte die Hundezüchtung rasch unterschiedliche, in Größe und Kraft recht eindrucksvolle Rassen. Schon bei den ältesten Kulturen des Vorderen Orients und Nordafrikas wurden Hunde als Kampfhunde eingesetzt. Den überkommenen Abbildungen zufolge handelte es sich um solche vom »Molossertyp«, den es auch heute noch gibt, aber auch um Hütehunde mit offenbar ziemlich schafähnlichem Aussehen. So weit ist die alternative Vorstellung von der anfänglichen Selbstdomestikation von Wölfen also mindestens ähnlich plausibel wie die vorher geschilderte von der direkten Zähmung durch späteiszeitliche Jäger und Sammler. Fast sieht es so aus, als ob sich beide zusammenfügen ließen. Dazu muss man die Selbstdomestikation nur der direkten Züchtung voranstellen. Voilà, der Konflikt ist gelöst.

Er ist es nicht. Denn in einem Szenario wie dem eben geschilderten müsste man wesentliche Teile der Selbstdomestikation einfach glauben und hinnehmen. Es fehlt die Begründung, warum sie *nicht* auf breiter Front in Eurasien geschah und auch drüben in Nordamerika nicht stattfand. Die Befunde der genetischen Forschung weisen hin auf *Ursprungsorte* des Hundes; auf ein Entstehungszentrum in Westeuropa und ein mögliches zweites in Ostasien. Außerdem stecken sie einen Zeitraum ab, in dem sich die Hundwerdung vollzogen hat. Mit an Sicherheit grenzender Wahrscheinlichkeit lief diese nicht großflächig im gesamten riesigen Raum Eurasien ab, in dem Eiszeitmenschen und Wölfe Zehntausende von Jahren nebeneinander lebten. Wir müssten gänzlich unbekannte Besonderheiten einzelner Wölfe annehmen, um zu erklären, warum die Selbstdomestikation nicht überall oder wenigstens an vielen Stellen stattfand. Menschen und Wölfe gab es in der letzten Eiszeit in fast ganz Eurasien und, was nicht außer Acht gelassen werden darf, selbstverständlich auch weiterhin in Afrika. Von dort waren die Vorfahren von uns allen, war *Homo sapiens* nach gegenwärtigem Stand der Forschung vor etwa 40 000 Jahren nach Europa eingewandert. Hier lebten allerdings schon seit etwa 200 000 Jahren die Neandertaler. Sie waren als Jäger und Sammler den Neuankömmlingen aus Afrika recht ähnlich. Also hätte die Selbstdomestikation von Wölfen schon bei den Neandertalern stattfinden können? Afrika selbst sollten wir zudem aus der Betrachtung nicht einfach ausschließen; noch weniger Indien, zumal es dort sogar zwei Arten von Wölfen gab. Einzubeziehen ist auch Australien. Dorthin gelangten Menschen ähnlich früh wie nach Europa oder sogar noch ein paar Jahrtausende früher. Als Aborigines bezeichnet, existierten sie bis in unsere Zeit in Lebensweisen, die durchaus steinzeitlichen Kulturen glichen. Sie kamen ohne Hunde nach Australien. Die Dingos, die wilden Hunde, trafen dort erst vor etwa 4000 Jahren ein. Ihre nächsten Verwandten gibt es in Restbeständen in Thailand. In frühgeschichtlicher Zeit waren Dingos in Südostasien offenbar weit(er) verbreitet. In Australien, Afrika, Süd- und Südostasien lebten die Eiszeitmenschen ähnlich wie in Europa und Nordasien als Jäger und Sammler in Umwelten, die reich an großen Säugetieren waren.

Mit der Ausnahme Australiens gab es überall Wölfe oder wolfsähnliche Wildhunde (Caniden). Die meisten Arten und Unterarten waren (und sind) der Größe nach für Menschen weit »günstiger«, weil kleiner und weniger gefährlich als *Canis lupus*, der große Grauwolf. Auf diese anderen ist daher genauer zurückzukommen. Zunächst geht es darum, festzuhalten, dass uns die These der Selbstdomestikation von Wölfen noch keine Begründung liefert für Ort(e) und Zeit(en) des Geschehens der Hundwerdung. Dennoch bin ich davon überzeugt, dass sie zutrifft. Das will ich ausführlicher begründen.

AUF DER SUCHE NACH FAKTEN

Die nähere Begründung der Selbstdomestikation von Wölfen erfordert Fakten. Und zwar möglichst auch solche, die nicht von vornherein zum angestrebten Ergebnis passen. Willkommen wären Befunde, die Ereignisse oder Entwicklungen erklären und dabei jene Zeiten und Regionen betreffen, in denen die Hundwerdung von Wölfen ablief. Wie zum Beispiel die Frage, warum die unübertrefflich schnellen Geparde als Jagdhelfer oder auch die Panther keine dem Hund vergleichbaren Haustiere geworden sind. Die Sammlung von Daten und Fakten steht fast immer am Anfang naturwissenschaftlicher Analysen. Sie bestimmen das »detektivische Vorgehen«. Beide Arbeitsweisen gleichen einander bis ins Detail.

Um welche Fakten es geht, ergibt sich aus dem zu behandelnden Dreigestirn Wolf, Hund und Mensch. Im Zentrum stehen die Lebensweisen dieses Trios, das zuerst und das sehr lange ein Duo gewesen war, das sich - ja wie? - gegenüberstand: Mensch und Wolf. Raubtier gegen Raubtier. Der Hund schob sich dazwischen. Allmählich und kaum merklich am Anfang der Hundwerdung, dann aber sehr deutlich mit immer stärkerer Verlagerung zum Menschen hin. Am Ende der Entwicklung standen die Wölfe den Menschen und Hunden gegenüber. Die Wölfe wurden in dieser Konstellation zu den Verlierern und zurückgedrängt auf unwirtliche Regionen, in denen sie »wölfischer« wurden, als sie es schon waren. Um diese Verschiebung zu verstehen, ist es notwendig, die Lebensweise der Wölfe und ihrer Abkömmlinge, der Hunde, näher zu betrachten. Diese gliedern sich, was selten wirklich berücksichtigt wird, in zwei Großgruppen, nämlich in frei lebende, »streunende« Hunde und in solche, die, im Sinne des Wortes Domestikation, zusammen mit Menschen in Häusern (domus) oder in entsprechenden Unterkünften leben. Frei lebende Hunde und Wölfe sind zwar genetisch recht eng miteinander verwandt, aber in vielen Regionen nicht die einzigen »Hundeartigen« in der Natur. Wie schon kurz angeführt, gibt es in Teilen des (gegenwärtigen) Verbreitungsgebietes von Wölfen auch Schakale und Kojoten, in subtropisch bis tropischen Regionen sehr wolfsähnliche Arten, wie den Rotwolf oder Dhole *Cuon alpinus* in Indien und Südostasien, den Simienwolf *Canis simensis* und den Hyänenhund *Lycaon pictus* in Afrika sowie mehrere Caniden (»Hunde« eigener Arten) in Mittel- und Südamerika und dazu eine Reihe von Fuchsarten, die die Größenskala zu den kleinen Formen hin fortsetzen. Manche Caniden sind einander genetisch so ähnlich, dass sie ziemlich leicht hybridisieren, andere eigenständig im Äußeren, wie der Afrikanische Hyänenhund, bei dennoch wolfsähnlicher Lebensweise.

Selbstverständlich sind in der Rückschau auf die Lebensweise der Menschen beträchtliche Unterschiede zu berücksichtigen. Die Verhältnisse im Eiszeitland waren ganz anders als gegenwärtig in Europa, Zentral- und Nordasien. Doch auch in den Subtropen und Tropen wichen die Verhältnisse von den uns vertrauten ab. Es fielen in der letzten Kaltzeit weit weniger Niederschläge, weil der Meeresspiegel um bis zu 180 Meter unter das heutige Niveau abgesunken war, so große Wassermassen waren in den gewaltigen Eispanzern gebunden worden. Selbst während der Zeitenwende unserer Zeitrechnung herrschte eine andere Witterung als gegenwärtig. Wenige Jahrhunderte davor lebten noch Löwen in Griechenland. Wir dürfen den Überlegungen also keinesfalls allein die heutigen Verbreitungsverhältnisse und Häufigkeiten bei der Betrachtung der Großtierwelt zugrunde legen. Um diese muss es aber vorrangig gehen, weil sich Wölfe und Menschen als Raubtiere der »Oberklasse« begegneten. Schließlich geht es darum zu klären, was sich am Ende der letzten Eiszeit so sehr geändert hatte, dass die Großtierwelt weithin nicht mehr oder nur in Resten überlebte. Frühere Warmzeiten zwischen den Eiszeiten, deren es vier große und zahlreiche kleinere in den letzten gut zweieinhalb Millionen Jahren gegeben hatte, dezimierten die Großtierwelt gar nicht oder nicht annähernd so stark wie der Übergang von der letzten in unsere Zeit. Dieses weite Ausgreifen ist unbedingt nötig, denn Menschen und Wölfe lebten eingebunden in die Natur. Als nach Ende der letzten Eiszeit der Ackerbau entwickelt wurde und Bauern sich in die Regionen der Jäger und Sammler ausbreiteten, veränderte die neue sesshafte Lebensweise auch die Menschen. Schließlich wird sich zeigen, dass unser heutiges Verhältnis zu Hund und Wolf gar nicht so tief in die Vergangenheit zurückreicht, sondern sich erst in den letzten zwei oder drei Jahrhunderten geformt hat. Noch nie ging es so vielen Hunden so gut wie gegenwärtig in der sogenannten westlichen Welt. Und vielleicht auch noch nie wurde der Wolf so verfolgt und gehasst wie seit Beginn der historisch so genannten Neuzeit.

Das hier angedeutete Spektrum ist so groß, dass es den Rahmen eines Buches sprengen würde, wollte man all diese Aspekte nach heutigem Kenntnisstand umfassend bearbeiten. Doch da Puzzlestücke daraus entnommen und zu einem neuen Bild der Entstehung des Hundes zusammengefügt werden sollen, wird sich der Aufwand in Grenzen halten und dennoch gute Argumente liefern. Dabei empfiehlt es sich für die Rekonstruktion der Hundwerdung von Wölfen, mit etwas Bekanntem zu beginnen.

STREUNENDE HUNDE

»Du Hund« ist ein Schimpfwort, sich »hündisch« verhalten zu haben kein Kompliment. Hunde leben in vielen Kulturen am Rande der Gesellschaften. Wie die »Köter«, deren Bezeichnung auf die kleinen Bauernhäuser, die Katen, zurückgeht, an denen sie, meistens angebunden, herumkläfften. Als Parias bezeichnet, gehören sie im hinduistischen Indien zu den Unberührbaren. Im Islam werden sie nicht geschätzt, in manchen Gebieten Ostasiens hauptsächlich gehalten, um geschlachtet und gegessen zu werden. Parias im weiteren Sinne umfassen auch die im Vorderen Orient, in Südosteuropa und in Afrika ähnlich frei laufenden Hunde. Der Zahl nach übertreffen sie die »echten Haushunde«. Parias sind keine Streuner, vielmehr leben sie selbstständig wie Schakale und andere Wildtiere. Sie alle ernähren sich weitgehend von Abfällen der Menschen und leben daher in ihrer Nähe. Sie variieren zwar in Körpergröße, Form und Färbungen, doch in weit geringerem Ausmaß als Zuchtrassen. Fast alle Parias lassen sich einer »unteren Mittelklasse« der Hundegrößen zuordnen. Anders als Wölfe bilden sie lockere Gruppen bis hin zu kopfstarken Rudeln, ohne dass die wolfstypisch klare Gliederung in Familien zustande kommt. In den Rudeln der Pariahunde gibt es Rangordnungen und freundschaftliches Zusammenhalten zweier oder mehrerer Hunde. Gestritten und gekämpft wird viel, jedoch meistens nicht in gefährlicher Weise. Parias gelten in doppelter Weise als Ausgestoßene, weil zu ihnen die Hunde gehören, die Menschen loswerden wollten und die insgesamt von der Gesellschaft zwar geduldet, aber gemieden werden. Sie gelten als notwendiges Übel, weil man aus gesundheitlichen Gründen besser Distanz zu ihnen hält, sie aber als Abfallverwerter aus hygienischen Erwägungen braucht. Die Beziehungen von Pariahunden zu Menschen sind locker, aber durchaus vorhanden und mitunter für Europäer abstoßend eng. So kann in manchen Gebieten Afrikas ein Kleinkind einen ganz bestimmten Hund »haben« (als Begleiter, der sich in der Nähe aufhält), der offenbar durch gezieltes Aufziehen eines Welpen zugeteilt wurde. Denn seine Aufgabe besteht hauptsächlich darin, die Ausscheidungen des Kindes sogleich zu verzehren. In abgelegenen ländlichen Regionen ohne Papier und mit großer Wasserknappheit ist dies zweifellos ein großer Vorteil für Kind und Eltern. Bei der ansonsten extrem kargen Kost der Hunde, die sie selbst zu finden imstande sind, ist das Kotfressen, die Koprophagie, für den »Fleischfresser Hund« unter Umständen überlebensnotwendig. Zudem liefern die Exkremente Vitamine. Auch diese können für Pariahunde sehr nötig sein, wenn die ohnehin sehr geringen Mengen an Küchenabfällen nahezu ausschließlich aus Kohlenhydraten bestehen. Den menschlichen Exkrementen entnehmen die Hunde immerhin noch viel Bakterieneiweiß. Selbstverständlich stürzen sie sich auch auf Kadaver, die für den menschlichen Verzehr untauglich sind. Der Hundemagen verträgt ungleich mehr der sogenannten

Leichengifte als unserer. Zusammengefasst bedeutet dies, dass sich die frei lebenden Hunde, die Parias und Streuner, von Abfall ernähren und dabei in unmittelbarer Nähe der Menschen bleiben. Und obwohl sie dies sicherlich seit vielen Hunderten von Generationen tun, haben sie sich nicht von selbst zum Wolf zurückgezüchtet. In Aussehen und Lebensweise weichen sie sogar stärker von Wölfen ab als manche nordischen Hunderassen.

Bindungen zu bestimmten Menschen und zum Menschen im Allgemeinen gibt es bei den Parias in allen Intensitäten und Übergangsstufen. Deshalb hält man sie meistens einfach für »verwildert«, ohne zu bedenken, dass sie dabei eigentlich hätten wieder Wolf werden sollen. Zumindest wolfsähnlicher. Ein Erlebnis mit Pariahunden in Indien sei hier angefügt, weil es mich zutiefst ergriffen hatte. Durch den Flug von Geiern und Störchen aufmerksam geworden, war ich am Vortag in Alt-Delhi an eine für europäische Begriffe gigantische Müllhalde gekommen. Ganz früh am nächsten Tag suchte ich sie wieder auf, um beim Beobachten der Geier etwas frischere Luft zu haben. Lastwagen um Lastwagen kippte gerade in dichter Folge Ladungen von Abfällen auf dieses rauchende und stinkende Müllgebirge. In der Kühle des Morgens dampften die Haufen, als schwelten unter ihnen viele kokelnde Feuer. Menschen, nur notdürftig in Tücher gehüllt, stapften darauf umher, oft bis zu den Waden einsinkend. Klapperdürre Gestalten waren es, ausgemergelt wie zum Umfallen. Sie stocherten in den frisch ausgebrachten Ladungen herum. Zwischendurch ruhten sie kurz, auf ihren Stock gestützt. Auch Hunde suchten auf der riesigen Abfallhalde nach Verwertbarem. Ihre Rippen zeichneten sich scharf ab unter dem hellbraunen Fell, wie viele andere Knochen ihrer Körper auch. Manche schienen zu schwach, um den Kopf heben zu können. Der frühe Morgen war ihre Zeit, die

Zeit der Hunde und Menschen, die gemeinsam den Abfall durchsuchten, bevor die Geier kamen, wenn die Sonne die Luft stark genug erwärmt hatte für ihren Anflug von den hochgelegenen Schlafplätzen her.

Menschen wie Hunde bewegten sich wie in Zeitlupe, als plötzlich einer der Menschen in den Müll griff. Offensichtlich hatte er etwas noch Essbares gefunden. Mühsam richtete er den gebeugten Körper wieder auf, besah das Stück und gab dann einen kurzen Ruf von sich. Von irgendwoher reagierte ein Hund, löste sich aus einer Schlucht des Müllgebirges und lief zu dem Mann. Dieser brach das Stück entzwei und gab dem Hund die Hälfte. Der verschlang den Brocken gierig, deutete ein Wedeln mit dem Schwanz an und setzte seine schier hoffnungslose Suche fort, wie der Mann auch. Auf dieser Grenze zwischen Leben und Tod waren Mensch und Hund zueinander gleiche Partner. Wahrscheinlich wärmten sie sich nachts gegenseitig, wo immer sie eine Nische oder einen Verschlag als Nachtlager finden mochten. Ich spürte, wie meine Augen feucht wurden. Vielleicht, so sinnierte ich, kann eine solch ergreifende Partnerschaft nur in dieser existenziellen Grenzzone gelingen, in der es gemeinsam ums Überleben geht. Sonst neigt sich die Waage zwangsläufig ins Ungleichgewicht zugunsten einer Seite, in aller Regel zum Menschen hin. Anrührende Geschichten gibt es nicht wenige zu Mensch und Hund. Doch sie sind mehr als nur Anekdoten, für die sie oft gehalten werden, auch wenn sie nicht wissenschaftlich begleitet wurden. Meine Morgenbeobachtung in Delhi war gewiss kein Ausnahmefall, sondern eher Ausdruck des dort Normalen. Sie wirft ein bezeichnendes Licht auf beide Parias, die Hunde und die Menschen.

Wenn wir das freie Leben von Hunden verstehen wollen, so vermitteln uns Straßenhunde und Parias mehr als alle Theorien, die wir anhand von wohlgenährten Haushunden, die vielleicht mal kurz »wildern«, entwickeln können. Unser eigenes Leben und auch unsere Landschaften sind viel zu weit entfernt von jenen fernen Steinzeitverhältnissen, in denen im Eiszeitland Wölfe und Menschen zusammentrafen. Die Müllkippe von Delhi kommt der Vergangenheit möglicherweise erheblich näher, als wir wahrhaben möchten. Doch ich will nicht vor-, sondern ein nächstes Mosaikstück aufgreifen.

RANGORDNUNGEN

»Herr und Hund« drückt überdeutlich aus, worum es in der Beziehung zum angeblich besten Freund des Menschen geht. Sprachlich meisterhaft gewiss, inhaltlich aber für Menschen, die Hunde kennen und schätzen, eher erschreckend beschrieb Thomas Mann im gleichnamigen Büchlein seine herrenhafte Attitüde. In der Hundeerziehung wird vielfach immer noch betont, der Mensch müsse klar und kompromisslos die »Alpha-Position« einnehmen. Sonst folge der Hund nicht, mache, was er will, und richte Schaden an. Dagegen kämpft eine (nicht mehr ganz so) neue Richtung an, die mit Belohnung und liebevoller Zuwendung das Vertrauen des Hundes gewinnen will und diesen damit auch sozialisiert. Hundedressuren will ich nur am Rande streifen. Bei der Suche nach Fakten, die sich zu einer neuen Vorstellung von der Hundwerdung zusammenfügen lassen, genügt es vorerst, eher allgemein auf das Dominanzverhältnis einzugehen. Die Halter müssen ihre Hunde fest im Griff haben, fordern Gesetzgeber und die allgemeine Ansicht, wie sich an Leinenpflicht oder eventuell sogar dem Maulkorbtragen zeigt. Würden alle Hunde »aufs Wort« gehen und niemals Menschen beißen, wären solche Verordnungen unnötig. Weshalb gelten sie nicht für Straßenhunde und Parias aller Regionen? Hier in Deutschland kommt es trotz Leinenpflicht zu einer Vielzahl von Hundebissen und sogar nahezu alljährlich zu solchen mit Todesfolge für die betroffenen Menschen. Wo Hunde rudelweise frei laufen und Bisse nicht so leicht medizinisch versorgt werden können, tritt die Problematik anscheinend weniger gravierend auf. Gewiss, auch Pariarudel können Menschen anfallen und töten. In welchem Umfang dabei aber die bei uns erfolgreich ausgerottete Tollwut beteiligt ist, wird eher selten geklärt oder ist den Medienberichten zumindest nicht zu entnehmen.

Einige Bundesländer führen Hundebiss-Statistiken, aber man weiß, dass viele Bisse gar nicht gemeldet werden, weil sie sozusagen intern erfolgten oder von den Hunden »nicht beabsichtigt« waren, wie die Halter denken. Viele Bissverletzungen behandeln Hausärzte, ohne sie weiterzumelden, wenn es nicht um die Versicherungen geht. Die Toleranzbreite ist erstaunlich groß. Hunde, die Menschen schwer verletzt oder gar getötet haben, werden zwar meistens ihrerseits getötet. Aber ansonsten billigt man ihnen bereitwillig mildernde Umstände zu. Die starke Hand des menschlichen Oberchefs soll den Hund führen und unter Kontrolle halten. Das ist bei den circa zehn Millionen Hunden, die allein in Deutschland gegenwärtig leben, gewiss keine leichte Aufgabe. Denn auch ein Dackelbiss kann unangenehme Folgen haben. Diese kleinen Hunde der volkstümlichen Kategorie Wadenbeißer verursachen eine durchaus nicht unbedeutende Zahl von Bissverletzungen. Je größer der Hund, desto größer die Vorsicht, gilt dennoch als vernünftig. Manche besonders große Rassen waren gezüchtet worden, um Wölfe abzuwehren oder um direkt als Kampfhunde eingesetzt zu werden. Dennoch werden sie von den Gesellschaften zu Tausenden und ohne genauere Registrierung toleriert, während wir dazu neigen, in jedem Wolf eine unkalkulierbare Gefahr zu sehen. Wölfe haben, so die Haltung vieler Menschen, in der zivilisierten Welt nichts zu suchen. Man kann sie nicht unter Kontrolle halten wie die Hunde, weil sie nicht gelernt haben, dass der Mensch der Chef, der Herr ist.

Wolfsforschungen in Gehegen schienen diese Sicht lange zu bestätigen. Vom Alphawolf bis zum letzten, den alle (weg-) beißen und der sich auf den ersten Blick als ängstlicher Underdog zu erkennen gibt, herrscht im Rudel eine strenge Rangordnung. Alphawolf und Alphawölfin haben das Sagen und tun dies mit Blicken und Heulen kund. Sie beißen sofort zu, wenn die Blicke, die in die Schranken weisen, nicht genügen. Auch von Hand aufgezogene Wölfe würden, da sie eben keine Hunde sind, schon halb erwachsen wieder wild und gefährlich. Und so fort. Ich will diese alte Sicht nicht weiter ausbreiten, denn sie ist zu großen Teilen längst als Gefangenschaftseffekt enttarnt worden. Inzwischen gibt es Menschen, die monatelang in der Wildnis mit Wölfen zusammenlebten oder die den Wölfen in hinreichend artgerecht gestalteten Wolfsforschungsanlagen partnerschaftlich begegneten, wie etwa in der von Prof. Kurt Kotrschal und seinem Team im niederösterreichischen Ernstbrunn. Sie ergaben ein ganz anderes Bild, das weit entfernt ist vom »bösen Wolf«. Dennoch ist bei all diesen Forschungen klar geworden, dass es alles andere als einfach ist, in die Privatsphäre der Wölfe einzudringen. Bei den Parias und den südosteuropäischen Straßenhunden geht das ungleich leichter. Die Schwierigkeit bei den Wölfen liegt aber nicht an ihrer Aggressivität oder im Widerstand, den sie der Dominanz des Menschen entgegensetzen, sondern vielmehr in ihrer Sozialstruktur. Das »Rudel« ist kein Rudel im Wortsinn der Zusammenrottung von Tieren, wie ein Rudel Hirsche, sondern eine (Groß-)Familie. In die Familie sollen Fremde nicht hinein. Dafür müssten wir vollstes Verständnis haben, gehört doch mehr oder weniger heftiges »Fremdeln« nicht nur im Kleinkindalter auch zu unseren Eigenheiten. Der Familienstruktur der Wölfe kommt daher, wie wir nun wissen, eine zentrale Rolle zu – im Umgang mit anderen Wölfen wie auch den Menschen gegenüber.

Das ist, auf die Hunde bezogen, nichts Neues. Sie gehören zur Familie. Sie sind integriert. Sie sollten dies sein und nicht, wie früher bei den Hofhunden, an die Kette gelegt oder in einen Zwinger eingesperrt sein, aus dem sie bei Bedarf herausgelassen werden. In und mit der Familie integrieren sich Hunde in die Menschenwelt. Sie lernen die anderen Menschen kennen, mit denen ihre Familie Umgang pflegt, stufen Unbekannte ganz automatisch als Fremde ein, und sie entwickeln Vorlieben und Abneigungen, wie ich in einer meiner persönlichen Geschichten bereits angedeutet habe. Darauf werde ich in Teil II näher eingehen, wenn ich unseren Hund stellvertretend für andere behandle.

Halten wir hier fest, dass eine auffällige Diskrepanz gegeben ist zwischen dem natürlichen Verhalten der Wölfe in ihren »Rudeln« und den vielfach tatsächlich in Rudeln lebenden Parias und Straßenhunden. In diesen gibt es durchaus »Dominanz« und erkennbare Rangabstufungen, aber bei Weitem nicht so ausgeprägt, wie man dies für Wölfe lange Zeit angenommen und auf die »richtige« Erziehung von Hunden übertragen hatte. Bei Hunden, die ihr ganzes Leben mit Menschen teilen, deutet sich an, was in Pariarudeln Normalverhalten ist, wenn sie am Hundespielplatz oder bei Ausgängen mit anderen zusammentreffen und gleich herumtollen. Die Menschen reagieren meist überbesorgt, wenn das Knurren in Beißerei übergeht, obgleich eine solche fast immer nicht sonderlich ernst gemeint ist. Aus unserer Sicht gehört Beißen unterdrückt. Das entspricht jedoch nicht der Hundenatur. Der Hundespielplatz führt so vor Augen, was tatsächlich ein bedeutender Unterschied zum Wolfsverhalten ist, nämlich die große Offenheit des Hundeverhaltens gegenüber Artgenossen – und Menschen!

HUNDE UND ANDERE HUNDEARTIGE

In Regionen, in denen es viele frei lebende Hunde gibt, wie in Indien, Afrika und Südosteuropa, sind diese Parias und Straßenhunde als »Hunde« nicht allein. Denn es gibt dort nahe Verwandte, die mit dem schwerfälligen deutschen Wort Hundeartige gemeint sind. Der am weitesten verbreitete und auch bei uns mittlerweile zumindest dem Namen nach bekannteste ist der Goldschakal *Canis aureus.* Konrad Lorenz war fest davon überzeugt, dass dieser Wildhund und nicht der Wolf die Stammart der Hunde ist. Denn Goldschakale entsprechen den Pariahunden sichtlich besser in ihrer Körpergröße und ihrem den Menschen gegenüber vorsichtig neugierigen Verhalten. Sie sind »mutig«, weil sie sich wie ihre nahen Verwandten in Afrika, die Schabrackenschakale *Canis mesomelas,* sogar an Löwen und ihre Beute heranwagen, um sich etwas davon zu schnappen. Auch Schakale leben fest verpaart in Familiengruppen, würden also in ihrem Sozialverhalten zum Hund passen. Und sie wären allein aufgrund ihrer geringen Körpergröße für die Domestikation zum Hund sicherlich weit besser geeignet gewesen, »handhabbarer« buchstäblich, als die großen Wölfe. Sie wiegen um die zehn Kilogramm und sind damit für Hundeverhältnisse »untere Mittelklasse«. Ihr Verbreitungsgebiet, das weite Teile Afrikas, Vorder- und Südasien sowie den Südosten Europas umfasst, deckt sich größtenteils mit den Hauptregionen der frei lebenden Hunde. Gegenwärtig breitet sich der Goldschakal in Richtung Mitteleuropa aus und hat Deutschland erreicht. Allerdings in bislang nur sehr geringen Anzahlen – was jedoch nicht verhinderte, dass insbesondere bei Jägern die Alarmglocken schrillen, weil sie »ihre« Wildtiere wieder einmal in Gefahr sehen, bekämpfen sie doch so vehement und überzeugt die »Geißel« wildernder Hunde. Das Comeback des Wolfes irritiert sie ohnehin zutiefst. Diese Ausdrucksweise wird man mir seitens vieler Jäger sicherlich als Voreingenommenheit ankreiden. Eine solche Kritik nehme ich gelassen hin, denn meine scheinbare Parteinahme drückt nichts anderes aus als die biologisch-ökologische Position, von der ich ausgehe. Und diese eröffnet interessante Aspekte: Der erste ergibt sich aus der bereits geschilderten, weitgehenden Deckung der geografischen Verbreitung von Goldschakalen und frei lebenden Hunden. Da sie einander in der Körpergröße ziemlich stark ähneln und beide Arten zudem sehr nahe verwandt sind, müssten sie, der ökologischen Theorie zufolge, einander auch heftig Konkurrenz machen. Der zweite Gesichtspunkt betrifft den zweifellos viel größeren und stärkeren Wolf. Werden die Wolfsvorkommen in Ostdeutschland das Vordringen des Goldschakals aufhalten? In welchem Verhältnis stehen die Wölfe zu Goldschakalen und zu den frei lebenden Hunden auf dem Balkan und im Vorderen Orient? Das sind (noch) ungeklärte Fragen, die aber bedeutungsträchtig sind, weil sich nach der großflächigen Vernichtung der Wölfe die kleineren Raubtiere vermehrten: die Füchse in Europa, die Kojoten in Nordamerika. Die Jäger ersetzen die Wirkung der großen »Raubtiere« nicht, die sie deshalb so nennen, weil sie die Beute, alle Beutetiere, für sich selbst beanspruchen – und daher das sogenannte Raubwild möglichst bis zur Ausrottung bekämpfen. Sie begründen dies mit der Notwendigkeit, Füchse, Marder und sogar die kleinen Wiesel regulieren zu müssen, damit diese nicht überhandnähmen. Welche »Hand« mit überhand gemeint ist, zeigt sich in der Durchführung der Bekämpfung, die sich an den jagdlichen Möglichkeiten orientiert, nicht aber an den vielleicht wirklich gebotenen Notwendigkeiten in der Natur.

Was als Abgleiten in eine Polemik gegen die Jagd verstanden werden mag, ist jedoch unabhängig davon, wie man zur Jagd steht, eine unbedingt nötige Betrachtungsweise, wenn wir das Leben von Wölfen, Schakalen, frei laufenden Hunden und anderen Beutegreifern verstehen wollen. So ist es für Rehe oder Hasen gleichgültig, ob sie von Wolf, wilderndem Hund, Schakal oder Jäger getötet werden. Umgekehrt ist es für Wölfe, Schakale und auch für frei lebende Hunde höchst bedeutsam, wer in welchem Umfang ihre mögliche Beute nutzt und ihnen diese damit entzieht. Gäbe es keine Jagd, sollten sich die Häufigkeiten von Wölfen, Schakalen und weiteren Beutegreifern aus anderen Tiergruppen wie (Groß-)Katzen und Greifvögeln je nach Verfügbarkeit ihrer Beutetiere verändern und mit deren Häufigkeitsschwankungen mitschwanken. Das wäre der natürliche Zustand. Doch die Jagd der Menschen ist unnatürlich, und zwar bereits seit der Steinzeit, weil zum Töten Distanzwaffen eingesetzt werden. Die Jäger der ausgehenden Steinzeit nutzten Wurfspeere und Speerschleudern, dann Pfeil und Bogen. Armbrust, Gewehre und Schießpulver folgten in neuerer Zeit. Die Entwicklung der Waffentechnik distanzierte die Jäger immer weiter vom Beutetier, das immer geringere Chancen hatte, zu entkommen oder sich erfolgreich zur Wehr zu setzen. Die heutigen Präzisionsgewehre töten auf Distanzen, die es den Wildtieren unmöglich machen, die Jäger rechtzeitig zu erkennen und zu fliehen. Allerdings hat dabei der Zeitaufwand für die Jagd stark abgenommen. Mit Wurfspießen bewaffnete Jäger mussten dem Wild weit länger nachspüren. Auch für die mit vergifteten Pfeilen jagenden Wildbeuter der Kalahari waren Jagden oft mehrtägige Unternehmungen und nicht einfach mit einem »Abendansitz« abzuwickeln. Diese hier nicht weiter zu vertiefenden Hinweise mögen genügen, zu verdeutlichen, dass nicht allein das Vorhandensein von Beutetieren den Jagderfolg prägt, sondern auch der Zeitaufwand, der nötig ist. Dies gilt für den Wolf und die anderen jagenden Wildtiere ungleich mehr als für die Jäger der Menschenwelt, weil sie für ihre Ernährung vollständig vom Beutemachen oder auch von der Aneignung der Beute anderer abhängig sind, während die Menschen durchaus für längere Zeiten auf pflanzliche Ernährung ausweichen können. Der hohe Aufwand, den die Verfolgung der Beute als Vorinvestition erzwingt, muss vom Jagdertrag mittel- und langfristig nicht nur ausgeglichen, sondern überkompensiert werden. Dieser Zwang, mehr zu erbeuten, als dem unmittelbaren Bedarf entspricht, hat zwei sehr unterschiedliche Folgen. Die eine drückt sich darin aus, dass Raubtiere oft (weit) mehr Beutetiere töten, als sie brauchen würden, wenn die Gelegenheit günstig ist. Dieses biologisch sinnvolle Tun wird ihnen als »Blutrausch« und »Mordlust« angekreidet, speziell beim Wolf, wenn er es geschafft hat, in einen Schafpferch einzudringen, oder beim Marder in einem Hühnerstall. Eingesperrte Beutetiere gibt es aber in der Natur nicht. Die zweite Folge ist, dass sich fast alle Beutegreifer, wenn möglich, als Aasverwerter betätigen, und dies durchaus bevorzugt. Ein bereits totes (Groß-)Tier nutzen zu können, spart den Aufwand, es vorher töten zu müssen, was aufgrund der Gegenwehr lebensgefährlich sein kann. Wir müssen also bei der Betrachtung der Häufigkeitsverhältnisse von Wölfen, Schakalen und frei lebenden Hunden ganz besonders auch die Verfügbarkeit von Tierkadavern berücksichtigen. Und im Versuch eines Rückblicks auf die eis- bzw. steinzeitlichen Verhältnisse, unter denen die Menschen lebten, ebenfalls.

Dabei gilt es, einen wesentlichen biologischen Unterschied zwischen den Hundeartigen, den Caniden, und den Katzenartigen, den Feliden, zu beachten. Hunde und ihre Verwandtschaft sind ihrer Natur nach Laufjäger, Katzen und ihre Verwandten, den Geparden ausgenommen, aber Lauerjäger. Beim Lauern auf Beute minimieren sie den Aufwand und konzentrieren ihre Energie auf den Angriff. Caniden hingegen hetzen ihre Beute oft bis zur Erschöpfung. Der auf diesem biologischen Unterschied beruhende Bewegungsbedarf des Hundes steht entsprechend im Kontrast zur Ruhebedürftigkeit der Katze. Wir empfinden diese Verschiedenheit intuitiv als so zutreffend, dass ein »fauler Hund« sprichwörtlich geworden ist, obgleich die faulsten Hunde wahrscheinlich immer noch erheblich bewegungsaktiver sind als normale Katzen. Um zu verstehen, weshalb sich die Katze ganz im Gegensatz zum Hund ein so erstaunlich hohes Ausmaß an Unabhängigkeit vom Menschen bewahrt hat, müssen wir auch die Verfügbarkeit von Beutetieren betrachten. Der Vergleich der beiden Haustiere ist in diesem Zusammenhang äußerst aussagekräftig, denn was uns als »typisch« für Hund und Katze vertraut ist, hat im großen Rahmen gewichtige Folgen. So ist die Strategie, auf Beute zu lauern, für Großkatzen und große Beutetiere nur dann halbwegs erfolgreich, wenn die Beute häufig vorkommt. Laufjäger hingegen tun sich leichter, wenn die Beutetiere stärker verteilt und rarer geworden sind. Denn sie können aufgrund ihres Körperbaus ausdauernder hinterherlaufen oder den großräumigen Wanderungen der Beutetiere folgen.

Dennoch gilt, je größer bzw. massiger der Jäger, desto schwerer fällt ihm die Verfolgung und umso bedeutungsvoller wird die Nutzung von Kadavern – und umgekehrt. Bei den Katzen sind die kleinen Arten als Lauerjäger auf Kleinsäuger am erfolgreichsten. Die »geduldig« vor dem Mauseloch wartende Katze drückt dies augenfällig aus. Der Dackel hingegen versucht gegebenenfalls, wie andere Kleinhunde auch, die Maus auszugraben. Von Aas hält die Katze wenig, der Löwe aber sehr viel. Genau umgekehrt verhält es sich bei den Hundeartigen. Der größte, der Wolf, ist der ausgeprägteste Jäger, während sich die kleinen Schakale als Mitesser an der Beute der Großen, wie der Löwen, betätigen.

Auf diesen Punkt gehe ich so ausführlich ein, um zu zeigen, dass die Hunde in Richtung Aasjäger und Abfallverwerter tendieren, während die Wölfe weit mehr auf die Jagd auf Beutetiere ausgerichtet sind. Etwas überpointiert ausgedrückt lässt sich anfügen, dass sich die Hunde, nämlich die frei lebenden Straßen- und Pariahunde, über die Abfallverwertung an die Menschen binden, die Wölfe hingegen sich von den Menschen distanzieren und überwiegend oder ausschließlich selbst jagen. Das sind, wie ich betonen möchte, »Tendenzen«, keine Kategorien. Als Tendenzen bleiben sie trotz gegenteiliger Befunde bestehen, etwa wenn streunende Hunde wildern oder Wölfe Müllhalden aufsuchen, wie es an der Peripherie von Rom geschieht. Es handelt sich eben bei Wolf und Hund nicht um klar und vollständig voneinander getrennte Arten, sondern um das vorläufige Ergebnis unvollständiger Sonderungsprozesse, die weiterlaufen. Immerhin bewirken diese tendenziellen Unterschiede, dass es extrem wenige Mischlinge zwischen Hunden und Wölfen gibt. Bei den vielen Millionen frei lebender Hunde und den oft durch intensive Verfolgung seitens des Menschen stark ausgedünnten Vorkommen von Wölfen sind Verpaarungen untereinander in der Tat extrem selten. In dieser Hinsicht ähneln sich auch Hauskatzen und (europäische) Wildkatzen (siehe Seite 188 f.). Der Lebensstil trennt stärker als »die Genetik«.

BEUTE UND BEUTEGREIFER

Betrachten wir nun die gegenwärtigen Verhältnisse etwas genauer. Die meisten Beutegreifer, die Raubtiere im alten (jägerischen) Sprachgebrauch, gibt es in Afrika, und zwar in den großen Wildschutzgebieten und Nationalparks. Allein eine kommentierte Aufzählung würde den hier gegebenen Rahmen sprengen und das Erlebnis einer Natur, wie sie ohne allzu starke Veränderung seitens der Menschen aussieht, dennoch nicht ersetzen können. Die Serengeti, den Ngorongoro-Krater und andere der zu Recht berühmten Wildtiergebiete Afrikas sollte man gesehen haben, um über die hiesige Natur nachdenken oder befinden zu können. Dagegen sind unsere Nationalparks nicht einmal ein Abglanz, sondern eher ein Trauerspiel. Millionen großer Wildtiere leben auf der Serengeti mit Löwen, Leoparden und Geparden sowie Hyänen als Beutegreifer und dem ganzen Spektrum der Kleinen zusammen. Dort lässt sich mitverfolgen, wie Löwen jagen und töten, und mit ansehen, wie Schakale herbeischleichen, um von den Kadavern etwas abzubekommen. Auch wie Hyänen »zu Hyänen werden« und dabei sogar Löwen von ihrer Beute vertreiben, wenn sie gemeinsam mit »schaurigem Geheule« angreifen. Mit ihren gewaltigen Kiefern zerbrechen sie die Knochen der großen Tiere und nutzen das darin enthaltene Mark, das in seiner Zusammensetzung noch ergiebiger ist als (Muskel-)Fleisch. In afrikanischen

Nationalparks und Wildschutzgebieten kann man erleben, wie Geparde die schnellen Gazellen jagen, wie erschöpft, ja atemlos sie unmittelbar danach sind, ob die Jagd erfolgreich war oder nicht. Und wie ihnen Aasjäger in diesem Zustand der Erschöpfung fast mühelos die Beute abnehmen. Geier kreisen aus ihren in großer Höhe durchgeführten Suchflügen ein und gehen in Spiralen nieder, wo frisch getötete Großtiere liegen. Oft müssen sie warten, bis ein Aasjäger den Kadaver findet, wenn das Großtier an Erschöpfung eingegangen ist. Denn Geier können die zähe Haut mit ihren Schnäbeln nicht öffnen, so eindrucksvoll groß diese auch aussehen mögen. Höchst selten einmal gelingt es auch, Schimpansen dabei zu beobachten, wie sie eine kleine Antilope oder einen jungen Pavian jagen und töten – dies ist jedoch selbst für Schimpansenforscher ein Ausnahmefall.

Der Hinweis auf jagende Schimpansen ist angebracht, auch wenn er vom Thema abzuweichen scheint, denn derartige Szenen aus dem heutigen Afrika lassen gewisse Rückschlüsse auf die Vergangenheit zu, als das Leben (und Sterben) sehr ähnlich ablief. Vor fünf Millionen Jahren gab es Primaten, die ihrem Aussehen nach irgendwo zwischen Schimpansen und Menschen zu verorten waren und sich als Aasjäger betätigten. Südaffen, *Australopithecus*, wird die Gattung genannt, aus der sich die Menschen entwickelt haben. Vor vier bis fünf Millionen Jahren gab es noch keine Menschen in Afrika, wohl aber diese Vorform mit aufrechtem Gang und sich anbahnender Tendenz zur Vergrößerung des Gehirns. Einige Millionen Jahre später, von uns aus gerechnet vor gut einer Million Jahren, lief das Leben in (Ost-)Afrika immer noch sehr ähnlich ab, nun aber unter Beteiligung einer frühen Menschenart, die schon der Gattung *Homo* angehörte. Sie war nahezu so gut zu Fuß wie wir (es sein sollten). Gruppen dieser als Aufrechter Mensch

Homo erectus bezeichneten Menschenart verließen Afrika und wanderten nach Asien und weiter bis in den Fernen Osten. Dazu hatten sie gute Gründe, obwohl das Eiszeitalter herrschte, das der Nordhemisphäre gewaltige Eispanzer bescherte, die von der Polarregion bis weit in die mittleren Breiten vorstießen und von den Gebirgen ins Vorland flossen. Denn in der eiszeitlichen Steppe Eurasiens sah es ganz ähnlich aus wie in den wildtierreichen Gebieten des heutigen Afrika. Nach der größten und aus dem Blickwinkel der Menschen gewiss auch eindrucksvollsten Tierart nennen wir sie Mammutsteppe. Die haarigen Mammuts mit ihren riesigen, bis zum Boden reichenden Stoßzähnen charakterisierten die Großtierwelt der eiszeitlichen Landschaften in Europa und Nordasien ähnlich wie gegenwärtig die Elefanten, zumindest Restvorkommen davon, die afrikanischen. Neben den Mammuts gab es behaarte Nashörner (Wollnashorn), Hirsche mit riesigen Geweihen, daher Riesenhirsche genannt, Wildpferde, die den afrikanischen Zebras entsprachen, Antilopen und Rentiere sowie in den südlicheren Regionen mit lichten Wäldern auch Auerochsen, das Gegenstück zu den afrikanischen Büffeln. Aber auch Wisente, die europäisch-nordasiatischen Entsprechungen der Bisons, der »Indianerbüffel« Nordamerikas, lebten verbreitet im Eiszeitland Eurasiens. Und Raubtiere. Sie zumindest repräsentativ aufzuzählen, ist geboten, um den Vergleich mit dem gegenwärtigen (Ost-)Afrika zu unterstreichen. Das Spektrum der eiszeitlichen Raubtiere beinhaltete Löwen, in größeren und kräftigeren Formen als die größten afrikanischen Löwen, dazu Tiger, Geparde, Bären, Hyänen, Wölfe, Luchse, den Vielfraß als größten Marder und natürlich auch all die kleineren und kleinen Raubtiere vom Fuchs bis zu Hermelin und Wiesel. In den Warmzeiten zwischen den großen Eiszeiten gab es Elefanten anderer Arten (Mastodonten) sowie an den Flüssen Nilpferde, beispielsweise an Rhein und Themse. Das eiszeitliche Vorkommen von Löwen erstreckte sich durch ganz Asien bis nach Alaska, weil dorthin aufgrund des stark abgesunkenen Meeresspiegels von Nordostsibirien aus eine breitflächige Landverbindung bestand. Aus der Vielzahl der eiszeitlichen Raubtiere ergibt sich, dass die Bestände der Beutetiere entsprechend groß gewesen sein müssen. Denn es ist größenordnungsmäßig jeweils etwa das Zehn- bis Zwanzigfache an Beute nötig, genauer ausgedrückt an Beute-Biomasse, damit die Raubtiere überleben können. Wird die Nahrung knapp, dünnen die Nutzerbestände schneller aus als die Beutetiere und verschwinden lokal oder regional. Erholt sich der Beutebestand nach wenigen Jahren nicht wieder, sterben die Beutegreifer aus. Die Großen zuerst, weil sie am meisten Beute brauchen.

Die heutige Verbreitung der Raubtiere in Eurasien zeigt eine auf den ersten Blick und im Vergleich zu Afrika ganz ungewöhnliche Verschiebung. Wölfe, Bären und Vielfraße kommen in den an Beutetieren armen (hoch-)nordischen Regionen oder im Hochgebirge vor. Restbestände von Löwen existieren in Asien nur noch im Ghir-Wald im Grenzgebiet zwischen Indien und Pakistan. Geparde und Leoparden überlebten in den südlichen Bergregionen und subtropischen Gebieten. Tiger gibt es vom tropischen Süden und Fernen Osten Asiens bis in die winterkalten Regionen Ostsibiriens. Aus dieser gegenwärtigen Verbreitung lässt sich ablesen, dass die Raubtiere in unwirtliche Regionen abgedrängt wurden. Klimatisch lässt sich dies nicht rechtfertigen, denn nacheiszeitlich ist es zwar rasch wärmer geworden und es hat eine echte Warmzeit angefangen, aber die unmittelbaren oder näheren Verwandten der Raubtiere überlebten insgesamt am besten im tropischen und subtropischen Afrika. Dort sehen wir in den großartigen Nationalparks unsere einstige Eiszeittierwelt. Dort kommen Großtiere und große Beutegreifer miteinander zurecht, obwohl sich örtlich recht hohe Bestandsdichten von Löwen ausgebildet haben. Dort würde es wahrscheinlich weit mehr Hyänenhunde, die afrikanischen (und missverständlich oft auch so bezeichneten) Wildhunde *Lycaon pictus,* geben, wären sie nicht vom Staupevirus so dezimiert worden, das die Hunde der Europäer eingeschleppt hatten. Denn in Lebensweise und Größe gleichen die Hyänenhunde den Wölfen sehr.

Dass sie dadurch gegenwärtig so rar sind, ist für diese besonderen Hunde hoffentlich ein vorübergehender Zustand, den sie überwinden werden. In der Vergangenheit ging es ihnen sicher viel besser. Doch domestiziert wurden sie nicht, obgleich sie als Hundeartige am längsten in unmittelbarer Nachbarschaft zu den Menschen lebten und obwohl im Verbreitungsgebiet der Hyänenhunde die Evolution unserer Gattung *Homo* stattfand. Sie gelten als sehr effiziente Jäger, die gesunde Beutetiere erlegen und es selbst mit Büffeln aufnehmen können. Langes Zusammenleben von Menschen und Hundeartigen führte also nicht automatisch zur Hundwerdung. Dies ist ein wichtiges Ergebnis für den unmittelbaren Vergleich mit der »Eiszeittierwelt«. Der andere, nicht minder bedeutende Befund betrifft die kleinen Verwandten, die Schakale. Beide Schakalarten, der etwas größere, auch in Europa vorkommende Goldschakal und der zierlichere Schabrackenschakal, sind angesichts der Tiermassen der Serengeti und in anderen Großwild-Nationalparks selten. Dabei machen diese kleinen »Hunde« einen durchaus vitalen Eindruck; zumal man sie nicht selten dabei beobachten kann, wie sie sich vorsichtig, aber entschlossen und zumeist zu zweit Löwen nähern, die sich an einem gerade erbeuteten Zebra oder Gnu sättigen. Es kann hierbei zu erheiternden Szenen kommen, etwa wenn einer der beiden Schakale den riesigen Löwen anbellt, der zunächst kaum auf diese Belästigung eingeht. Wird es ihm doch zu dumm und erhebt er sich, um den Lästling fortzujagen, klaut der Partner blitzschnell ein Stück von der Beute. Es hat etwas Unterhaltsames, wenn die Schakale einen kaum verwertbar wirkenden Beuterest oder einen für sie fast zu großen Knochen davontragen. Mit der Schwanzquaste eines Zebras quer im Maul wirkt der Schakal dann wie ein Kleinhund, der ein Zirkusstück vorführt.

Löwen verzehren ein größeres Beutetier selten komplett mit Haut und Haar. Das schafft allenfalls ein Rudel Hyänen (Tüpfelhyänen *Crocuta crocuta*). Meist bleibt vom Kadaver so viel übrig, dass sich auch die Geier darauf stürzen. Zu Dutzenden, mitunter mehr als fünfzig, wenn das getötete Tier entsprechend groß war, bedecken sie den Kadaver, eine wirbelnde Masse von Vogelkörpern, in die sich immer wieder von außen welche hineindrängen. Vortritt verschaffen sich die Hungrigsten. Oder ein Marabu mit seinem riesigen Schnabel.

In Afrika sind es meist die Geier, die sich als Resteverwerter der Kadaver betätigen. Störche, wie Marabus, bleiben ihnen gegenüber in der Minderzahl. Freigelegte und abgefleischte Knochen holen sich Bartgeier *Gypaetus barbatus*, eine darauf spezialisierte Großgeierart, die seit ihrer Wiederansiedelung in geringer Anzahl in den Alpen vorkommt. Das Spektrum der Geier umfasst neben den ganz großen wie dem Ohrengeier *Torgos tracheliotos* auch den kleinen Schmutzgeier *Neophron percnopterus*, der viel kleiner als die fünf bzw. sechs Großgeier Afrikas ist; sechs Geierarten sind es, wenn wir den Bartgeier mit einschließen – den »Knochenbrecher«. So heißt er auf Spanisch.

Mit diesem Exkurs zu den Geiern hat es eine besondere Bewandtnis: Geier und Schakale stehen in einer engeren Beziehung zueinander, als man vielleicht erwarten würde. Dass die

Schakale in diesen Regionen seltener vorkommen, wie bereits erörtert, hängt mit der Konkurrenz zu den Geiern zusammen. Die Geier finden die Großtierkadaver so schnell und nutzen diese so vollständig, dass für die Schakale kaum noch etwas übrig bleibt. Wie wenig, hängt davon ab, wie viele Geier sich einfinden. Mitunter bekommen die Schakale mehr ab, wenn sie sich an die noch fressenden Löwen heranwagen. Eine direkte Konkurrenz um Nahrung ist also unter den Kadaververwertern gegeben. Und noch ein zweiter Aspekt verbindet Geier und Hundeartige miteinander. Dieser führt uns über einen kleinen Umweg zu den frei lebenden Hunden, speziell zu den Parias. Der Schmutzgeier frisst sehr gern Exkremente, auch solche von Menschen. Also kann es sein, dass die Geier nicht nur für die Schakale eine große, vielfach übermächtige Konkurrenz darstellen, sondern auch für die Hunde, die von Tierkadavern leben. Dass dies der Fall ist, hat in jüngster Vergangenheit ein unfreiwilliges, höchst bedenkliches »Experiment« in Indien bewiesen. Dort gingen mehr als 95 Prozent der Geier zugrunde, weil Bauern dem Vieh in großem Umfang Diclofenac verabreicht hatten, ein Mittel gegen Entzündungen und andere Infektionen, das auch in Europa in der Humanmedizin als Schmerzmittel geläufig und in kleinen Mengen ohne ärztliche Verschreibung erhältlich ist. Wie sich kurz nach der Jahrtausendwende in den »Nullerjahren« zeigte, schädigen die Rückstände von Diclofenac die Nieren der Geier bis zum totalen Versagen. In Indien besorgten Geier seit jeher die Verwertung der Tierkadaver. Innerhalb eines Jahrzehnts brachen aber die Geierbestände dramatisch ein. Gegenwärtig sind nur noch wenige Prozent des einstigen Bestands vorhanden. Eine Kettenreaktion war die Folge. Anstelle der Geier stürzten sich die Pariahunde auf die Kadaver. Sie vermehrten sich stark dank dieser besseren Nahrungsversorgung. Daraufhin breiteten sich die Tollwut und andere Hundekrankheiten aus. Immer mehr Menschen wurden infiziert, weil die Tollwütigen auch gesunde Hunde, die bei den Menschen leben, ansteckten. Damit ist klar bewiesen, dass die Geier den von Kadavern lebenden Schakalen und Hunden massiv Konkurrenz machen. Zugleich erklärt dieses Großereignis in Indien, warum die Parias und die Straßenhunde sich nicht so sehr zu Kadaverfressern, sondern ausgeprägt zu Abfallverwertern entwickelt haben. Die Küchenabfälle der Menschen, insbesondere die rein pflanzlichen Reste, sind keine Option für die Geier. Mit einer einzigen Ausnahme: Die vitamin- und bakterienhaltigen Exkremente von Menschen sind eine Nahrungsquelle des Schmutzgeiers. Seine Benennung drückt dies treffend aus. Schmutzgeier sind tatsächlich auch auf Müllhalden anzutreffen. Doch die Hunde können sich ihrer erwehren, denn es sind kleine Geier. Sie haben einen schwachen Schnabel und lediglich um die zwei Kilogramm Gewicht.

Die Verbreitung der Geier beschränkt sich jedoch auf die tropischen und subtropischen Regionen Afrikas und Asiens sowie auf Gebirge in den (klimatisch) gemäßigten Breiten. Der Grund dafür ist, dass diese großen Vögel Aufwinde zum anhaltenden Segelflug benötigen, aus dem heraus sie Kadaver ausfindig machen. Sie sind Thermiksegler. Diese Form des Fluges erfordert sehr wenig Aufwand an Energie. Die Geier können weite Strecken zurücklegen. In wenigen Stunden überstreichen sie Hunderte, ja Tausende Quadratkilometer Land. Wo es zu wenig Thermik gibt, können Geier nicht leben oder sich unter günstigen Witterungsbedingungen allenfalls als Sommergäste für einige Wochen und Monate aufhalten. Tieren, die wie die frei lebenden Hunde überwiegend von Kadavern leben, kommt das Fehlen von Geiern zugute. Wie bedeutsam diese Nahrungsquelle ist, geht daraus hervor, dass es die Geier gibt und dass sie sogar in einem Spektrum von Arten vorkommen, die sich in Details der Kadavernutzung unterscheiden. Tote und/oder getötete Großtiere waren von Natur aus häufig. Die Geier sind davon vollständig abhängig. Sie können nicht mehr wie Adler selbst Beute machen. Geierbeine sind zum Fangen und Töten ungeeignet. Obwohl »Greif-«Vögel, nahmen die Geier eine eigenständige Entwicklung hin zu ausschließlichen Kadavernutzern. Großtiere stellen also nicht nur lebendig für Raubtiere eine attraktive Beute dar, sondern (frisch) tot ganz besonders auch als Kadaver. Schließlich können sie sich da nicht mehr wehren. Die Beutegreifer und Kadavernutzer beeinflussen sich daher gegenseitig. Diese Gegebenheit wird sehr wichtig, wenn wir die Menschen und Wölfe der Eiszeit im Verhältnis zueinander genauer betrachten.

LÄUFER UNTER TROPISCHER SONNE

Bei all diesen Überlegungen darf das zentrale Anliegen nicht verloren gehen. Es geht um die Frage, wie wir uns die Ablösung des Hundes von seiner Stammart, dem Wolf, vorzustellen haben. Dass dies nicht einfach in einer geraden Linie zustande kam, ist inzwischen wohl klar geworden. Doch bei allen verschlungenen Pfaden, auf denen die Hundwerdung von Wölfen verlief, bleibt ein Aspekt unumstößlich: Wir haben das Ergebnis – den Hund – Tag für Tag und äußerst lebendig vor Augen. Was bedeutet, dass wir an der Linie als solcher festhalten können, sie aber nicht zu gerade ziehen dürfen, weil wir damit der komplexen Realität nicht gerecht würden. Der vorläufige Endpunkt der Entwicklung – also der Zustand, den wir heute vorfinden – war vor Jahrtausenden nicht vorhersehbar und mehrere Zehntausend Jahre früher gewiss noch weniger. Die Erörterungen zu den Geiern und den Schakalen bekräftigen den eigentlich paradoxen Befund, dass in Afrika keine Hundwerdung stattfand, obwohl wolfsähnliche Hyänenhunde und Angehörige unserer Gattung genau dort in denselben Regionen viel länger zusammenlebten als überall sonst auf der Welt. Die tatsächliche Abfolge sieht hingegen so aus: Die Hundwerdung fand vor 20 000 Jahren statt; die Neandertalerzeit mit Wölfen in Europa und Westasien dauerte 200 000 Jahre an; und Angehörige der Gattung Mensch und Wolfsähnliche lebten bereits seit zwei Millionen Jahren in denselben Gebieten. Also muss speziell während der letzten Eiszeit in Europa und Nordasien etwas geschehen sein, das die Hundwerdung von Wölfen in Gang setzte, obwohl vorher schon so immens lange Zeiträume verfügbar gewesen wären. Natürlich würde es uns schmeicheln, wenn die Lösung hieße, dass der Mensch, dass *Homo sapiens* gerade in jener Zeit intelligent genug geworden war, die Domestikation von Wölfen zustande zu bringen. Geht man davon aus, dass die Domestikation ein von Anfang an geplanter, aktiver Prozess war, würde dieser Schluss folgerichtig sein. Aber diese Theorie ist eben, wie mehrfach betont, nur stichhaltig, was den Zeitraum des Beginns der Hundwerdung betrifft; sie ist jedoch nicht in der Lage, den seltsamen Befund zu erklären, dass sich die Hundwerdung isoliert auf einen Ort oder allenfalls zwei beschränkte, die zudem Tausende von Kilometern weit auseinanderliegen. Um dem Doppelgeheimnis von Zeit(-raum) und Entstehungsgebiet auf die Spur zu kommen, müssen wir also genauer hinsehen und besonderes Augenmerk darauf legen, was den Wolf und den Menschen biologisch auszeichnet und was ein wechselseitiges Verständnis der beiden doch so unterschiedlichen Lebewesen bewirkt haben könnte.

Beide sind Läufer, der Vierfüßer Wolf wie auch der Zweibeiner Mensch. Sie sind sogar die besten Läufer. Menschen und Wölfe schaffen im Dauerlauf schier unglaubliche Strecken. Bei den Wölfen lassen sich diese nicht so genau messen, zumal sie keine Veranlassung empfinden, aus bloßer Rekordsucht weiter und weiter zu laufen. Ihnen sehr ähnliche nordische Hunde, wie Huskys, Alaskan Malamuts und speziell für Langstreckenrennen gezüchtete Mischlings-Schlittenhunde schaffen ähnliche Distanzen wie Menschen; Marathondistanzen und darüber hinaus. Es ist müßig, darüber zu streiten, wer nun der bessere Langstreckenläufer sei, weil Marathonläufer unter arktischen Bedingungen klimatisch ähnlich benachteiligt wären wie nordische Hunde in den Tropen. Den Unterschied macht das »Kühlsystem«. Wir Menschen schwitzen auf der gesamten Hautoberfläche, und dies so wirkungsvoll, dass wir ein Mehrfaches des energetischen Grundumsatzes wegschwitzen können, ohne den Körper, insbesondere das davon höchst gefährdete Gehirn zu überhitzen. Die nordischen Hunde schwitzen über die Zunge und ein wenig über die Fußballen. Ein sehr dichtes, wollig warmes Fell schützt sie im Normalzustand gegen die Kälte. Wie auch die Wölfe ihr Fell wärmt. Das für Affen und Menschenaffen typische Fell haben wir schon lange nicht mehr. Nacktheit ist unser biologisch auffälligstes Merkmal; spezifischer als die Zweibeinigkeit. Auf das Fell bezogen, gehören die Wölfe zu den normalen Säugetieren. Sie entwickeln eine Felldichte, die den Lebensumständen entspricht. Die nordischen Wölfe tragen ein sehr viel dichteres Fell als die südlicheren Formen. Ihr innerafrikanisches Gegenstück, die Hyänenhunde, hat ein sehr kurzes, borstiges Fell mit ungewöhnlicher Fleckung. An dieser lassen sie sich sogar mit einiger Übung individuell unterscheiden. Ob dies auch für ihre eigene Kommunikation nötig ist, wissen wir noch nicht so recht. Plausibel wäre es, denn in der wabernden Luft afrikanischer Hitze lassen sich Feinheiten des Gesichtsausdrucks nur auf kurze Distanz erkennen. Die großen, unterschiedlich gestalteten Fellflecken erleichtern es unter diesen Sichtverhältnissen, zu erkennen, was andere im Rudel machen, wenn dieses auf der Jagd ausschweift. Doch dieser Punkt bleibt hier nachrangig. Wichtiger ist, dass die Tropenhitze die Möglichkeiten zu längeren Jagdläufen am Tag auf die wenigen kühleren Stunden beschränkt. Nachts klappt die Jagd in der Gruppe auf Sicht nicht so gut, weil das unübersichtliche Gelände in den Savannen den Überblick einschränkt. Auch die Tageshitze kann mit Luftflimmern den Jagderfolg begrenzen.

Die wolfsähnlichere Canidenart Afrikas, der Simienwolf, lebt im kalten Hochland Äthiopiens und nicht in den hitzeflimmernden Ebenen westlich und südlich der Berge, wo auch Geparde jagen. Schakale, obgleich in den Körperproportionen durchaus wolfsähnlich, laufen zwar viel, aber wie unsere Füchse vornehmlich über kurze Distanzen. Der Läufer Mensch hat in den tropisch-subtropischen Wärmegebieten große Vorteile beim lang anhaltenden Laufen, weil die frei werdende Körperwärme sehr gut weggeschwitzt werden kann. Allerdings brauchen wir dafür sehr viel Wasser. In der Kälte anhaltend zu laufen, würde eher zum Hitzestau führen, denn unsere Nacktheit zwingt dazu, uns angemessen zu bekleiden. Daher sind, einfach ausgedrückt, die Kältegebiete die Domäne der Wölfe. In den Hitzegebieten kommen Menschen besser zurecht. Hunde können in warmen Regionen nur leben, so sie sehr kurzes Fell tragen, viel zu trinken bekommen, von Menschen direkt oder indirekt über Abfall mitversorgt werden und keine langen Laufstrecken zurücklegen müssen.

Ein Zusatz passt hierzu. Unsere nackte Haut ist auch sehr empfindlich. Sie ist anfällig für Verletzungen. Wölfe oder Hunde können daher mit uns nicht so umgehen wie mit ihresgleichen. Außer, und dies scheint mir auch ein wichtiger Punkt, außer wir sind mit Wolfsfell bekleidet. Daran sollten wir denken, wenn wir uns mit den Eiszeitverhältnissen befassen. Grundsätzlich passen Menschen und Wölfe zusammen, weil beide ausgeprägte Läufer sind und daher weitgehend nomadisch leben können. Kein anderes Artenpaar ist in dieser Hinsicht so kompatibel. Nicht einmal Mensch und Gepard. Er ist ein Sprinter, kein Dauerläufer, ja nicht einmal ein Dauergänger. Höchstgeschwindigkeit auf Kurzstrecke lohnt nur, wenn das Gelände übersichtlich genug und hinreichend offen ist für den Sprint und wenn Beutetiere der passenden Körpergröße in entsprechender Häufigkeit vorhanden sind. Solche Spezialbedingungen gab es in der erdgeschichtlich jüngeren Vergangenheit offenbar so ausgedehnt in Afrika und in Teilen Südwestasiens, dass der Gepard als Jäger ein Erfolgsmodell wurde. In Nordamerika lebte auf den Prärien eine andere, etwas größere Gepardenart mit offenbar sehr ähnlicher Lebensweise und Leistungsfähigkeit. Die nordamerikanischen Geparde sind ausgestorben, wahrscheinlich sogar indirekt ausgerottet worden, als Menschen aus Nordostasien vor gut 15 000 Jahren nach Amerika vordrangen. Auch davon in anderem Zusammenhang mehr. Eine Zähmung von Geparden gelang vielfach, aber keine Domestizierung. Die Jagd mit Geparden war von Ägypten bis Nordwestindien ein Vergnügen der Herrschenden. Geparde werden rasch zahm und fremden Menschen gegenüber sehr tolerant. Jahrelang durfte eine Gepardin den Frankfurter Zoodirektor und prominenten Naturschützer Bernhard Grzimek (*Serengeti darf nicht sterben*) zur Fernsehsendung *Ein Platz für Tiere* mit ins Studio begleiten. Doch ihrer Verträglichkeit zum Trotz blieben Geparde unverändert Wildtiere, auch wenn sie »lammfromm« geworden waren.

WÖLFE ALS (ERD-)HÖHLENBEWOHNER

Erfolgreich Beute zu machen ist zwar unerlässlich für das Leben der Wölfe, aber nicht die einzige Grundvoraussetzung für ihr Vorkommen. Dass das Klima, speziell die Temperaturen, eine begrenzende Rolle spielen, ging aus dem Vorigen bereits hervor. Besonders strikt wirken die klimatischen Begrenzungen aber nicht. Das belegen die Wolfsvorkommen. Gegenwärtig kommen Wölfe in der arktischen Tundra, in nordischen Wäldern, in Gebirgsregionen und in mediterranen Buschwäldern vor. In Südasien reicht ihr Artareal bis in die randtropischen Bereiche. In historischer Zeit lebten Wölfe in Nordamerika von Alaska und Nordkanada bis Mexiko. Die den Wölfen in Lebensweise und Körpergröße ähnlichen Hyänenhunde kommen mit tropischen Bedingungen offenbar auch gut zurecht, wenngleich sie, wie die meisten größeren Hundeartigen, die tropischen Regenwälder meiden. Das liegt aber weniger an den Regenwäldern an sich als an ihrer Armut an größeren Beutetieren. Für Läufertypen sind sie kein Lebensraum. Lauerjäger wie Leoparden und Jaguare kommen mit dem Tropenwald besser zurecht.

Doch es gibt einen sehr wichtigen Aspekt im Leben der Wölfe, der noch nicht berücksichtigt wurde. Das ist der Bau, in dem die Jungen geboren und als Welpen längere Zeit betreut werden. Bei der Größe der Wölfe muss so ein Bau geräumig sein. Selten einmal finden sich in Felsklüften passende höhlenartige Nischen, die als Welpenbau dienen können. Meistens brauchen die Wölfe jedoch einen Erdbau, den sie vergrößern oder selbst in weiche Böden graben. Die neugeborenen Wolfswelpen sind wie Hundewelpen klein und schutzbedürftig. Die Mutter kann sie allenfalls kurzzeitig verlassen, um sich zu entleeren oder um Wasser zu trinken. Für die Versorgung mit Nahrung ist sie auf ihren Partner oder, besser, auf das Rudel angewiesen. In diesem beteiligen sich alle Wölfe an der Versorgung der Welpen, wenngleich nicht zu gleichen Anteilen. Manche jagen länger oder versuchen überhaupt erst einmal Beute, die erjagt werden könnte, auszukundschaften. Andere jagen dann gemeinsam danach. Wäre die Wölfin mit ihren Jungen allein auf sich gestellt, hätten diese keine Chance zu überleben. Das Rudel ist eine Überlebensgemeinschaft. Als solche lässt es sich kurz und prägnant charakterisieren. Denn auch die heranwachsenden Jungwölfe sind darauf angewiesen, dass ihnen die Altwölfe Nahrung bringen. Fast immer handelt es sich dabei um das Fleisch erjagter Beutetiere.

Fehlen im Revier eines Wolfspaares oder des Rudels andere Raubtiere, die nach Größe und Kraft gefährlich werden könnten, reicht für die Jungenaufzucht unter Umständen auch ein einigermaßen witterungsgeschütztes Dickicht aus. Sind aber Löwen vorhanden, müssen die Welpen in einem auch für schlanke Löwinnen nicht zugänglichen, unterirdischen Bau untergebracht werden. Einen solchen zu finden und zu behaupten stellt in Afrika für die Hyänenhunde ein enormes Problem dar. Denn sie sind nicht allein. Auch Hyänen und Warzenschweine benutzen solche Baue, und beide sind für die Hunde lebensgefährlich. Die Hyänen ganz besonders, weil ihr Gebiss weit mächtiger ist als das der Hyänenhunde. Oder auch das der Wölfe. Während der Eiszeit gab es Hyänen im Areal der Wölfe in Europa. Die Herausforderung, sichere Erdbaue zu finden, dürfen wir daher nicht außer Acht lassen, nur weil es hier seit Ende der letzten Eiszeit (abgesehen von südöstlichen Randgebieten) keine Hyänen und auch keine Löwen mehr gibt. In den Erdbauen waren die Eiszeitwölfe durchaus gefährdet.

Sie müssen damals sogar besonders große Schwierigkeiten gehabt haben, sichere Wohnstätten für ihren Nachwuchs zu finden, weil der Boden in der wildreichen Eiszeitsteppe tiefgefroren war und selbst im Sommer nur oberflächlich auftaute. Permafrost verhindert ein entsprechend tiefes Eingraben in den Boden. An den kleineren Naturhöhlen im Fels waren andere interessiert, denen die Wölfe in der Regel lieber auch aus dem Weg gingen: die großen Bären. Wir nennen diese Eiszeitbären Höhlenbären, weil so viele Funde ihrer fossilen Überreste aus den eiszeitlichen Höhlen Europas und Westasiens stammen. Dieser Bär *Ursus spelaeus* war vielleicht gar keine eigenständige Bärenart, sondern eine Kälteform des Braunbären *Ursus arctos* mit besonders eindrucksvoller Körpergröße. Die heutigen Kodiakbären Alaskas und Nordwestkanadas sowie die sehr großen Braunbären von Kamtschatka vermitteln uns eine recht lebendige Vorstellung von den ausgestorbenen Höhlenbären. In einer Hinsicht unterschieden sie sich aber von den heutigen Riesenbären an den nordpazifischen Küsten. Die eiszeitlichen Höhlenbären wurden wahrscheinlich wie ihre Nachfahren, die deutlich kleineren Braunbären, durch den Verzehr großer Mengen von Beeren im Spätsommer und Herbst winterfett. Die darin enthaltenen Kohlenhydrate wandelten sie im Körper in Fett um, das in der langen Winterruhe half, die Zeit der Kälte zu überbrücken. Rund ein halbes Jahr waren die Bären daher so gut wie keine Konkurrenten am Kadaver, wenn die Wölfe einen Elch oder ein Wildpferd erfolgreich erbeutet hatten. Aber wenn die Wölfin im Frühjahr ihre Welpen gebar, durfte natürlich kein Bär in der Höhle sein oder in der mit der Wurfhöhle verbundenen Nachbarhöhlung schlafen. Leicht taten sich die Wölfe gewiss nicht, eine geeignete und hinreichend sichere Höhle zu finden. Es gab ja auch noch die Menschen, die als »Höhlenmenschen« aus grundsätzlich gleichen Gründen Schutz bietende Unterkünfte suchten. Diese Eiszeitmenschen zeichneten sich durch eine besondere Fähigkeit aus, nämlich dass sie sich mit Feuer verteidigen konnten. Außerdem trugen die Frauen ihre Babys und Kleinkinder fast immer mit sich herum, sodass die Menschengruppen beweglich blieben und ihr Lager nötigenfalls schnell verlassen konnten, wenn Gefahr drohte. Die Wölfe hätten ihre Welpen nicht mitnehmen können. In dieser Hinsicht erging und ergeht es ihnen wie den Löwen. Die kleinen Jungen binden sie monatelang an einen Ort. Ziehen die Herden zu schnell weiter oder treffen sie gar nicht ein, gehen die Kleinen zugrunde. Aus der Serengeti und anderen Schutzgebieten wissen wir, dass bei den Löwen die Jungensterblichkeit sehr groß ist. Dies erklärt auch, weshalb das stärkste Raubtier, das keinen Feind zu fürchten hat, eine so große Zahl Junge pro Wurf zur Welt bringt. Große Raubtiere ohne nennenswerte Feinde haben in aller Regel nur ein Junges pro Wurf oder einige wenige, wie die Bären. Eine große Jungenzahl pro Geburt bedeutet, dass eine hohe Verlustrate der Jungen ausgeglichen werden muss. Dass Wölfe bei ihrer Größe und Kraft pro Wurf drei bis acht Welpen gebären, drückt die hohe Jungensterblichkeit aus, obwohl sie keine Feinde haben. Der Mensch als gefährlichster Feind ist ein absoluter Sonderfall in der Natur. Er war in der Entwicklung der Verhaltensweisen größerer und großer Tiere nicht vorherzusehen. Die Jungen zur rechten Zeit zu gebären, war mit oder ohne Menschen als Konkurrent und Feind für die Wölfe überlebensnotwendig. Für die Hunde ist er das nicht mehr. Die Wölfinnen werden einmal im Jahr läufig, die Hunde aber zweimal, und dies fast beliebig zu jeder Jahreszeit. Wie andere Haustiere auch.

Dass viele Hunde eine Hütte zum Ruhen und Schlafen gern annehmen, sozusagen als Höhlenersatz, darf als Hinweis auf die einstigen Verhältnisse, als ihre Vorfahren noch Wölfe waren, gewertet werden. Die nächste Steigerung davon kennt jeder, der einmal versucht hat, den eigenen Hund davon abzuhalten, sich nachts ins Bett zu schleichen. Vergleichende Untersuchungen, ob Wölfe und Hunde, die in Rudeln in großen Gehegen leben, gleichermaßen Höhlen bevorzugen bzw. zum Schlaf nutzen, sind mir nicht bekannt. Nordische Hunde schlafen problemlos im Freien und lassen sich sogar einschneien. An den Temperaturen liegt es wahrscheinlich nicht, ob und in welchem Umfang Hundehütten benutzt werden. Dennoch trifft es wohl zu, dass Hunde lieber in »Höhlen« schlafen als Wölfe.

Abschließend zu diesem Kapitel ein wichtiger Hinweis zu den Grundfunktionen des Körpers: Der innere Energieumsatz des Hundes verläuft sehr wolfsähnlich. Hunde haben mit 38,3 bis 39 Grad Celsius eine deutlich höhere Körpertemperatur als wir Menschen. Sie schwankt mit 0,9 Grad im normalen Tagesverlauf deutlich weniger als bei uns (1,2 Grad bei Frauen und 1,4 Grad bei Männern). In der Körpertemperatur drückt sich die Intensität des Stoffwechsels aus. Dieser wird als Grundumsatz bezeichnet, wenn der Körper keinen besonderen Anstrengungen ausgesetzt ist. Aus dem Unterschied zwischen Außentemperatur der Umwelt und der inneren im Körper ergibt sich das nötige Ausmaß für das »Nachheizen«. Ihr Grundumsatz weist Hunde eindeutig als Abkömmlinge von Vorfahren aus, die nicht in subtropisch-tropischen Regionen gelebt haben, sondern aus dem kühl gemäßigten Klimabereich stammen müssen. Der Mensch hingegen stammt mit seinem tropisch-niedrigen Grundumsatz und seiner Thermoneutraltemperatur von 27 Grad Celsius genauso zweifelsfrei aus den Tropen. »Thermoneutral« bedeutet, dass bei dieser Außentemperatur genauso viel Wärme aus dem Körper nach außen abfließt, wie ohne besondere Anstrengung innen erzeugt, also beim Grundumsatz frei wird. Bei 27 Grad Lufttemperatur ist – bei unbekleidetem Körper – diese Thermoneutralität gegeben. Da muss nicht mit Schwitzen gekühlt oder mit Muskelzittern und Bewegung mehr Wärme erzeugt werden. Über die Bekleidung des weitaus größten Teils der Hautoberfläche regulieren wir die Neutraltemperatur auf etwas über 20 Grad. Für viele Hunde liegt diese schon zu hoch. Rassen mit dichtem, wolfsähnlichem Fell haben es schwer, sich kühl genug zu halten, wenn für uns angenehme Sommertemperaturen herrschen. Diese Hunde werden dann rasch »faul«. Im Winter dagegen, zumal bei Schnee, steigt ihre Aktivität so sehr, dass nicht zu übersehen ist, wie groß ihre Freude über die nun angenehmeren Bedingungen ist.

Damit haben wir uns auf zwei weiteren Pfaden wieder der Eiszeit genähert; der letzten Eiszeit, in der die Hundwerdung von Wölfen begonnen hat. In der Kaltzeit benötigten die Wölfe zum Gebären und für die Aufzucht der Welpen temperierte und sichere Höhlen. Solche selbst zu graben, war in Regionen, in denen der Permafrost auch im Sommer bis kurz unter die Bodenoberfläche reichte, kaum möglich. An Naturhöhlen wiederum waren, wie ebenfalls schon betont, nicht nur Wölfe, sondern auch andere interessiert. Im Energieumsatz waren die Vorfahren der Hunde an kaltes Klima angepasst, die Menschen aber an tropisch warmes. Beide können somit nicht zusammen aus Afrika ins Eiszeitland gekommen sein. Die Partnerschaft kam erst dort zustande.

Also müssen wir uns nun auch mit der Eiszeitwelt genauer befassen. Die Kernfrage ist dabei, wie es dazu kommen konnte, dass sich die aus Afrika zugewanderten Zweibeiner ausgerechnet mit solchen Vierbeinern zusammentaten, mit denen sie aus ihrer afrikanischen Heimat nicht vertraut waren. Die Schwesterart der *sapiens*-Menschen, die Neandertaler, die schon dreimal so lang im Eiszeitland lebten, hatte offenbar kein Interesse an einer Partnerschaft mit Wölfen – oder diese nicht an einer mit ihnen.

EISZEITLAND

Während der Kaltzeiten, den »Eiszeiten« im umgangssprachlichen Sinne, herrschten in den mittleren Breiten der Nordkontinente ganz andere Lebensbedingungen als gegenwärtig. Sie sollen nun im Zentrum der Betrachtung stehen. Für uns, die wir mit einem tropischen Stoffwechsel in wohltemperierten Räumen leben und in warmen Betten schlafen, erscheint es kaum vorstellbar, dass unsere Vorvorfahren vor 40 000 Jahren überhaupt in Europa und Westasien leben konnten, und das als Jäger und Sammler ohne besondere Technik, Zehntausende Jahre lang. Bis zum Ende der letzten Eiszeit waren die Böden tiefgefroren, sofern sie nicht Eis bedeckte. Der Permafrost taute im Sommer oberflächlich auf, metertief stellenweise, weil sich am Sonnenstand nichts geändert hatte. Sie strahlte sogar etwas kräftiger als in unserer Zeit, weil in der Atmosphäre sehr viel weniger Feuchtigkeit vorhanden war. Die Sommer verliefen heiß und trocken, nicht unähnlich jenen im heutigen Sibirien. Die Winter waren sehr kalt, aber durch trockene Kälte charakterisiert und eher schneearm. Über Nordwesteuropa lastete ein riesiger Eispanzer, den im Winter Meereis mit den Gletschern von Grönland und Nordamerika verband. Daher konnten feuchte Luftmassen kaum vom Nordatlantik nach Europa hinein und weiter gen Osten nach Asien ziehen. Die Verbreitung der eiszeitlichen Gletscher spiegelte die Niederschläge. Im Nordwesten Europas wie auch im Nordwesten Nordamerikas waren sie am massigsten und flächenmäßig am ausgedehntesten. Doch anders als in der großen flachen Mitte Nordamerikas, die vom Golf von Mexiko her bis weit nach Norden Niederschläge abbekommt, schirmen in Asien das Hochland von Tibet und die gewaltige Masse des Himalaja die Monsunniederschläge vom Indischen Ozean her ab. Der (winter-) kalte Nordosten Asiens blieb daher eisfrei bis hinauf zum Polarmeer.

Vor den Eispanzern lag die schon genannte Mammutsteppe. Auf ihr wuchsen kaum Bäume. Aber es gab bodennahes Gestrüpp aus Kriechweiden und anderen Zwergsträuchern sowie sehr viele Gräser und krautige Pflanzen. Die heutige Vegetation der Tundra vermittelt ein gutes, aber nicht direkt zu übertragendes Bild. Denn die ökologischen Verhältnisse waren erheblich anders gelagert.

Die Mammutsteppe war im Sommer, wie schon angemerkt, nicht nur stärkerer Sonneneinstrahlung bei wenig Niederschlag ausgesetzt, sondern es gab ein andersartiges Wachstum, weil Permafrost die Auswaschung der Pflanzennährstoffe ins Grundwasser verhinderte. Die Vegetation der Mammutsteppe gedieh, um es plakativ auszudrücken, wie in einer Hydrokultur. Dass dabei nicht einfach ein »Sumpf« zustande kam, das lag an den nahezu unablässig ostwärts wehenden, sehr trockenen Winden. Durch diese Winde wurden feinste Bodenteilchen als Löss ausgeweht und im Fernen Osten oder hinter Hügelkuppen schon im Nahbereich abgelagert. Wir müssen an dieser Stelle nicht weiter ins Detail gehen. Die grobe Übersicht vermittelt genug: Die Mammutsteppe war so produktiv und zugleich bodenfest genug, dass eine »Megafauna«, eine Großtierwelt, auf ihr leben konnte. Diese war sogar noch eindrucksvoller als die heutige in Ostafrika. Die Bezeichnung Mammutsteppe drückt dies bereits aus. Auf ihr herrschten gleichsam Serengeti-Verhältnisse in Europa und Westasien, auch mit Löwen, Hyänen und anderen Raubtieren, wie schon ausgeführt. Ihr Vorhandensein beweist hinlänglich, dass es die eindrucksvollen Großtierarten nicht bloß gegeben hat, sondern dass diese auch in einer für das vielfältige Raubtierleben entsprechend großen Häufigkeit vorkamen. Auf der gegenwärtig an Großtieren reichsten Savanne, der Serengeti, leben durchschnittlich mehr als 20 Tonnen Säugetiere pro Quadratkilometer. Aber nicht zusammengedrängt auf besonderen Flächen, wie etwa im Ngorongoro-Krater, den man auch den »größten Zoo der Welt« nennt, sondern großflächig auf Tausenden von Quadratkilometern, sodass Millionenbestände von Wildtieren zustande kommen. Die zweimal im Jahr eintretende Trockenzeit entspricht hinsichtlich des Pflanzenwachstums dem Winter der Mammutsteppe. Dank Schnee und Flüssen mangelte es in diesem eiszeitlichen Grasland aber ungleich weniger an Wasser als während der Trockenzeiten in den Großwildgebieten Ost- und Südostafrikas. Wasser begrenzt dort das Überleben oft stärker als die noch verfügbare Pflanzennahrung. Der Jahresgang der Niederschläge zwingt viele Großtiere zu weiten Wanderungen, auf denen sie, wiederum vereinfacht ausgedrückt, dem Regen folgen, der neues Pflanzenwachstum auslöst.

Wanderungen unternahmen die Eiszeit-Großtiere sicherlich auch. Sie führten von den Sommerweiden zu den Winterweiden oder von den Höhen zu den Tälern und wieder zurück. Damit bestimmten die Schwankungen des Wildbestandes auf der Mammutsteppe sicher auch die Häufigkeit der Raubtiere. Zogen die Großtiere fort, hatte das direkte Folgen für die Raubtiere, sofern diese nicht mitwandern konnten. Dazu waren nur die Wölfe in der Lage. Wie das abläuft, lässt sich gegenwärtig noch in Alaska beobachten, wenn die Wölfe den Wanderungen der Karibus folgen und ihre Fortpflanzung auf deren Jahresrhythmus einstellen. Die Grizzlybären können dies nicht, auch nicht die Pumas, die amerikanischen »Berglöwen«. Aber die indigenen Stämme der Inuit (Eskimos) taten und tun es lokal heutzutage noch. Die nordischen Jäger verhalten sich, auch in Nordsibirien und Nordkanada, durchaus ähnlich wie die Wölfe. Sie sind noch effizienter als diese, weil sie mit ihren Babys und Kleinkindern nicht für Monate an einen festen Ort gebunden sind, sondern bei Bedarf wandern können.

Das Eiszeitland der Mammutsteppe und ihr gebirgiges Umfeld waren aus einem ganz anders gearteten Grund für die Menschen besonders attraktiv, die aus Afrika in die (keineswegs immer andauernde) Kälte gezogen waren. Es kam dort nämlich eine Krankheit nicht vor, deren deutscher Name sehr treffend ausdrückt, wie sie wirkt, die Schlafkrankheit. Übertragen wird sie von blutsaugenden Fliegen, den Tsetsefliegen der Gattung *Glossina*. Zwei etwas unterschiedliche Erregerformen, die als Trypanosomen den Verursachern der Malaria nahestehen, befallen die Menschen und das Vieh. Bei Rindern rufen sie die Nagana genannte Erkrankung hervor, beim Menschen die Schlafkrankheit. Beide Formen äußern sich in Konditionsverlust, Schlappheit und Siechtum, das häufig zum Tod führt. Die afrikanischen Wildtiere sind immun und zeigen kaum Wirkung auf den Befall. Jedoch nicht alle. Die Zebras sind nicht immun und auch die Menschen nicht, obwohl sie als biologische Art und Gattung in Afrika entstanden sind. Diese Merkwürdigkeit kann hier nicht ausführlicher behandelt werden, verdient aber eine kurze Zusammenfassung, soweit es im Hinblick auf die Hundwerdung wichtig ist: Menschen sind Läufer; sehr ausdauernde Läufer. Dabei spielt die Milz eine wichtige Rolle. Bei uns wirkt sie auch als Blutspeicher, während bei größeren und großen Säugetieren ihre Funktion zur Entgiftung in enger Zusammenarbeit mit der Leber bedeutsamer ist. Zebras sind als Pferde auch Läufer, und zwar ebenfalls sehr ausdauernde und auf Mittelstrecken ähnlich leistungsfähige wie Wölfe und Menschen, oder sogar besser als diese. Dennoch heißt es wahrscheinlich zutreffend, dass Menschen, die einem Pferd (oder Zebra) hartnäckig folgen, dieses schließlich einholen, weil es keine Kraftreserven mehr hat. Auch dies will ich hier nicht vertiefen, sondern nur zur Charakterisierung des Lebens im Eiszeitland der Mammutsteppe verwenden. Auf dieser nämlich muss es Wildpferde in großen Mengen gegeben haben. Die Vorfahren der Zebras wanderten im Eiszeitalter sogar aus den asiatischen Steppen nach Afrika ein. Für die Eiszeitmenschen waren die Wildpferde offenbar so bedeutsam, dass sie diese vielfach in Höhlenmalereien darstellten, künstlerisch so einzigartig, dass bei deren Entdeckung jegliche Fälschung aus der Gegenwart von vornherein auszuschließen war. Merkwürdigerweise gibt es in diesen Malereien aber so gut wie keine Darstellungen von Wölfen oder Hunden; zumindest keine annähernd so eindeutigen wie die von Wildpferden und Stieren und auch von Löwen. Dazu gleich mehr. Die Ausführungen zu den Tsetsefliegen sollten mit einem weiteren Aspekt abgeschlossen werden.

Wo sie in Afrika in größerer Häufigkeit auftreten, machen sie das Leben der Menschen unmöglich. Die Nacktheit wird zum lebensgefährlichen Handicap. Und dies gleich in doppelter Weise. Die von keinem dichten Fell geschützte, nackte Haut stellt für Blutsauger die beste aller möglichen Blutquellen dar. Unter den tropisch-afrikanischen Temperaturverhältnissen ist Nacktheit geradezu notwendig, weil es nur so durch kühlendes Schwitzen möglich ist, über weite Strecken zu gehen oder zu laufen. Für den Läufertyp Mensch ist Schlappheit tödlich. Die Tsetsevorkommen sind aus Gründen, die mit der Fortpflanzungsbiologie dieser Fliegen zusammenhängen, auf die feuchten Tropen Afrikas beschränkt. Wird die Trockenzeit zu lang, können die Tsetses nicht überleben. Für die Menschen bedeutet dies, dass sie auch deshalb und nicht allein wegen der Wanderungen der Großtiere ein nomadisches Leben zu führen haben. In den »trockenen Tropen«, also in den Savannen mit langer Trockenzeit, waren und sind die Menschen zwar vor der Schlafkrankheit und vor dem Fieber der Malaria sicher, aber dafür bekommen sie ein anderes Problem: Durst. Sie müssen in der Nähe von Wasserstellen bleiben. Nahe genug, um diese in einem Tagesmarsch zu erreichen oder in einigen wenigen Tagen, wenn sie frisches Wasser in Behältern mitnehmen können. Unter den tropisch-subtropischen Bedingungen wird selbst Wasser schnell schlecht und als Quelle von Magen-Darm-Infektionen lebensgefährlich.

Aus diesen Überlegungen ergeben sich zwei wesentliche Punkte – eine Schlussfolgerung und eine Erklärung. Zunächst die Folgerung: Es ist also anzunehmen, dass die eiszeitliche Mammutsteppe ein attraktiver Lebensraum gewesen sein muss, sofern die Menschen mit der Kälte im Winter zurechtkamen. Frieren ist kurzzeitig allemal besser, als zu erkranken. Auf Dauer wird Kälte jedoch ebenfalls problematisch. Das nicht mehr vorhandene, schützende Haarkleid musste durch Tierfelle ersetzt werden. Und zweitens die Erklärung: In jener Region Afrikas, im Bereich des großen Grabenbruches, der sich vom Roten Meer und Äthiopien durch ganz Ostafrika südwärts bis zum Sambesi zieht, blieb die Megafauna bis in unsere Zeit besser erhalten als irgendwo sonst. Doch ausgerechnet in dieser Großregion vollzog sich die Menschwerdung, die Evolution der Gattung Mensch und die Entstehung auch unserer Art Mensch. Es mutet paradox an, dass der Mensch Großtiere überall sonst ausrottete, am wenigsten aber im Bereich seiner Urheimat. Die Erklärung für dieses scheinbar unverständliche

Phänomen ist tatsächlich eine kleine Fliege. Vor über einem halben Jahrhundert hatte Bernhard Grzimek dies bereits erkannt und die Tsetsefliege den »besten Naturschützer Afrikas« genannt. Weil sie große Räume menschenfrei gehalten hat und hält. Auch Nutztiere, wie Rinder und Pferde, fallen den Erregern zum Opfer.

Arrangiert mit den Tsetsefliegen haben sich die Zebras auf ihre besondere Weise: Sie entwickelten das schwarz-weiß gestreifte »Sträflingskleid«. Es tarnt recht gut vor den Fliegen, für die es die Körperform der Zebras beim Anflug in Streifen auflöst und damit schwer erkennbar macht. Zebras sind anfällig für die Trypanosomen der Naganaseuche. Auch sie sind als Läufer auf die Milz als Blutspeicher angewiesen. Die Besonderheit der Zebras drückt aus, wie bedeutsam die Blutparasiten waren und beim Menschen auch in der heutigen Zeit immer noch sind. Unsere Vorfahren, die aus Afrika gekommen waren, fanden im Eiszeitland günstige Lebensbedingungen vor und nicht das aus unserer Sicht kaum vorstellbar harte Leben halb nackt in der Kälte.

WOLFSLEBEN IM EISZEITLAND

Wie also lebten die Wölfe im Eiszeitland der Mammutsteppe? Die Antwort »wie Wölfe« wäre vermutlich richtig. Allerdings auch wenig aufschlussreich. Wir setzen fast immer wie selbstverständlich voraus, dass das, was wir in unserer Zeit feststellen, auch für die Vergangenheit zutrifft. Doch das ist selten richtig. Also stelle ich die Frage anders und präzisiere: Was wissen wir darüber? Knochenfunde, Fossilien, drücken zunächst nur aus, wie ähnlich oder wie verschieden die betreffenden Arten »damals« gewesen sind. Vom Neandertaler gibt es genug Fossilien. Die Schädel weisen ihn als grobknochig mit »fliehender Stirn« und massigem Hinterkopf aus. Aus Knochenfunden des Skeletts lässt sich schließen, dass diese Menschenart kräftig gebaut und im Gang möglicherweise etwas nach vorn gebeugt war, ansonsten aber unserer Art sehr ähnlich sah. Aber sie waren wohl etwas kleiner. Fossilien an den Lagerstätten von Neandertalern sowie die chemische Feinanalyse seiner Knochen weisen ihn als ausgeprägten Fleischesser aus. »Dumpfe Muskelprotze«, wie seit den ersten Funden im Neandertal bei Düsseldorf 1856 angenommen, waren die Neandertaler aber höchstwahrscheinlich nicht. Moderne Forschungsmethoden förderten in neuerer Zeit Erkenntnisse zutage, die den Neandertaler deutlich näher an unsere Art rücken ließen.

Mit den Eiszeitwölfen verhält es sich ganz ähnlich. Die vorhandenen Fossilien weisen sie als kräftige, ziemlich große Tiere aus, die vermutlich nicht besonders auffallen würden, liefen sie in unserer Zeit irgendwo in kalten nördlichen Arealen umher. Die Zähne und Gebisse entsprechen so sehr denen der gegenwärtigen Wölfe, dass es kein Problem ist, sie als Wölfe zu erkennen. Durchaus nicht ohne Schwierigkeiten ist es jedoch, sie anhand von Zähnen und Gebiss von großen Hunden zu unterscheiden. Nur wenn der Schädel weitgehend erhalten ist, gelingt die Diagnose »noch klar Wolf« oder »vielleicht schon Hund«. Dies wäre nicht verwunderlich, würden die genetischen Befunde nicht so weit ins Eiszeitalter hinein verweisen. Daraus folgt, dass es eine Übergangszeit bei der Hundwerdung gegeben hat, die Jahrtausende dauerte. Wiederum wäre dies nichts Besonderes, wären Hunde auf breiter Front überall in Eurasien entstanden. So würde die normale, langsame Artbildung im Sinne Darwins verlaufen.

Zwar ist es nötig, auf diese zentrale Schwierigkeit immer wieder hinzuweisen, aber es ist natürlich auch ermüdend, wenn es nicht weitergeht. Aber so läuft die wissenschaftliche Suche nach Erklärungen nun einmal ab. Mit interessanten und, wie ich hoffe, aufschlussreichen Seitenblicken auf die Löwen und Hyänen möchte ich an dieser Stelle erklären, warum die Wölfe eigentlich so sozial sind und Familienrudel bilden, während doch ihre kleinere und schwächere Verwandtschaft einfach in Paaren zusammenlebt und ihre Jungen großzieht – wie etwa Schakale und Kojoten, aber auch Füchse und zahlreiche andere Säugetiere das tun.

Auch bei den Wölfen bildet das Elternpaar Anfang und Kern des Rudels. Der einzelne Wolf, *the lonesome wolf*, gilt sogar sprichwörtlich als verloren. Außer er ist als junge Wölfin oder junger Rüde auf Partnersuche. Dann setzt die wolfsübliche Entwicklung ein mit Betreuung der Jungen, die bei den Eltern bleiben und ein sich vergrößerndes Rudel bilden. Im Rudel bekommt außer der alten Leitwölfin eher selten ein weiteres Weibchen Junge. Erst wenn das Rudel aufgrund seines gemeinsamen Jagderfolges so groß geworden ist, dass nicht mehr alle einigermaßen satt werden, lösen sich Jungwölfe davon ab. Das bedeutet aber, dass fast alle physisch erwachsenen Wölfe mehrere Jahre warten müssen, bis sie sich selbst fortpflanzen können, oder vielleicht sogar überhaupt nicht dazu kommen. Dass so eine Form von Sozialleben entsteht, dafür muss es einen sehr starken Selektionsdruck gegeben haben. Übrigens auch bei uns Menschen. Aber bleiben wir beim Wolf und greifen sein Eiszeitleben wieder auf.

Auf der Mammutsteppe hat es ein sehr reichhaltiges, der Menge nach geradezu gewaltiges Großtierleben gegeben. So die obige Feststellung, die sich auf die »Nutzer« bezieht. Denn Löwen und Co., einschließlich der als Jäger tätigen Menschen, setzen entsprechend hohe Bestandsdichten an Beutetieren voraus, sonst hätten sie nicht überleben und sich im Fall der Löwen, Hyänen und Bären auch nicht zu so riesigen Formen entwickeln können. Diese übertrafen sogar ihre gegenwärtigen Verwandten in Afrika. Folglich hätten die Eiszeitwölfe wie Schakale ganz gut leben können, möchte man meinen, nachdem sie nächst den Löwen und Hyänen die stärksten Raubtiere waren. Die großen Bären können wir nach kurzem Hinweis, dass sie tatsächlich einzelgängerisch lebten und mit Pflanzenkost, mit Beeren, winterfett wurden, gleich wieder außen vor lassen. Als weniger schnelle Raubtiere, die weitgehend einzeln lebten und sogar den Bärinnen bei der Jungenaufzucht nicht halfen, bilden sie den Kontrast zu den Wölfen, Löwen und Hyänen. Erstaunlicherweise stimmen diese drei aber in ihrem Sozialverhalten überein, obwohl sie nicht näher miteinander verwandt sind, sondern eigenen Familien in der Ordnung der Raubtiere angehören. Bei den Löwen ist dies besonders auffällig, weil sonst keine der Großkatzen und auch keine der mittelgroßen und kleinen Katzen Rudel mit so ungewöhnlicher Sozialstruktur bilden. Das typische Löwenrudel besteht aus Löwinnen, die oft gemeinsam jagen und zusammen auch ihre Jungen großziehen, und einem oder mehreren Männchen, die das Rudel im Kampf gegen die Vorgänger erobern. Häufig sind es Brüder, zumindest aber jahrelang gemeinsam umherziehende Löwen, die es schaffen, sich zum Pascha aufzuschwingen und diese Position ein paar Jahre lang zu halten. In dieser Zeit schwängern sie alle erwachsenen Löwinnen des Rudels, tolerieren den Nachwuchs, aber kümmern sich ansonsten nicht um ihn. Was die Ernährung betrifft, betätigen sich die Löwen wie Parasiten der Löwinnen. Sind in einem frisch eroberten Rudel kleine Löwenjunge vorhanden, töten die neuen Paschas diese zumeist, trotz der heftigen Gegenwehr der Löwinnen. Diese werden danach rasch wieder paarungsbereit und schwanger. Der Östrus der Löwinnen ist nicht an eine bestimmte Jahreszeit gebunden. Solange Junglöwen an der Mutter trinken, wird er unterdrückt. Wie bereits betont, liegt die Jungenzahl pro erwachsener Löwin sehr hoch; weit höher, als bei der Spitzenposition zu erwarten wäre, die Löwen in der Tierwelt einnehmen, in der sie leben. Dem »König der Tiere« fällt es offenbar gar nicht so leicht, erfolgreich Nachwuchs zu bekommen. Den Löwen sogar noch weniger leicht als den Löwinnen. Da kann es sein, dass manche Männchen zeitlebens überhaupt keinen Nachwuchs zeugen, ein Brüderpaar oder Trio, das ein Rudel Löwinnen lange halten kann, dagegen doppelt und dreimal so viele wie eine gesunde Löwin. Da Ähnliches auch für die Wölfe zutrifft und die Hyänen ein noch seltsameres Sozialgefüge entwickelt haben, sieht das Leben der Wölfe plötzlich nicht mehr so normal aus, wie es uns dünkt. Bei den Hyänen dominieren nämlich die Weibchen über die Männchen. Sie werden merklich größer als diese, und sie entwickeln einen sogenannten Pseudopenis durch eine starke Verlängerung der Schamlippen, sodass frühe Forscher meinten, die Hyäne wäre ein doppelgeschlechtliches Wesen, ein Hermaphrodit. Auf die Jungen bezogen sind sie sehr fürsorglich und als Rudel so fest gefügt, dass allem Heulen, Jaulen und wie hysterisch klingendem Lachen zum Trotz die Gemeinsamkeit das Leben bestimmt, wenn sie sich an einem Großtierkadaver eingefunden haben. Man muss sich nachgerade wundern, dass sie so selten sind. Dabei leben sie auch noch ganz gut geschützt in unterirdischen Bauen, in die Löwen nicht hineinkommen, um junge Hyänen zu töten. Sie verstehen es, mit dem Hinterteil voran in die Röhren zu rutschen, sodass ihr gewaltiges Gebiss jeden abschreckt, der zu folgen versuchen könnte.

In der Eiszeitwelt lebten die Wölfe jahrzehntausendelang mit Löwen, Hyänen und anderen Raubtieren. Das Rudel machte sie stark. Zu mehreren schafften sie es, einen großen Elch zur Strecke zu bringen. Möglicherweise gehörten auch Büffel zu ihrer Beute, wie bei ihrem nordamerikanischen Verwandten, dem Direwolf *Canis dirus*, die Bisons. Mit ihrer Schnelligkeit, Ausdauer, ihrem so speziell entwickelten Sozialverhalten und der davon ermöglichten Zusammenarbeit sollten die Wölfe die Spitzenposition unter den eiszeitlichen Beutegreifern errungen haben. Und in der Tat waren die Menschen, wie nordamerikanische Indianerstämme und nordsibirische Nomaden, so sehr von Wölfen beeindruckt, dass sie diese als Totemtiere erwählten, um deren Überlegenheit auf sich zu übertragen. Merkwürdigerweise sind es aber Löwen, die in den eiszeitlichen Höhlenmalereien so beeindrucken; uns Heutige wie gewiss auch die Menschen damals, an die sich diese großartigen Kunstwerke richteten. Umso überraschender mag es anmuten, dass Abkömmlinge dieser mächtigen Wölfe zum Sklaven der Menschen werden sollten. Vielleicht bilden wir uns deren Spitzenposition unter den eiszeitlichen Beutegreifern also nur ein? Dass ein ausgeprägtes Sozialverhalten und enge Zusammenarbeit im Rudel überhaupt nötig geworden waren, weist eigentlich weit mehr auf die Schwierigkeiten hin, denen die großen Beutegreifer ausgesetzt waren. Auch im so wildreichen Eiszeitland.

NOCHMALS DIE EISZEITMENSCHEN

Wiederholt habe ich darauf hingewiesen, dass Neandertaler schon mindestens dreimal so lange in Europa, Vorder- und Westasien lebten, als vor etwa 40 000 Jahren Menschen unserer Art aus Afrika kamen und sich im Eiszeitland ausbreiteten. Beim Blick auf die Tsetsefliegen und dem Hinweis auf die immense Bedeutung von Krankheiten, die den »anatomisch modernen Menschen« ins Eiszeitland führte, ist der Neandertaler bisher weitestgehend unberücksichtigt geblieben. Er war dem *Homo sapiens* sehr nahe verwandt, lebte aber bereits Zigtausende von Jahren erfolgreich jenseits von Afrika. Damit erscheinen zunächst zwei Szenarien plausibel. Entweder widersetzten sich die Neandertaler der Invasion der neuen (dunkelhäutigen) Fremden erfolgreich. Oder sie integrierten diese in ihre Art, sodass ein Mischling oder ein Hybride zustande kam, der unser Vorfahr wurde. Eine solche Mischung wäre bei der so geringen genetischen Verschiedenheit beider Menschenformen sehr gut vorstellbar. Zudem waren die Ankömmlinge zunächst und wahrscheinlich für längere Zeiten den altansässigen Neandertalern der Zahl nach weit unterlegen. Was allerdings tatsächlich geschah, war eine dritte Möglichkeit, die zunächst ganz unwahrscheinlich erschien: Der Neuankömmling aus Afrika verdrängte den alteingesessenen, körperlich stärkeren Neandertaler, der schließlich ausstarb. Lediglich ein paar Prozent Neandertalergene übernahm der »anatomisch moderne Mensch« *Homo sapiens*. Dieser Sieg der »anatomisch Modernen« war in der Tat ein unwahrscheinliches Ergebnis, weil die neuen Menschen aus Afrika bedeutend graziler gebaut waren als die Neandertaler. Das hätte im Eiszeitland, wo es der Kälte zu trotzen galt, nachteilig sein sollen. Und auch die Begründung, der Neue sei eben cleverer gewesen, schafft eher noch größere Erklärungsnot, weil die Neandertaler sogar ein durchschnittlich etwas größeres Gehirn als unsere fernen Vorfahren hatten, mit Sicherheit aber kein kleineres. Nun besagt zwar Gehirngröße viel, aber nicht alles, wie wir von uns heutigen Menschen und ihrer so unterschiedlichen Gehirnmasse wissen.

Über das Aussterben der Neandertaler ist so viel diskutiert, fantasiert und publiziert worden, dass jede weitere Behandlung dieses Problems überflüssig erscheint, außer es können ganz neue Fakten vorgewiesen werden. Um Fakten handelt es sich nicht, sondern allenfalls um Überlegungen, die von der US-amerikanischen Anthropologin Pat Shipman (Pennsylvania State University) angestellt und 2015 in einem spannend geschriebenen Buch publiziert wurden. Der Titel *The Invaders (Die Invasoren)* zeigt Eiszeitmenschen unserer Art mit Wölfen vor ihnen. Aus dem Untertitel ist sofort zu entnehmen, worum es geht: *How Humans and Their Dogs Drove Neanderthals to Extinction* – wie die Menschen und ihre Hunde die Neandertaler ausrotteten. Das sieht nach einem Knaller aus. Jedenfalls stellt es eine ganz andere Erklärung für das Ende der Neandertaler zur Diskussion als die bisherigen Szenarien.

Diese These überzeugt spontan: Die gemeinsame Jagd mit Wölfen machte die neuen Menschen aus Afrika zum überlegenen Konkurrenten für die Neandertaler. Je mehr sich dieses Jagdgespann ausbreitete, desto stärker wurden die Neandertaler zurückgedrängt. Vor rund 30 000 Jahren starben sie vollends aus. Nur etwa 10 000 Jahre oder 500 aneinandergereihte Generationen hatte der Verdrängungsprozess gedauert. Mit der Stärke der Wölfe gewann der körperlich Schwächere die Oberhand. Das Szenario erinnert an David, der den Riesen Goliath nicht mit Körperkraft besiegte, sondern dank seiner überlegenen Technik der Steinschleuder. Die bei der Jagd entsprechende Speerschleuder mit stark erhöhter Durchschlagskraft war es gewiss nicht, die *Homo sapiens* den technischen Vorteil gegenüber *Homo neanderthalensis* gebracht hatte, denn sie kam erst zum Einsatz, nachdem die Neandertaler lange schon ausgestorben waren. Zur erfolgreichen Jagdgemeinschaft mit Wölfen bzw. Hunden würde der Zeitraum bestens passen. Denn das Aussterben der Neandertaler zog sich über genau jene Jahrtausende hin, in denen die Hundwerdung von Wölfen den genetischen Berechnungen zufolge stattgefunden haben sollte.

Pat Shipmans These wurde vor wenigen Jahren erst veröffentlicht. Noch lässt sich nicht absehen, ob sie sich in Fachkreisen der Neandertalerforschung durchsetzen oder, aus welchen Gründen auch immer, abgelehnt werden wird. Bryan Sykes, der sich als Genetiker intensiv mit der Entstehung des Hundes befasst hat, schrieb 2018, also drei Jahre nach Pat Shipman, in seinem eigenen Buch nur einen einzigen, distanziert klingenden Satz dazu: »Im Jahre 2015 stellte die Archäologin Pat Shipman dann auch die These auf, dass eine Jagdgemeinschaft zwischen *Homo sapiens* und Wolf entscheidend zum Untergang der Neandertaler beitrug.« Unmittelbar vorher war er viel ausführlicher auf die »fiktive Situation einer kooperativen Jagd von Menschen und einem Rudel Schakale, in denen Lorenz die wilden Vorfahren moderner Hunde sah« eingegangen, obwohl oder gerade weil Lorenz' Ansicht, der Goldschakal sei die Stammart des Hundes gewesen, genetisch widerlegt war. Nun könnte man die so knappe, nicht näher erläuterte Bezugnahme auf Pat Shipman damit abtun, dass sie für den Hundeforscher im Bereich der Genetik eine Konkurrentin darstellte und sie ihm mit ihrem Buch zuvorgekommen war. Dafür würde sprechen, dass Bryan Sykes sie als Archäologin statt als Anthropologin bezeichnet, obgleich Pat Shipmans Buch bei der international höchst renommierten Harvard University Press erschienen war. Sein Buchkapitel »Jagen mit Wölfen« offenbart dann den Hintergrund. Bryan Sykes hielt die Menschen für Nutznießer, man könnte auch sagen, schlicht für Diebe, die sich der Beute von Wölfen bemächtigten. Sein Text dazu lautet (in der deutschen Ausgabe): »... als die Menschen das erste Mal eins von deren Beutetieren töteten, muss das den Wölfen wie Diebstahl vorgekommen sein. Für sie bestand ja immer die Gefahr, dass überlegene Raubtiere ihnen die Beute wegschnappten. Dass sie die nahrhaften inneren Organe wie Herz und Leber schnell hinunterschlingen und mit ihren rasiermesserscharfen Reißzähnen große Fleischstücke herausreißen konnten, ging bereits auf eine Anpassung in uralten Zeiten zurück, dank der die Verluste gering gehalten werden konnten. In dieser Situation war es für die menschlichen Jäger nur ein kleiner Schritt zu erkennen, wie sie die Wölfe besänftigen konnten. Sie mussten nur die Beute mit ihnen teilen. Die gemeinsame Jagd brachte beiden Seiten offensichtlich Vorteile, die Wölfe mussten nur begreifen, was sie davon hatten. Ein solcher Ansatz hätte mit Löwen oder Bären nicht funktioniert, doch Wölfe jagen ähnlich wie Menschen gemeinschaftlich in kleinen Gruppen, in denen jedes Mitglied eine feste Aufgabe übernahm.« Und weiter: »Für meine These einer Jagdgemeinschaft zwischen Mensch und Wolf gibt es herzlich wenig Belege. Es wäre nur folgerichtig, dass der Mensch, um das eigene Überleben zu sichern, mit einem Wolfsrudel gemeinsame Sache machte, daher ist es eine vernünftige und einleuchtende Spekulation, aber ich räume freimütig ein, dass sie meiner Fantasie entspringt.«

Bryan Sykes reklamiert also die Jagdgemeinschaft zwischen Eiszeitmenschen und Wölfen für sich und tut Pat Shipmans drei Jahre früher erschienenes Buch mit einem einzigen

Satz ab, der zudem direkt auf die längst widerlegte Annahme von Konrad Lorenz zur Abstammung des Hundes vom Goldschakal folgt. Nun könnte man diese so offensichtlich britisch-amerikanische Genetiker-Anthropologen-Rivalität damit abtun, dass es in der Wissenschaft eben auch »menschelt«, hätte Bryan Sykes nicht selbst so klar ausgedrückt, worin die Schwäche der These tatsächlich liegt: »Für meine These einer Jagdgemeinschaft zwischen Mensch und Wolf gibt es herzlich wenig Belege … ich räume freimütig ein, dass sie meiner Fantasie entspringt.« Auch Pat Shipman kann keine Belege vorbringen. Beider Ansicht entspricht einer weitverbreiteten und weithin akzeptierten Vorstellung, nämlich der, dass gegen Ende der Jungsteinzeit Hunde (!) Jäger auf der Jagd begleiteten und unterstützten, wie wir dies von Jagdhunden kennen. Das geschah aber frühestens vor 10 000 Jahren. Der Hund als Begleiter auf der Jagd ist ein Standardthema in der Frühgeschichtsforschung. Knochenfunde von sogenannten Althunden sind vorhanden. Die Vorverlegung der Jagdgemeinschaft um 30 000 Jahre und ihre direkte Übertragung auf die Wölfe erscheinen, zurückhaltend ausgedrückt, jedoch recht problematisch. »Meiner Fantasie entspringend«, wie Bryan Sykes bekräftigt. Betrachten wir daher die gemeinsame Jagd mit Wölfen einfach als Idee und klopfen wir sie auf ihren Gehalt hin ab. Es gibt durchaus Möglichkeiten, das zu tun, wie sich gleich zeigen wird.

Einen konkreten Punkt führt Bryan Sykes an. Nämlich wenn er meint, das Jagdszenario, das er schildert, würde mit Löwen und Bären nicht funktionieren. Damit jedoch liegt er falsch. Löwen jagen sehr wohl ähnlich wie Wölfe auch gemeinsam und leben in Rudeln, in denen die Löwinnen Beute machen. Unmittelbar nach erfolgreicher Jagd sind sie häufig so erschöpft, dass sie bis zu einer halben Stunde Ruhe brauchen, um wieder zu Kräften zu kommen und mit dem Verzehr des getöteten Tieres beginnen zu können. Es ist wohl leichter möglich, einer Löwin unmittelbar nach einer gemeinschaftlichen Aktion ein Stück von der Beute wegzunehmen als einem Wolfsrudel. Bären jagen zwar für sich allein, lassen aber größere Teile der getöteten Tiere zurück und suchen diese immer wieder auf, wenn sie erneut Hunger bekommen, sodass sich in der Zwischenzeit nicht selten der Vielfraß oder auch Wölfe von der Bärenbeute etwas holen. Umgekehrt zögern Bären nicht, Jägern das erlegte Wild streitig zu machen. Stark verminderte Chancen dazu haben sie erst seit wenigen Jahrhunderten, seit es Gewehre gibt. Bären sind lernfähig genug, um »Kooperationen« mit Menschen einzugehen, wie auch ihr Missbrauch als »Tanzbären« bis in die Gegenwart hinein beweist. Weit häufiger als Bären werden im Zirkus Löwen und Tiger vorgeführt – meines Wissens jedoch keine Wölfe.

Mit Bären kamen die Eiszeitmenschen sehr oft zusammen, wenn wir die Knochenfunde als Grundlage für die Beurteilung nehmen. Dazu ein Beispiel aus Mitteleuropa, nämlich aus einer Fundstelle bei Kufstein an der Tiroler Grenze zu Bayern: »In der Tischofer Höhle im Kaisertal bei Kufstein in Tirol entdeckte man in einer Lehmschicht aus dem Aurignacien die Knochen von etwa 400 Höhlenbären. Deutlich spärlicher waren Reste von Höhlenlöwe, Höhlenhyäne, Wolf, Fuchs, Steinbock, Gemse und Murmeltier«, schrieb Ernst Probst (1991). Die Funde betreffen die als Aurignacien bezeichnete Zeitspanne von vor gut 30 000 Jahren (genauer gesagt, 35 000 bis 29 000 Jahre vor heute). Hinweise auf den Wolf erscheinen in der Literatur wie in der obigen Reihung immer nur nebenbei. Ähnliches geht aus *Jagdtiere und Jäger der Eiszeit* von Wighart von Koenigswald und Joachim Hahn (1981) hervor. Unter den Jagdtieren sind (in dieser Reihenfolge) dem Mammut, dem Wollnashorn, dem Pferd, Bison und Auerochsen, dem Moschusochsen, dem Rentier, dem Riesenhirsch, dem Höhlenbären und schließlich dem Höhlenlöwen eigene Kapitel gewidmet. Erst unter »Weitere Jagdtiere« ist nach Rothirsch, Elch, Steinbock, Gämse und Saigaantilope schließlich auch der Wolf kurz behandelt: »... wurde aber nirgendwo intensiv bejagt. ... Obwohl der Wolf sicher nicht selten war, spielte er in der eiszeitlichen Kunst nur eine geringe Rolle.« Und weiter: »Die beiden Fuchsarten Rotfuchs *(Vulpes vulpes)* und Eisfuchs *(Alopex lagopus)* wurden im Gegensatz zum Wolf recht häufig bejagt.« Das wirkt fast so, als ob es Wölfe kaum gegeben hätte. Die Bezeichnungen »Höhlenbär«, »Höhlenlöwe« und »Höhlenhyäne« sind eigentlich veraltet und lediglich von den Fundorten in Höhlen abgeleitet. Sie alle lebten gewiss wie die Braunbären, Löwen und Hyänen unserer Zeit. Ebenso irreführend ist »Höhlenmenschen«. Doch dies nur nebenbei. Die von mir benutzte Ausdrucksweise »Eiszeitlöwen« und so weiter bezieht sich auf die Zeit, und nicht wie »Höhle« auf den Fundort, stellt aber auch eine Vereinfachung um der Lesbarkeit willen dar.

All diese Befunde passen nun schwerlich zum Szenario eines regelmäßigen und effizienten gemeinsamen Jagens von Eiszeitmenschen und Wölfen. Warum, so ist mit Nachdruck zu fragen, sind denn in den späteiszeitlichen Höhlenmalereien von Altamira, Lascaux und Chauvet keine Wölfe dargestellt? Offenbar wurden sie nicht für besonders wichtig gehalten (Nougier 1989). Menschen gibt es durchaus in Jagdszenen. Wie soll man ihr Fehlen verstehen, wenn die Wölfe tatsächlich so wichtige Partner gewesen waren, dass die Erfolge der gemeinsamen Jagd die Neandertaler aussterben ließen? Und warum jagten Menschen und Wölfe gerade dort nicht gemeinsam, wo die Lebensbedingungen besonders hart sind, wie in Nordostsibirien oder im hocharktischen Nordamerika? Es gibt wirklich

»herzlich wenig Belege« für die These der Jagdgemeinschaft. Ungelöst bliebe ohnehin das Rätsel, weshalb die Neandertaler keine solche Jagdgemeinschaft entwickelten, lebten sie doch viel länger mit Wölfen in Eurasien. Die Vorteile einer Zusammenarbeit mit Wölfen sollten doch auch ihren großen Gehirnen eingeleuchtet haben. Den Funden zufolge waren die Neandertaler jedenfalls noch stärker vom Jagderfolg abhängig als die *sapiens*-Eindringlinge aus Afrika.

Waren die Neandertaler also doch einfach zu dumm? Das hat man bis in die 1980er-Jahre angenommen. Dann mahnten die neuen Ergebnisse der Hirnforschung zur Zurückhaltung. Zudem fand man Hinweise darauf, dass die Kultur der Neandertaler komplexer gewesen war als lange vermutet. So gab es offenbar Blumen als Grabbeigaben. Innerhalb weniger Jahrzehnte wandelte sich das Bild des Neandertalers vom dumpfen Muskelprotz zum smarten Zwilling des Menschen, der entsprechend eingekleidet in der bunten Vielfalt einer Weltstadt wie New York nicht aufgefallen wäre. Ausgerechnet Pat Shipman hatte viel dazu beigetragen, den Neandertaler in ein neues, in ein besseres Licht zu rücken, als sie mit ihrem Kollegen Erik Trinkaus 1992 das Buch *The Neanderthals – Changing the Image of Mankind* herausbrachte. Viele weitere Veröffentlichungen folgten, die dem Neandertaler das Image des Zurückgebliebenen nahmen. Fast wäre er zu einer frühe(re)n Form des Menschen erklärt und unserer Art zugeordnet worden. Das ging jedoch nicht, weil Molekulargenetiker zeitgleich mit seiner anthropologischen Rehabilitierung, allen voran der damals an der Universität München forschende Svante Pääbo, nachwiesen, dass Neandertaler und *Homo sapiens* genetisch für Artgleichheit zu verschieden sind. Pääbo folgerte aus seinen ersten Untersuchungen, dass sich beide Menschenformen überhaupt nicht vermischt hätten. Das wurde im Verlauf des letzten Jahrzehnts jedoch korrigiert. Im Erbgut von uns Menschen steckt doch ein geringer Anteil von Neandertaler-Genen, in der Größenordnung von wenigen Prozent. Also hatte es in den Jahrtausenden gemeinsamen Vorkommens in Europa und Nordasien durchaus »Seitensprünge« gegeben.

Pat Shipman musste für die Verdrängung der Neandertaler bis zum Aussterben eine Begründung finden. Wie andere Paläo-Anthropologen auch. Die Spekulationen schlossen tödliche Krankheiten ein, die die Neuen aus Afrika in die vordem gesunde Eiszeitwelt eingeschleppt haben könnten. Vorbilder für diese Idee lassen sich unschwer ausmachen. So dezimierten die von den Spaniern und anderen Westeuropäern bei ihrer »Eroberung« Amerikas eingeschleppten Masern und andere Infektionskrankheiten die indigene Bevölkerung weit stärker und schneller als die Tötung mit Waffen. Seuchen waren die physische Übermacht der Eindringlinge. Und da sich solche Seucheneffekte am ausgeprägtesten in »jungfräulichen« Gebieten mit Erstkontakt äußern, bot sich ein vergleichbares Szenario auch als Erklärung für das Aussterben der Neandertaler an. Im Seuchenmodell steckt allerdings dieselbe Schwäche wie in der Vorstellung von der gemeinsamen Jagd mit Wölfen: Bislang gibt es keinerlei Fakten oder hinreichend konkrete Hinweise dafür. Beide Theorien lassen die eiszeitlichen Lebensbedingungen außer Acht. Nur wenn wir diese, die ökologischen Verhältnisse, hinreichend verstehen, werden sich der Erfolg der neuen Menschen aus Afrika und der Niedergang der Neandertaler nachvollziehen lassen. Auch die Entwicklungen bei den Wölfen werden wir erst dann wirklich verstehen können, denn ihr Leben hing wie das beider Menschenarten von der Natur des Eiszeitlandes ab.

JAGD UND JAGDERFOLG

Zwar habe ich bereits darauf hingewiesen, wie wichtig es ist, nicht nur allgemein die Jagd in den Blick zu nehmen, sondern insbesondere den Jagderfolg – denn schließlich leben die Jäger nicht vom Jagen an sich, sondern von der erlegten Beute. Aber nun erst ist der Punkt erreicht, an dem Erklärungen ohne diese Spezifizierung nicht mehr weiterkommen. Pat Shipman und auch Bryan Sykes gehen unausgesprochen davon aus, dass die Eiszeitmenschen am Limit, an der Grenze des Möglichen jagten. Ist dies gerechtfertigt? Falls ja, wie sah sie aus, diese Ertragsgrenze? Keinesfalls so, wie es das Jagdszenario »Mensch und Wolf« annimmt, denn beide waren nicht die alleinigen Jäger im Eiszeitland. Es gab Löwen, regional auch jaguarartige Großkatzen und Säbelzahntiger, Hyänen, Großbären, Geparde und eben auch die Neandertaler. Wie groß die Anteile all dieser Jäger an der Nutzung der Beutetiere waren, wissen wir nicht. Wir können es aber anhand der Jagdweise und des Jagderfolges ihrer heutigen Vertreter rekonstruieren.

Wölfe, Geparde und über kürzere Distanzen auch Hyänen waren Hetzjäger. Löwen jagten aus dem Anschleichen heraus, Jaguare und die Säbelzahntiger, von denen es keine überlebende engere Verwandtschaft mehr gibt, nach typischer Katzenart aus dem Hinterhalt. Bären schlugen zu, wenn sich die Gelegenheit dafür ergab, denn sie sind weder schnell genug für eine längere Verfolgung noch gut im Anschleichen. Hauptsächlich werden sie bereits geschwächte Großtiere erbeutet haben und wahrscheinlich wie die Grizzlybären und die Braunbären unserer Zeit nach Lachsen und anderen Wanderfischen gefischt sowie von Kadavern und den für die Fettbildung wichtigen Beeren gelebt haben. Daher stellten die Bären eine wichtige Jagdbeute der Eiszeitmenschen dar. Die Neandertaler waren nach allem, was wir anhand von Fakten wissen, aktive Jäger mit (sehr) hohem Fleischanteil in ihrer Ernährung. Für die Gesamtheit dieser Jäger müssten wir nun von so etwas wie einer Gesamtverfügbarkeit von Beutetieren ausgehen, die sich die verschiedenen Arten untereinander mehr oder weniger flexibel aufteilten. Es ist sinnvoll, sich hier zunächst auf die Zeit vor dem Eintreffen von *Homo sapiens* zu konzentrieren, als die Neandertaler noch die einzige Menschenart im Eiszeitland waren. Offenbar erbeuteten sie alle größeren und auch viele kleinere Tiere wie Hasen und dazu Getier im flachen Süßwasser. Ihre Konkurrenten (wohl mit Ausnahme der Bären) waren in Bezug auf die Beute ungleich stärker spezialisiert. Nun liegt es aber in der Natur der Spezialisierung, dass sie besser, effizienter macht. Eine Spezialisierung, die schwächt und nicht das Überleben fördert, wäre Unsinn. Daraus dürfen wir den Schluss ziehen, dass die Neandertaler unter allen Konkurrenten keine Spitzenposition einnahmen, sondern sich eher im Mittelfeld der jagenden Arten bewegten. Und entsprechend dürften sie nicht sonderlich häufig gewesen sein. Aus genau diesem Grund verdrängten sie in der langen Zeitspanne ihrer Existenz – immerhin rund 200 000 Jahre – auch keine andere Art.

Dass Neandertaler selten waren und in (sehr) geringen Siedlungsdichten lebten, davon gehen offenbar wenn nicht alle, so doch die allermeisten Forscher aus, die sich mit ihnen beschäftigen. Diese Annahme wird von der Fundlage gestützt. Sie entspricht den ökologischen Erwägungen. Auch bei guten Beständen von Großtieren, die als Beute infrage kamen, wäre es angesichts der Vielzahl weiterer, hochgradig spezialisierter Beutegreifer höchst unwahrscheinlich, dass die Neandertaler beispielsweise die Löwen an Häufigkeit (das heißt: Individuenzahl pro tausend Quadratkilometer) übertroffen hatten. Es muss jedoch genügend Neandertaler gegeben haben, dass sie in der Lage waren, die natürlichen Schwankungen von Beutetierhäufigkeit, Wetter und Klima erfolgreich zu überdauern – zumindest bis die Neuen aus Afrika kamen. Klimatische Schwankungen oder große Veränderungen in der Menge der Beute treffen Raubtiere in Spitzenpositionen weitaus stärker als solche in eher mittleren Positionen. Das besagt eine allgemeine ökologische Regel. Wo immer der Mensch eingriff, starben die Arten der obersten Positionen stets zuerst aus. Dass es sich auch im Eiszeitland so verhielt, davon können wir ausgehen. Die Neandertaler überlebten aber Kaltzeiten und die vorletzte sehr warme Warmzeit, in der, wie schon angemerkt, in Europa weithin afrikanische Verhältnisse herrschten und beispielsweise Nilpferde in den Flüssen vorkamen. Genau dieses lange Überleben spricht für ihre mittlere Position in der Hierarchie der Beutetiernutzung. Die Neandertaler überlebten den gewaltigen Klimawechsel von der Eem-Warmzeit, die es vor 120 000 Jahren gegeben hatte, in die darauf folgende Eiszeit. Die Warmzeitelefanten und zahlreiche andere Arten schafften das nicht. Also waren die Neandertaler in ihrer Beutetiernutzung weit genug von der kritischen Grenze entfernt, die von der Gesamtkapazität gesetzt wird.

Diese kritische Grenze ist jedoch für die genauere Betrachtung aufzuteilen in den »lebendigen Anteil« der Beute, der aktiv erjagt wird, und in den toten der frischen Kadaver. Letztere sind umso besser verwertbar, je schneller sie entdeckt und etwaiger Konkurrenz entzogen werden. Ein frischer Großtierkadaver ist nicht schlechter als ein frisch getötetes Großtier. Nach dessen Tod nimmt jedoch die weitere Nutzbarkeit rasch ab. Aasfresser zeichnen sich dadurch aus, dass ihnen die bei der beginnenden Zersetzung der Proteine (»Fäulnis«) entstehenden Bakteriengifte nichts ausmachen, weil ihre Magensäure stark genug ist, diese und die Bakterien dazu unschädlich zu machen. Was, nebenbei bemerkt, möglicherweise ein Grund dafür ist, dass Raubtiere, bezogen auf ihre Körpergröße, eher kurze Lebensdauern zu erwarten haben. Auf jeden Fall gewinnt die Nutzbarkeit stark, wenn Fleisch gebraten wird. Das Erhitzen vermindert die Gefahr, die von den Bakteriengiften ausgeht, und macht zudem viele Proteine, speziell solche aus dem Muskelfleisch, viel leichter verdaulich. Richard Wrangham hat dies 2009 in seinem Buch *Catching Fire* (deutsche Ausgabe: *Feuer fangen. Wie uns das Kochen zum Menschen machte – eine neue Theorie der menschlichen Evolution*) ausführlich begründet. Wir sollten also für die Erwägung, was für eine ökologische Nische die Neandertaler eingenommen hatten, wissen, ob sie tierische Beute bereits brieten, und wenn ja, in welchem Umfang. Fleischstücke lassen sich bekanntlich auch in der Glut von Bodenfeuern schmoren. Die tierische Konkurrenz hatte jedenfalls nichts dergleichen zur Verfügung, um die Verwertbarkeit ihrer Beute aufzubessern. Bis mit den Menschen ein neuer Rivale aus Afrika eintraf. Doch bevor wir uns diesem Zusammentreffen und seinen Folgen mithilfe eines plausibleren Szenarios nähern, ist jetzt ein vergleichender Blick auf den Wolf nötig. Wenn wir annehmen, dass der Wolf während der Eiszeit seinen Nahrungsbedarf größtenteils durch aktives Jagen gedeckt hat, gehen wir von den heutigen Wölfen aus. Der gegenwärtig wieder auferstehende Mythos vom grimmigen Jäger, der nicht davor zurückschreckt, sogar Menschen anzufallen, wirkt darin unbewusst nach.

Unter den existierenden Formen entsprechen am ehesten die arktischen Wölfe der Vorstellung, dass sie im Rudel angreifen und ihrer Beute keine Chance lassen. Doch bei den Wölfen in Mittelitalien und auf dem Balkan sieht es anders aus. Das Herumsuchen nach Abfällen auf Müllplätzen deckt einen beträchtlichen Teil ihrer Ernährung. Hinzu kommt, dass Wölfe überall so bereitwillig an Tierkadaver gehen, dass sie durch Auslegen von vergiftetem Fleisch weit stärker dezimiert wurden als durch direkte Verfolgung. (Es sieht sogar ganz danach aus, dass das Verbot von Giftködern einen weit größeren Einfluss auf ihre Wiederausbreitung hatte als die Unterschutzstellung, die sie in der EU formal genießen. Gleiches gilt übrigens auch für große Greifvögel. Der Gepard liefert als Sprintjäger ein Beispiel, das diese Sicht bekräftigt – ex negativo. Er nimmt nur frische, selbst erlegte Beute zu sich, keine Kadaver. Das ist sehr wahrscheinlich der Hauptgrund für seine Seltenheit und für sein großflächiges Verschwinden. Geparde haben keine Alternative zum eigenen aktiven Beutemachen.)

Deshalb halte ich es für angebracht, die Vorstellung vom Wolf als großem Jäger zu relativieren. Wir sollten ihn (auch) bei den Kadaververwertern entsprechend berücksichtigen und ihn zumindest zeit- und gebietsweise stärker in diesen Nebenbereich der Raubtierwelt verlagern. Allerdings hat so ein Perspektivwechsel auch Folgen für unsere Vorstellung von der gemeinsamen Jagd von Eiszeitmenschen und Wölfen. Diese gewinnt erst wieder an Bedeutung, wenn bereits Hunde entstanden und in Richtung Jagdgehilfe gezüchtet worden sind. Wobei diese anfangs wohl mehr zur Spursuche des verletzten Tieres eingesetzt wurden als zur direkten Jagd. Dazu hätte es in der Jungsteinzeit und auch noch lang nach dem Sesshaftwerden gleich mehrerer Hunde pro Jäger bedurft, die ein Beutetier »stellen« und damit am Ort halten, bis der mit Wurfspieß bewaffnete Jäger kommt und es tötet. Wer weiß, wie aufwendig selbst heute die Ausbildung eines Jagdhundes ist, wird bezweifeln, dass dies vor Jahrtausenden leicht und locker vonstattengegangen sein könnte. Die Hundespürnase ist weit verlässlicher als die Bereitschaft des Hundes, den Kommandos des Jägers vor dem gestellten Wild zu folgen. Eher hält die Angst vor dem Angriff eines großen, wehrhaften Wildtieres den Jagdhund auf Distanz. In der Verteidigung liegt die Stärke undressierter Hunde. Die Abwehr von Feinden, ob von anderen Hunden, Wölfen oder von fremden Menschen, brauchen sie nicht zu lernen. Die direkte Kooperation von Menschen und Wölfen lässt sich daher weder aus den Erfahrungen und Beobachtungen gegenwärtiger Wölfe ableiten noch im Hundeverhalten erkennen, das von selbst entsteht. Wem der ansonsten so folgsame Hund davongelaufen ist, weil er einem Hasen oder Reh nachjagt, weiß, dass schärfste Kommandos da oft nicht mehr wirken und man nur hoffen kann, dass der Hund aufgibt. Thomas Mann scheiterte in diesem Fall als »Herr« an seinem Hund, wie sehr viele andere und selbst Jäger mit ihren dressierten Jagdhunden auch.

Aus all diesen Gründen halte ich einen ganz anderen Ablauf der Hundwerdung von Wölfen für wahrscheinlicher. Dieser wird zugleich eine plausiblere Erklärung für das Aussterben der Neandertaler liefern. Den entscheidenden Aufschluss dafür geben Befunde aus aller Welt, die offenbar bisher noch nicht mit dem Wolf-Hund-Problem in Beziehung gesetzt worden sind. Weil, wie fast immer, die Einzelfälle aus dem größeren Zusammenhang herausgelöst behandelt worden sind.

DER »PLEISTOZÄNE OVERKILL«

Etwa 40 000 Jahre vor heute begann etwas Einzigartiges. Innerhalb weniger Jahrtausende vollzog sich ein Aussterben von Großtieren in einem Ausmaß wie bei erdgeschichtlichen Katastrophen. Nicht betroffen waren die Antarktis und der Großteil Afrikas südlich der Sahara. Beide Gebiete hätten kaum unterschiedlicher sein können. Und was den Befund noch sonderbarer machte, war, dass gerade das der Antarktis nahe Australien besonders stark und als erster Großraum vom Aussterben der Großtiere getroffen wurde. Nord- und Südamerika erlebten ein größeres Sterben als Europa und Nordwestasien. Waren es in Amerika und Europa Mammuts, die als Ikonen für das eiszeitliche Aussterben stehen, so traf es in Australien die ganz anders gearteten großen Beuteltiere. Solche hatten sich in den vielen Millionen Jahren der Isolation dieses Südkontinents zu Tierformen entwickelt, die ökologisch vielen Arten Eurasiens entsprachen. Uns sind sie so fremd, dass wir die Beuteltiere wie einen großen Irrtum der Evolution betrachten. Etwa weil die großen Kängurus mit bizarr verlängerten Hinterbeinen hüpfen und sich beim Grasen auf den langen, an der Wurzel recht dicken Schwanz abstützen. Die Vorderbeine wirken wie viel zu kurz und zu klein geraten. Die Weibchen gebären winzige Junge, die einem Darmparasiten ähneln, wenn sie die Scheide verlassen und sich auf ganz unfertigen Beinchen bauchseits emporschleppen, bis sie den Beutel, eine große Hautfalte, erreichen. Sie kriechen hinein, nehmen eine Zitze in den Mund und bleiben daran hängen, dass sie wie damit verwachsen aussehen. Erst wenn sie groß genug geworden sind, recken sie das nunmehr recht niedliche Köpfchen aus dem Beutel und beginnen die Außenwelt zu erkunden. Ökologisch, speziell in der Ernährung von Gräsern und anderen krautigen

Bodenpflanzen, entsprechen die großen Kängurus den Schafen, die es ursprünglich in Australien nicht gegeben hatte. Sie wurden, wie zahlreiche andere Tiere aus Europa und anderen Regionen der Erde, vor zweieinhalb Jahrhunderten von den Siedlern aus Europa mitgebracht. Schafe, Rinder, Hunde, Katzen und andere Haus- und Nutztiere oder die mit ihrer Massenvermehrung legendär gewordenen Kaninchen gab es nicht in Australien. Die vergleichbaren ökologischen Positionen hatten Beuteltiere eingenommen. Aber eine Hundeform gelangte bereits vor gut 3000 Jahren, lange vor den Europäern, von Südostasien her nach Australien, der Dingo. Die australische Tierwelt war ganz anders zusammengesetzt als die auf allen anderen Kontinenten. Australien hätte sich wie eine Erde 2.0 betrachten lassen. Oder sogar als Erde 1.0, weil die Beuteltiere als ursprünglicher angesehen werden als die modernen plazentalen Säugetiere. Auch Menschen kamen schon lange vor den Europäern in diese so andersartige Welt Australiens. Über den Zeitpunkt ihrer Ankunft diskutieren die Fachleute, aber als sicher gilt, dass das vor mehr als 40 000 Jahren geschah. Es waren die Vorfahren der australischen Ureinwohner, der Aborigines, die von Südostasien her den Inselkontinent erreichten. Damals enthielt Australiens Natur noch richtige Großtiere und mit einem Beutellöwen sogar das ökologische Gegenstück zu den afrikanisch-asiatischen Löwen. Aber in wenigen Jahrtausenden nach Ankunft der Aborigines starben alle australischen Großtiere aus. Übrig blieben als größte Arten das Rote Riesenkänguru *Macropus rufus* und die beiden Arten des Grauen Riesenkängurus, *Macropus giganteus* und *Macropus fuliginosus*, die nur bis etwa 60 Kilogramm Gewicht erreichen, sowie als Entsprechung zu den Raubtieren der Beutelwolf oder Tasmanische Tiger *Thylacinus cynocephalus*. Er war eher hundeartig und mit rund einem Meter Körperlänge (ohne Schwanz) nicht sonderlich eindrucksvoll als Raubtier. Die Ausbreitung der Dingos, die etwa tausend Jahre vor Beginn unserer Zeitrechnung erfolgte, setzte ihm sicherlich zu, denn als die Europäer nach Australien kamen, war der Beutelwolf bereits weitgehend ausgestorben. Er kam nur noch in einem Restbestand auf der von Dingos nicht besiedelten Insel Tasmanien vor.

Dass ich beim Großen Sterben mit der Betrachtung Australiens beginne, hat den Grund, dass dieses dort, auf dem von uns aus gesehen entferntesten Erdteil, tatsächlich am frühesten einsetzte und in vergleichsweise kurzer Zeit die Welt der australischen Beuteltiere in ihrer Größenzusammensetzung auf die untere Mittelklasse verminderte. Ein paar Jahrtausende später nahm das Sterben auch in Europa und Nordwestasien seinen Lauf, wobei, wie schon angedeutet, die Größten der Megafauna, die Mammuts, sukzessive in den fernen Nordosten abgedrängt wurden, wo die letzten auf der nordostsibirischen Wrangelinsel erst vor wenigen Jahrtausenden ausstarben. Vor etwa 15 000 Jahren traf die Aussterbewelle Amerika. Sie verlief vom Nordwesten über Mittelamerika hinein nach Südamerika, wo das Ausmaß des Aussterbens noch größer wurde als in Nordamerika. In Südamerika, das eine ähnlich isolierte Großtierwelt wie Australien, aber aus anderen Tierformen entwickelt hatte, raffte es Pferde, die Riesenfaultiere, die Riesengürteltiere und die merkwürdig gepanzerten Glyptodonten dahin, für die es auf anderen Kontinenten keine Entsprechung gegeben hatte. Am verhältnismäßig besten überlebten größere Säugetiere in den riesigen Wäldern Amazoniens, in denen sich bis in die Gegenwart mit dem Jaguar die nach Tiger und Löwe stärkste Großkatze und mit zwei Tapirarten wenigstens eine »Mittelklasse« an Säugetieren halten konnte. In Nordamerika verschwanden ähnlich viele Großsäuger wie in Europa und Nordasien. Dort wie hier überlebten

Büffel (Bisons in Nordamerika und Wisente in Europa), Elch, Rothirsch (die größere nordamerikanische Form wird Wapiti genannt und mitunter als eigene Art *Cervus canadensis* betrachtet). Moschusochse und Rentier (Karibu) hielten im äußersten Norden Nordamerikas durch. Im Hauptteil des Kontinents überlebten Bären (Grizzly und Kodiak-Braunbär sowie der kleinere, noch stärker vegetarisch lebende Schwarzbär) und der Puma als Bewohner von Berg- und Küstenregionen. Im Hohen Norden kommt rund um den Pol in bis heute weitgehend unveränderter Verbreitung der Eisbär *Thalarctos maritimus* vor. Nicht überlebten der gewaltige Direwolf *Canis dirus* und die nordamerikanischen Geparde, aber deren Beute, die extrem schnelle Gabelantilope *Antilocapra antilocapra,* kam durch. Vielleicht retteten sich kleine Bestände davon in den Weiten der Prärien in die Nacheiszeit, nachdem die Geparde ausgestorben waren. Der Direwolf, so benannt nach der englischen Bezeichnung *dire* (schrecklich), die auch den wissenschaftlichen Artnamen bildet, war massiger als der Wolf. Sein Körpergewicht wird auf durchschnittlich 50 Kilogramm geschätzt. Er hatte kürzere Beine und war daher vielleicht kein so ausdauernder Läufer wie der Grauwolf, der das Große Sterben überdauerte. Analog zur Gabelantilope überlebte in den vorderasiatischen Steppen die Saigaantilope *Saiga tatarica.*

Eine weitere Detaillierung erübrigt sich, weil sich das Wesentlichere aus der zeitlichen Abfolge ergibt. Das Große Sterben begann in Australien wie auch in Amerika und auf den großen ozeanischen Inseln jeweils ziemlich abrupt nach dem Eintreffen der Menschen. In Nordamerika setzte es vor gut 15000 Jahren ein, als die Vorfahren der Indianer, der »First Peoples«, wie sie in den USA neuerdings genannt werden, aus Nordostasien über die damals trocken liegende Beringstraße nach Alaska und weiter nach Süden wanderten. Diese breite, während des Höhepunktes der Vergletscherung der Nordhemisphäre eisfreie Landverbindung zwischen Asien und Alaska bekam sogar eine eigene Bezeichnung, »Beringia«, weil auf ihr trotz ihrer geografisch hohen Lage am nördlichen Polarkreis eine erstaunliche Großtierwelt lebte. Diese war es sicherlich, die den Nordostasiaten den Anreiz gegeben hatte, dorthin zu wandern und sich weiter im noch wildreicheren Nordamerika auszubreiten. Denn in den Jahrtausenden davor hatten in Europa, West- und Nordasien die Bestände der Großtiere bereits dramatisch abgenommen.

»Pleistozäner Overkill« wurde diese Vernichtung von Großtieren genannt, die nach und nach auch die größeren und kleineren Inseln, wie Madagaskar, Neuseeland und die Inseln im pazifischen und atlantischen Nordmeer erfasste. Paul S. Martin und Richard G. Klein haben 1984 die diesbezüglichen Befunde in einem umfangreichen Sammelband zusammengetragen. Obwohl heftig kritisiert und wiederholt infrage gestellt, lässt der Verlauf der Dezimierung und des Aussterbens der Megafauna eigentlich nur diese eine Erklärung zu: Nicht irgendwelche Naturvorgänge, sondern Menschen verursachten diese globale Ausrottungswelle.

Es waren jene Menschen, die sich als »anatomisch Moderne« von Afrika aus in den Zehntausenden Jahren der letzten Eiszeit global verbreitet und vor etwa 40 000 Jahren auch Europa erreicht hatten. Denn nur dort, wo sie nicht hingekommen waren oder wo sie bis in die jüngste Vergangenheit nicht für längere Zeit hatten leben können, waren Großtiere erhalten geblieben. So etwa rund um die Antarktis, auf einigen extrem schwer zugänglichen hocharktischen Inseln und, seltsamerweise, in Afrika. Den möglichen, meiner Ansicht nach sehr wahrscheinlichen Grund habe ich bereits erläutert: Die Ausdünnung der Großtierbestände bis zur Ausrottung riss zwangsläufig die großen Raubtiere mit in den Untergang, selbst wenn sie nicht direkt durch Bejagung dezimiert worden sein sollten. Es mangelte den Löwen an Beute gegen Ende der Eiszeit in Europa und Nordwestasien, wie auch den großen Raubtieren in Nordamerika und ihrer Entsprechung in Australien (Beutellöwe). Warum ausgerechnet Afrika mit seiner Megafauna auf den riesigen Savannen und Grasländern vom Südrand der Sahara über Ostafrika bis ins südliche Drittel von diesem Pleistozänen Overkill verschont wurde, obwohl es als »Wiege der Menschheit« gilt, bliebe ein Rätsel, außer man stimmte Bernhard Grzimeks These vom »größten Naturschützer Afrikas« zu, nach der die Lebensbedingungen der wechselfeuchten und feuchten Tropen den Menschen aus weiten Regionen ausschloss. Weil es darin vor Tsetsefliegen wimmelte. Zudem hatte die afrikanische Tierwelt am längsten Zeit, sich auf die gefährlichen Zweibeiner einzustellen, die auf Distanz töteten, denn die »Menschwerdung«, die evolutionsbiologische Entwicklung der Gattung Mensch, hatte bereits vor mehr als zwei Millionen Jahren in Afrika begonnen.

DIE FOLGEN DES OVERKILLS FÜR DIE NEANDERTALER UND DIE WÖLFE

Wie mehrfach betont, hatte es nichts Vergleichbares gegeben in den vielen Jahrtausenden des Eiszeitlebens der Neandertaler und ihrer noch älteren Vorgänger, die in der Gruppierung *Homo erectus* zusammengefasst sind. Für die Neandertaler können wir als ganz sicher festhalten, dass sie Kalt- und Warmzeiten überlebten. (Wie die Megafauna insgesamt ebenfalls, auch wenn über die Jahrtausende und über Hunderttausende von Jahren manche Arten von ähnlichen ersetzt wurden, die besser an warmes oder an kaltes Klima angepasst waren.) Die zwingende Schlussfolgerung ist, dass die Neandertaler ihre Beutetiere nicht so stark dezimiert hatten, dass diese über größere Regionen hinweg oder ganz ausgestorben wären. Das änderte sich grundlegend mit dem Eintreffen von *Homo sapiens.* An diesem Punkt würden Pat Shipman und Bryan Sykes sogleich einhaken und anfügen: Klar, weil die Neuen durch ihre Zusammenarbeit mit den Wölfen viel erfolgreicher jagten als die alten Neandertaler. Doch dazu brauchten die Neuen keine Wölfe, wie die katastrophale Ausrottung der Megafauna in Australien und in Südamerika beweist. Hinzu kommt der unstrittige genetische Befund, dass es in Nordamerika zu keiner Domestikation von Wölfen gekommen war, obwohl dort die Ausrottung vieler Arten der Megafauna und die Dezimierung aller Großtiere weit schneller als in Europa und Asien verliefen. Die neuen Menschen hatten keine Wolfshilfe nötig. Sie schafften die Vernichtung alleine. Damit entzogen sie dem Neandertaler in Europa und Nordwestasien sowie, wie wir annehmen dürfen, auch seinem ostasiatischen Cousin, dem Denisovamenschen, die Existenzgrundlage.

Zwar ist es hier nicht notwendig, die Gründe für die Überlegenheit von *Homo sapiens* ausführlicher zu erörtern, aber da eine Begründung sicherlich erwartet wird, will ich eine solche in der gebotenen Kürze geben. Die eine Möglichkeit wurde bereits von vielen Forschern, insbesondere von Sprachforschern (Linguisten), intensiv diskutiert, verworfen, wieder aufgegriffen, modifiziert und zusammengekittet; die andere hingegen wird eher selten einmal beachtet. Beginnen wir mit Letzterer, weil es sich um eine anatomische Eigenheit und damit etwas konkret Fassbares handelt. Jeder Mensch hat das selbst erlebt, aber es fehlt jegliche Erinnerung daran. Es ist dies die Geburt.

Beim Menschen verläuft das Gebären extrem schwer. Das Köpfchen des Babys muss durch einen an sich zu engen Knochenring, den das Becken bildet. Das geht nur mit komplizierten Verdrehungen und auch, weil der Rest des Körpers unverhältnismäßig klein ist bei der Geburt. Die Schmerzen sind gewaltig. Die Gefahren des Gebärens liegen so hoch, dass man an seiner Sinnhaftigkeit zweifeln könnte. »Tod im Kindbett« war bis vor 100 Jahren auch in Europa durchaus nicht selten. Global gehört er immer noch zu den besonderen Gefahren für Frauen, zumal wenn sie zu jung sind oder das Köpfchen des Kindes zu groß geworden ist. Dass die natürliche Selektion zugelassen hat, dass die dafür verantwortliche Gehirnvergrößerung die lebensgefährliche Grenze erreicht und sich nicht in günstigerer Distanz davon auf ganz natürliche Weise stabilisiert hat, gehört zu den besonders erklärungsbedürftigen Problemen der Evolutionsbiologie. Ein anatomischer Befund sei hier eingefügt, um die an sich nötige weitere Erörterung abzukürzen. Die Neandertalerin hatte einen deutlich weiteren Beckenring und damit sehr wahrscheinlich auch eine leichtere Geburt.

Trotzdem sind die Neandertaler ausgestorben. Wie das? Leichteres Gebären sollte doch ein klarer Vorteil gewesen sein. In den Stunden der Niederkunft zweifellos. Vielleicht brauchten die Neandertalerinnen dabei keine Geburtshilfe. Aber der weitere Beckenring bedingt ein breiteres Becken und damit weiter auseinanderstehende Beine. Das aber ist ungünstig für einen nomadischen Lebensstil. Bei den besten Läuferinnen ist das Becken besonders eng. Die Beine bewegen sich parallel aneinander vorbei und machen keine ausschwingenden Bögen. Da dieses anatomische Merkmal nicht allein die Frauen, sondern auch die Männer betrifft, ist anzunehmen, dass die Neandertaler nicht so schnell und im Laufen nicht so ausdauernd waren wie die graziler gebauten »anatomisch modernen Menschen«. Bei der Jagd und wenn es darum geht, einem Raubtier ein Stück Beute wegzunehmen, macht Schnelligkeit jedoch viel aus. Die schwere Geburt von *Homo sapiens* hat aber einen weiteren, ganz anders gelagerten Vorteil. Es ist die Sprache, die uns Menschen so sehr auszeichnet und eine Überlegenheit verschafft, dass Körperkraft (fast) nichts mehr zählt. Sprache »macht Denken«. Sie strukturiert es. Mithilfe der Sprache wächst unser Gehirn leistungsmäßig über sich selbst hinaus. Sie ermöglicht gleichzeitig genaueste und intime Kommunikation wie auch knallharte Ausgrenzung »der Anderen«, die unsere Sprache nicht sprechen und damit nicht teilhaben am gemeinsamen Denken. Je mehr das Baby als biologische Frühgeburt zur Welt kommt, desto stärker und langsamer kann sich das Gehirn nachgeburtlich entwickeln. Bei uns Menschen verfünffacht es sich in der Größe und vervielfältigt sich in innerer Komplexität. So können wir viel und äußerst Vielfältiges lernen. Möglich wird die voll artikulierte Sprache durch den sogenannten Abstieg des Kehlkopfes. Denn erst dadurch kommt der große Resonanzraum zustande, in dem Vokale und Konsonanten präzise zu Wörtern, genauer zu Phonemen zunächst, zusammengesetzt und schließlich beliebig kombiniert werden können. Je früher die Geburt, desto stärker der Kehlkopfabstieg in der Zeit der höchsten Lernfähigkeit des Kindes, das heißt in den Monaten und Jahren nach der Geburt. Aus gutem Grund pflegen wir zu unterscheiden, ob es sich um die Muttersprache oder eine nachträglich erlernte handelt. Die Sprache fördert gemeinsame Aktivitäten auf Rufdistanzen. Sie macht weitgehend unabhängig davon, dass man sich sieht, zum Beispiel bei der Jagd. Sie gestattet eine ausführliche Absprache zu Beginn einer Unternehmung, auch während der Jagd, deren Verlauf nie genau vorhersehbar ist. So praktizieren es bis heute die Menschen, die noch traditionell als Wildbeuter leben. Es ist unnötig, hier all die vielen weiteren Vorteile auszubreiten, die mit der Sprache verbunden sind. Ohne jeden Zweifel übertrifft sie alle Formen tierischer Kommunikation um Größenordnungen. Wie sehr sie auch das Sozialleben fördert, insbesondere den Gruppenzusammenhalt, hat Robin Dunbar (1996, in der deutschen Übersetzung *Klatsch und Tratsch*, 1998) sehr ausführlich und bestens nachvollziehbar erörtert. Von allen Begründungen, die für die Überlegenheit von *Homo sapiens* vorgebracht wurden, um das Aussterben des Neandertalers zu erklären, halte ich die Sprache für die überzeugendste. Auch dies kann ich hier nicht vertiefen, sondern nur mit ein paar Zusatzbemerkungen abzurunden versuchen. So lässt sich Gruppenjagd auf große und gefährliche Tiere sicherlich erheblich verbessern, wenn die Vorgehensweise vorher abgesprochen ist, und insbesondere, wenn das unerwartete Verhalten des Wildes eine schnelle Korrektur der Strategie erforderlich macht. Späher können mit ihren Berichten, wo welches Wild steht und was es tut, ein kräftezehrendes Herumsuchen vermindern und damit die Jagd in der Energiebilanz verbessern. Dies ist insbesondere wichtig, wenn wandernde Tierherden verfolgt und womöglich in eine Schlucht getrieben werden sollen. Beispiele hierfür gibt es in Form von Massen von Tierknochen, die an entsprechenden Stellen in Frankreich gefunden wurden.

Für die Sprache ist nicht allein die Sprechfähigkeit Voraussetzung. Eine solche mögen die Neandertaler gehabt haben, wie etwa ein hinreichend ausgebildetes Zungenbein oder die im Gehirn für die Kontrolle nötige Broca'sche Region als Sprachzentrum. Neandertaler könnten sich durchaus auf ihre Weise mit Lauten unterhalten haben, aber nichts weist bislang darauf hin, dass sie eine voll artikulierte und differenzierte

Sprache besaßen. Falls doch, sollte es Reste von Neandertalerisch in den sehr alten Teilen und Formen unserer Sprachen geben. Die umfangreichen Untersuchungen von Luigi L. Cavalli-Sforza (2001) haben aber nichts gefunden. Im Gegenteil. Wie er nach den Methoden der Ermittlung der genetischen Verwandtschaft die Sprachenvielfalt erfasste, konvergieren alle späteiszeitlich zu offenbar einer Wurzel und entsprechen damit der zeitlichen Ausbreitung von *Homo sapiens*. In diesem Sinne einer (weit) besseren Kommunikation interpretiere ich die Überlegenheit der Neuen aus Afrika über die Alten in Europa und Nordwestasien. Es war die höhere Effizienz von *Homo sapiens*, die den Niedergang und das Aussterben der Neandertaler verursachte. Diese waren zu langsam und zu wenig mobil, als die Überjagung der Großtiere ihre Bestände stark dezimierte und weithin ausrottete. Dezimierung und Vernichtung der Megafauna liefen, um es nochmals zu betonen, überall mindestens so schnell oder noch schneller ab, ganz unabhängig davon, ob Wölfe vorkamen oder nicht. Aber im Gesamtverbreitungsgebiet der Wölfe, den Kontinenten der Nordhemisphäre, fing der Pleistozäne Overkill in der eurasiatischen Mammutsteppe an.

Für die Wölfe blieb die drastische Verminderung ihrer Beutetiere, zumal des Anteils, den sie selbst erjagten, sicher nicht ohne Folgen. Sie konnten lediglich auf zwei unterschiedliche Weisen darauf reagieren. Die eine Möglichkeit bestand im Ausweichen auf noch nicht von Menschen heimgesuchte Gebiete mit Verstärkung der gemeinsamen Rudeljagd auf große Beutetiere. Die Alternative war eine verstärkte Nutzung der Kadaverreste, die die Menschen übrig ließen. Genau an dieser Trennung setzt, wie ich meine, die Hundwerdung von Wölfen an. Eine zeitliche Parallelität zum Aussterben der Neandertaler kommt zwangsläufig zustande, aber nur in Europa und nicht über das Modell »Wölfe als Jagdgehilfen der Eiszeitjäger«. Parallelität darf nicht gleichgesetzt werden mit Verursachung. Die Jäger unserer Zeit und ihre Jagdtraditionen, auf die sie sich berufen, drücken zudem eine ganz andere Einstellung aus. Sie trachten danach, das von ihnen so genannte »Raub«wild zu vernichten. Nichts weist auf einen mentalen Umschwung hin, den die Jäger durchgemacht haben müssten, hätte es einst die Partnerschaft mit dem Wolf gegeben. War dieser nie ein »Kollege« oder Partner, sondern immer ein möglicher und gefährlicher Konkurrent, ist die heutige Haltung der (allermeisten) Jäger weit besser verständlich. Es ist der Hund, der Reste der Jagdbeute oder nach besonders gutem Einsatz eine andere Belohnung erhält. Der Hund als Resteverwerter und Aas»jäger« passt zudem ökologisch perfekt zwischen die beiden Wildtiere Wolf und Fuchs. Nachfolgend daher ein Szenario, wie sich aus späteiszeitlichen Wölfen Abfallverwerter entwickelten, die sich zu Hundwölfen selbst domestizierten. Und in Westeuropa schließlich Hund wurden.

DIE (SPÄT-)EISZEITLICHE AUFSPALTUNG VON WÖLFEN IN ZWEI ÖKOLOGISCHE FORMEN

Vor 40 000 oder 45 000 Jahren drangen Menschen aus dem Vorderen Orient nach Europa ein. Sie hatten sich in Afrika entwickelt, und sie repräsentieren den »anatomisch modernen« Menschen *Homo sapiens*. Genetische Befunde haben dies zweifelsfrei bestätigt. Mit den von Palästina über Vorderasien in nahezu ganz Europa und Westasien ansässigen, aber in geringer Bevölkerungsdichte lebenden Neandertalern vermischten sie sich nur in einem sehr geringen Grad. Wie schon angeführt, lassen sich im Erbgut von *Homo sapiens* nur wenige Prozent Neandertalergene finden. Die Ausbreitung der Neuen verlief nicht durch Massenauswanderung aus Afrika, sondern allmählich durch einzelne Gruppen und deren Vermehrung. Die Bestände der neuen Menschen wuchsen langsam. Aber je mehr sie anwuchsen, desto stärker dezimierten sie die Großtiere, die sie jagten. Anfänglich, für ein paar Jahrtausende sicher, glichen die Wildtiere die Verluste durch verstärkte Nachwuchsproduktion aus. Doch gerade Jungtiere fallen den Jägern eher zum Opfer als die starken, erfahrenen Alten. Das sehr saisonale Eiszeitklima mit trockenwarmen Sommern, in denen die Mammutsteppe viel und gehaltvolle Pflanzennahrung erzeugte, und trockenkalten, schneearmen Wintern zwang die Pflanzenfresser unter den Großtieren weithin zu Wanderungen. Während des Höhepunkts der letzten Eiszeit verschärften sich die Auswirkungen des Klimas auf die Pflanzenfresser durch Verkürzung der Vegetationszeiten. Die Wanderungen mussten länger werden, während gleichzeitig die nutzbare Vegetation im Winter knapper wurde. Diese Schwierigkeiten kamen den neuen Jägern, die Cro-Magnon-Menschen genannt werden, zugute. Die Gründe sind oben bereits genannt. Die vielen Funde, die diese Zeit betreffen, belegen, dass diese Menschen sogar Mammuts erfolgreich jagten; mitunter werden sie in der populärwissenschaftlichen Literatur daher »Mammutjäger« genannt. Aber sie erbeuteten auch Wildpferde in großer Zahl, Auerochsen, Hirsche und andere Großtiere. Die Höhlenmalereien zeigen uns das Spektrum in ganz großartiger Weise. All diese Tiere verschwanden nicht einfach, wenn sie von den Menschen abgefleischt und verzehrt worden waren. Schnittmarken *(cut marks)* an großen Knochen, verursacht von steinzeitlichen Schneidewerkzeugen, weisen darauf hin, dass die

Eiszeitjäger, zumindest in knappen Zeiten, eine säuberliche Nutzung der Kadaver anstrebten. Dennoch muss viel übrig geblieben sein; sehr viel. Weil eine Familie kein Mammut in kurzer Zeit komplett aufessen kann. Auch mehrere Familien sind dazu nicht in der Lage. Nicht einmal bei einem Pferd geht das. Reste blieben, ihre Menge hing davon ab, wie häufig Beute erlegt werden kann. Es kann kein Zweifel bestehen, dass diese Abfälle andere Nutzer anzogen.

Das ist in unserer Zeit nicht anders. Die Attraktivität der Großtierkadaver für viele Tiere hat sogar dazu geführt, dass im 20. Jahrhundert eine behördlich vorgeschriebene Tierkörperverwertung eingeführt wurde. Bei der Größe unserer gegenwärtigen Nutztierbestände würden ohne die Verwertung geradezu Schlaraffenlandverhältnisse für die Kadavernutzer herrschen. Ziehen wir die Millionen Tiere ab, die über importierte Futtermittel bei uns ernährt werden, bleiben immer noch viele Millionen übrig, die von dem leben, was die Fluren produzieren und was wir Menschen nicht direkt als Nahrung (Getreide) verbrauchen. Aus dieser Überlegung ergibt sich zumindest eine grobe Vorstellung davon, wie groß das »Angebot« an Tierkadavern in den letzten Jahrtausenden der Eiszeit gewesen sein musste. Doch wer überlebte von den natürlichen Kadavernutzern? Es waren nicht die Hyänen, deren Nachfahren die dominanten Verwerter an afrikanischen Großtierkadavern darstellen, auch nicht die Löwen, die sich ansonsten gern als Beuteräuber betätigen. Der Vielfraß als großer Marder überstand zwar das eiszeitliche Aussterben, aber fernab in den Wäldern des hohen Nordens, wie auch Wölfe und Bären, für die zusätzlich zu den nordischen Regionen auch Gebirge Rückzugsgebiete wurden. Großflächig starben die Wölfe nicht aus. Sie überlebten im gesamten Raum der einstigen Mammutsteppe und in den südlich und südwestlich angrenzenden Regionen Europas sowie in West- und Zentralasien bis Nordindien und China. Ohne Wölfe bliebe von den Nutzern der Abfälle, die die Menschen mit ihrer Großtierjagd anhäuften, nur der Fuchs übrig. Er wäre »ökologisch zu wenig«, was bedeutet, dass die Füchse nie und nimmer die gesamte Kadaververwertung geschafft hätten. Zu bedenken ist ja auch, dass die Temperaturen, die in den Wintermonaten anhaltend unter null lagen, die Verwertung der Kadaverreste durch Fliegenmaden und Aaskäferlarven verhinderten. Wie das in unserer Zeit auch der Fall ist. Jedenfalls wäre es außerordentlich seltsam, hätten sich die ihrer Größe nach dafür am besten geeigneten Wölfe nicht darangemacht, sich in die Nähe der Menschengruppen zu begeben, um die Reste von deren Jagdbeute zu nutzen. Wölfe tun dies vielfach immer noch, wie schon angemerkt, sogar an der Peripherie von Rom.

Nun ist es nicht schwer, ein entsprechendes Szenario aufzubauen: Anfänglich versuchten Wölfe, sich klammheimlich Knochen zu holen, an denen noch Fleischreste hingen. Sie mussten stets auf der Hut sein, von den Menschen dabei nicht entdeckt zu werden. Wie es die Schakale machen. Feuer hielt sie auf Distanz. Mancher Wolf, der sich zu offen zu nahe wagte, wurde kurz darauf zum wärmenden Wolfsfell für die Eiszeitjäger. Aber abnehmende Wildbestände, die zwangsläufig sinkende Erfolgsraten bei der Jagd der Wölfe nach sich zogen, und die attraktiven »Angebote« der Großtierabfälle der Menschen zogen Wölfe näher und näher. Gut vorstellbar, dass dabei ihre Familienstruktur verstärkt wirksam wurde und einzelne Rudel bald einzelne Menschengruppen als ihr Territorium betrachteten, das sie gegen andere Wölfe verteidigten. Das dürfte den Menschen nicht entgangen sein. Es ist allemal besser, bekannte Wölfe als Nachbarn und Nachnutzer der Jagdbeute zu haben, als sich mit fremden auseinandersetzen zu müssen.

Zudem hielten die Wölfe für Menschen gefährlichere Raubtiere, wie Bären und Löwen, auf Distanz.

Jene Wölfe, die sich den Menschen mit Zutrauen näherten, ohne anzugreifen, kamen selbstverständlich bei der Nutzung der Abfälle am besten weg. Sie wurden dabei kleiner. Aber es lohnte, sich mit den Menschen zu arrangieren, ihr Verhalten kennenzulernen und sich darauf einzustellen. Freundschaft brauchte man dazu von keiner der beiden Seiten zu entwickeln. Das Arrangement kam ganz von selbst zustande. Und dies umso besser, je mehr die Beteiligten einander beobachteten. Ich werde in einer zusammenfassenden Betrachtung der Annäherung von Wildtieren an den Menschen im Abschlussteil des Buches wieder darauf zurückkommen und belegen, dass die Wölfe in dieser Hinsicht kein Einzelfall sind, aber ein besonders weit entwickelter. Nochmals: Dieses Einander-Näherkommen von Wölfen und Menschen geschah, ohne dass die Menschen hätten tätig werden müssen. Die Wölfe, die sich so verhielten, wurden »Mit-Esser«, Kommensalen. Anders als Parasiten schädigten sie die Menschen nicht. Für die Wölfe bahnte sich hingegen eine Symbiose an. Sie erzielten direkte Vorteile durch bessere Ernährung mit geringerer Anstrengung, als es das eigene Jagen erfordert hätte. Die indirekten Vorteile für die Menschen, die nach und nach erkennbar wurden, etwa wenn die Wölfe mit ihrem Heulen nachts vor Gefahren warnten, begünstigten ein zunehmend toleranteres Verhalten. Vielleicht fingen vor allem Jungwölfe damit an, mit kurzen, kläffenden Lauten mit den Menschen und untereinander zu kommunizieren. Sie mussten sich ja nicht immer mit ihrem Geheul zusammenrufen, wie die wilden Wölfe, wenn sie sich weit in der Landschaft verstreut hatten. Das Heulen der werdenden Hundwölfe richtete sich zunehmend nach außen gegen andere Wolfsrudel. Das ist die zweite der beiden ursprünglichen

Funktionen. So mancher Hund stimmt es an, wenn in der Ferne die Feuerwehr oder die Polizei fährt und mit ihren Warnsirenen Anklänge an die alten Wolfsgesänge liefert.

Sicherlich zog sich die Annäherung über Zehntausende von Jahren hin, aber was dabei zustande kam, lässt sich absehen und gut begründen: Die Wölfe teilten sich in zwei ökologische Gruppen auf, die sich immer stärker voneinander sonderten. Die eine bildeten die Wölfe im ursprünglichen wie auch heutigen Sinn, die andere die Hundwölfe als Begleiter der Menschen. Die eiszeitlichen Jäger wurden eine »ökologische Nische« für diese Hundwölfe. Ihre Anzahl und Bindung an die Menschen steigerten sich mit den abnehmenden Wildbeständen. Damit kamen für Wölfe wie Hundwölfe unterschiedliche Überlebensraten und sehr verschiedene Selektionsdrucke zustande. Ging es nun für die Wolf gebliebenen Wölfe vermehrt darum, gemeinschaftlich große Beutetiere zu jagen, immer größere Territorien zu durchstreifen und wohl auch an Körpergröße zuzulegen, bis sich das optimale Verhältnis zwischen Körpermasse und der Leistungsfähigkeit unter den spät- und nacheiszeitlichen Lebensbedingungen einstellte, durften genau umgekehrt die Hundwölfe kleiner werden, weniger streng in ihrem Familienverhalten sein und auch weniger aggressiv. Was sie »friedlicher«, also den Menschen gegenüber zutraulicher machte. Solche Hundwölfe überlebten am besten und vermehrten sich erfolgreicher, die mit der Nähe der Menschen zurechtkamen und sich darauf einstellten. Dies ist im Kern der Prozess der Selbstdomestikation. Diese lässt sich, wie die Beljajew'schen Fuchszuchten in unserer Zeit bewiesen haben, sehr schnell erreichen, wenn die zutraulichsten Tiere gezielt für die weitere Fortpflanzung ausgelesen werden. Allerdings ist der Unterschied zwischen der infolge von natürlicher Selektion ablaufenden Selbstdomestikation und der künstlichen

Selektion durch Züchtung zu betonen. Die Selbstdomestikation ähnelt der Züchtung, weil auch bei ihr eine Auslese stattfindet, aber sie verläuft viel langsamer, weil es keine Aussperrung der anderen gibt, die nicht dem menschenvertrauten Verhalten zuneigen. Sicher kam es anfänglich bei der Hundwerdung immer wieder zu Kreuzungen mit wilden Wölfen, weil den läufig gewordenen Hundwölfinnen nichts verwehrte, sich mit einem starken Wolf zu paaren, der von ihren Duftstoffen angezogen worden war. Umso stärker war sie danach aber mit ihren Welpen von den Menschen abhängig, weil kein Rüde als fester Partner Nahrung brachte. Gerade diese Anfangsphase der Trennung in Wölfe und Hundwölfe dauerte daher sehr lange. Es gab keine Absonderung, sondern lediglich eine räumliche Distanzierung. Das Sozialverhalten der Hundwölfe musste weiter funktionieren. Erst die volle Entwicklung zum Hund mit totaler Versorgung durch den Menschen brachte schließlich die Trennung zustande. Diese lange Differenzierung erklärt nun zwanglos, weshalb aus verwilderten Hunden keine Wölfe mehr wurden. Die Parias und die Straßenhunde entsprechen vielmehr dem geschilderten Typ von Kadaver und Abfall verwertenden Hundwölfen, die schon/noch weitgehend Hunde sind. Von Wölfen unterscheiden sich alle verwilderten Hunde so sehr, dass dies auch ein guter Grund dafür ist, Wolf und Hund als zwei verschiedene Arten einzustufen. Ein ganz anderer Befund aus der Gegenwart stützt diese Argumentation. Hunde von Wolfsgröße oder noch größere Formen leben nicht so lang wie solche mittlerer Größe oder kleine Hunde. Das ist ganz ungewöhnlich und bezogen auf die allermeisten anderen Säugetiere geradezu unnormal. Offenbar drückt sich darin die Abstammung der Hunde von kleineren Hundwölfen aus, die einst Konrad Lorenz dazu gebracht hatte, den Goldschakal als Ahnform der Hunde anzunehmen.

Dieses Szenario der Hundwerdung stimmt bestens überein mit den genetischen Befunden, die sich erstens schwer tun, einen »genauen« Zeitpunkt für die Trennung vom Wolf anzugeben, und zweitens stark vermuten lassen, wie Bryan Sykes (2018) dies auch ausführt, dass Wolfsgene, vielleicht sogar mehrfach, ins Hundegenom geraten sind, nachdem dieses als solches bereits differenziert war. Der Zeitraum der Hundwerdung entspricht mit mindestens 15 000 und bis über 30 000 Jahren vor der Gegenwart dem langen und langsamen Übergang vom Wolf zum Hund durch Selbstdomestikation und nicht einer gezielten Züchtung. Eine solche setzte offenbar erst ein, als Menschen sesshaft geworden waren. Was auch sehr viel mehr Sinn ergibt als eine frühere gezielte Züchtung durch nomadisch lebende Eiszeitjäger.

Dass wir die Hinwendung zum Menschen in gewisser Weise gleichsam im Schnelldurchgang immer noch erleben können, werde ich in Teil II anhand der Aufzucht von Hundewelpen erläutern. Wenden wir uns nun der noch schwierigeren Frage des Ortes oder der Region zu, wo die Hundwerdung einsetzte. Eine solche musste es ja geben, weil diese ansonsten, wie mehrfach betont und an den anderen Modellen kritisiert, an vielen Stellen im Eiszeitland stattgefunden haben sollte. »Multiregional«, um es fachlich auszudrücken. Doch die genetischen Befunde zwingen uns nach derzeitigem Stand der Forschung, ein Ursprungsgebiet des Hundes, also eine lokale Entstehung anzunehmen. Allenfalls ein zweites könnte es gegeben haben. Das erste wird in Westeuropa angenommen, das mögliche zweite, das andere Forscher auch als Hauptgebiet der Hundwerdung ansehen und unter der Bezeichnung »die sieben Wölfinnen« führen, in Nordchina.

WESTEUROPA UND CHINA: EIN ODER ZWEI URSPRUNGSGEBIET(E) DES HUNDES?

Die Lösung der Ortsfrage ist so verblüffend einfach, dass sie einer näheren Begründung bedarf: In Westeuropa, genauer im französisch-belgisch-westdeutschen Raum, fing die klimatische Umstellung von der letzten, sehr kalten Eiszeit, dem Würm- bzw. Weichselglazial, zuerst an. Sie zog sich danach Jahrtausende hin nach Nordosten bis Ostsibirien. Im Westen Europas war also die längste Zeit gegeben für die Selbstdomestikation von Wölfen. Da dieser Vorgang, wie geschildert, sehr langsam verlief, ist der Zeitfaktor entsprechend bedeutungsvoll. Es hatte ja keine gezielte Selektion auf »freundliche« Wölfe und Hundwölfe stattgefunden. Die Hundwerdung war ein sehr wechselhafter, natürlicher Prozess, der ganz gewiss von Fehlschlägen durchsetzt war, etwa wenn die Menschengruppen zu einer Zeit weiterzogen, als die Hundwölfe kleine Junge hatten und nicht folgen konnten, oder aus einer Vielzahl weiterer vorstellbarer Möglichkeiten. Zwangen die Umstände die Menschengruppe, sich überwiegend oder zeitweise fast ganz pflanzlich zu ernähren, oder lebte sie von Fischen ohne nennenswerten Abfall, ging es den sie begleitenden Hundwölfen schlecht. Sie kehrten womöglich wieder zurück zum wolfstypischen Verhalten und jagten selbst. Natürliche Selektion verläuft nicht geradlinig in einer vorbestimmten Richtung. Sie ist erratisch und stark von Zufälligkeiten beeinflusst. Die Chancen, in der eingeschlagenen Richtung weiterzukommen, steigen mit der Länge der Zeit nur sehr langsam, mit gezielter Selektion aber sehr schnell. Hundwerdung von Wölfen war kein Ziel. Sie ergab sich. Und als die Entwicklung weit genug fortgeschritten war, fingen die Menschen erst an, einzugreifen und sie nach ihren Vorstellungen gezielt voranzutreiben.

Daher ist es nicht nur plausibel, sondern sogar notwendig, die Länge der Zeit angemessen zu berücksichtigen. Weitere Umstände kommen hinzu. Die neuen Menschen wanderten höchstwahrscheinlich von Südosten her ins Eiszeitland, von der Levante. Denn die Fossilfunde belegen, dass in Palästina die *sapiens*-Menschen und die Neandertaler am frühesten aufeinandertrafen und die weitere Ausbreitung über die kasachischen und pontischen Steppen westwärts erfolgte. Die letzten Neandertaler Europas überlebten möglicherweise auf der Iberischen Halbinsel, sofern die Funde richtig bestimmt und zugeordnet sind. Das soll uns hier nicht weiter beschäftigen. Wichtiger ist, dass sich die Mammutsteppe bis Westeuropa ausdehnte und zwischen dem großen nordwesteuropäischen Eisschild und dem alpinen bis an den vom Atlantik gemilderten Westen reichte. Eiszeitjäger jagten dort den Riesenhirsch, der nach zahlreichen Funden in Irland auf Englisch Irish Elk genannt wird. In den Schluchten Zentral- und Südfrankreichs sind viele Funde von Beutetieren der Eiszeitjäger zutage gefördert worden, die deshalb die französische (Orts-)Bezeichnung Cro-Magnons erhielten. Die Höhlenmalereien spiegeln, so der Eindruck, der sich bei ihrer Endeckung aufdrängte, die späteiszeitlichen Verhältnisse mit ihrer Großtierwelt wider. Aber nicht wirklich, sondern auf eine rätselhaft »verschobene« Weise. Denn die Tiere, die hauptsächlich und in ganz besonders eindrucksvollen Bildern dargestellt sind, entsprechen nicht den in der Zeit und Gegend gejagten. Das anhand der Knochenfunde eindeutig als Hauptbeute diagnostizierte Wild ist kaum vertreten. Hervorgehoben sind Arten wie Mammut, Wollnashorn, Bison und Auerochse. Diese Tiere fügten die Künstler zu atemberaubenden Szenen zusammen. Deshalb wurde die anfängliche Deutung, die Bilder stellten die Beutetiere der Menschen dar, die dort in der Eiszeit gelebt hatten, und sie sollten als Jagdzauber wirken, seitens der Forschung kritisiert und schließlich weitgehend zurückgewiesen. Weil die Bilder den Funden nicht entsprechen.

Aber müssen sie das? Ist es nicht plausibler, dass Tiere, die als Jagdbeute höchst erwünscht gewesen wären, an die Höhlenwände gemalt wurden, weil diese Arten bereits (sehr) selten geworden waren? Der Bannzauber des Bildes ergäbe bei einer solchen Betrachtung mehr Sinn. Denn die Entstehungszeiten der späteiszeitlichen Höhlenmalereien und der Niedergang der Megafauna stimmen zeitlich bestens überein. Diese Deutung passt genauso zu den viel späteren Felszeichnungen in der zentralen Sahara, die in frühhistorischer Zeit größtenteils noch eine wildtierreiche Savanne gewesen war und sich erst in den letzten vier bis fünf Jahrtausenden zur Wüste gewandelt hat. Ebenso lassen sich für die Felsbilder im südlichen Afrika, insbesondere in Namibia, ganz ähnliche Zusammenhänge erkennen. Rares, aber höchst erstrebenswertes Wild wurde abgebildet, alltägliches oder unbedeutendes hingegen kaum oder gar nicht. Unsere allgemeine Wertschätzung des Seltenen kommt darin zum Ausdruck.

Ostwärts und nordostwärts von Europa herrschten andere Verhältnisse. Ab dem östlichen Anatolien und dem Massiv des Kaukasus bilden Hochgebirge eine gewaltige, schier unüberwindliche Barriere. Sie verengten in der letzten Kaltzeit das eisfreie Gelände zwischen Altai und Ural düsenartig zu einem Durchlass, durch den nahezu unablässig der Wind pfiff. Im Winter blies er Schnee hindurch, im Sommer feinsten Staub, der sich als Löss im fernen Nordwestchina absetzte. Davor aber, am Südostrand des nordwesteuropäisch-nordrussischen Eisschildes, bildeten sich riesige Eisstauseen, weil die sibirischen Flüsse nicht ins Nordmeer abfließen konnten. Dahinter, in Nordostsibirien, blieb Nordasien zwar eisfrei, aber aufgrund der Hochlage sehr kalt und über die mongolischen Gebirgszüge gegen das klimatisch temperierte China weitgehend abgeschirmt. Diese Gegebenheiten trennten die »westlichen« Neandertaler von ihren östlichen Cousins, den Denisovern. Diese, wie auch die Neandertaler und die *sapiens*-Menschen in Südwestasien, dezimierten die Großtierbestände bei Weitem nicht so stark, wie dies im europäisch-westasiatischen Westen geschah. Diese Behauptung lässt sich durch das Überleben der großen Beutegreifer stützen: Löwen gab es bis in die historische Zeit in Griechenland und Vorderasien, immer noch präsent sind sie, wenngleich in einem winzigen Restbestand, in Südasien; dort aber, sowie in Ost- und Nordostasien und auf tropischen Inseln Südostasiens, leben die Tiger. Leoparden *Panthera pardus* gibt es vom Kaukasus bis zum Amur in Nordostasien, dazu den Schneeleoparden *Panthera uncia* als Hochgebirgsspezialisten in Zentralasien. In Süd- und Südwestasien überlebten auch Großtiere, wie Auerochs (Ur *Bos primigenius*), aus dem die Rinder gezüchtet wurden, und der riesige Gaur *Bos gaurus*, auch Hirsche in großer Zahl, Wildschafe, Wildziegen und Antilopen. Zur großflächigen Ausrottung großer Tiere kam es jedoch in China. Damit umschließen deutlich andere, im Hinblick auf Großwild weitaus günstigere Verhältnisse genau den Raum, in dem die Neandertaler so lange gelebt hatten und aus dem sie nach Eintreffen der neuen Menschen schnell verschwanden. Dass das nacheiszeitliche Vorrücken des Waldes für die Verminderung der Großtierbestände eine Rolle spielte, ist zwar klar, aber für sich allein nicht schlüssig genug. Denn die meisten Großtiere starben bereits vorher aus. Daher konnte die Wiederbewaldung viel schneller einsetzen und die Wälder wurden dichter, als das mit hohen Beständen von

Pflanzenfressern möglich gewesen wäre. Insofern verlief Europas nacheiszeitliche Waldentwicklung ganz unnormal. Die in unserer Zeit von Naturschützern häufig benutzte »potenziell natürliche (Wald-)Vegetation« geht von einem unnatürlichen Zustand aus. Natürlich wäre eine anhaltend starke Einwirkung großer Weidetiere auf die Pflanzenwelt, auch auf den Wald.

Die Hundwerdung von Wölfen war bereits weitgehend vollzogen, als Menschen aus Nordostasien nach Amerika einwanderten und es dort zum ganz großen Pleistozänen Overkill kam. China fällt als verhältnismäßig weiter Raum zunächst aus diesem Schema heraus, entspricht diesem aber doch wieder, wenn wir die Verhältnisse genauer betrachten. In den fruchtbaren Schwemmebenen der großen Flüsse muss es viel Wild gegeben haben, aber auch lange noch Tiger und Leoparden. Letztere sind bekannt dafür, dass sie sich, unbemerkt von den Menschen, nachts Hunde holen. Hinzu kommt, dass Hunde in China, Korea und Japan mehr oder weniger verbreitet gegessen werden. Sie spielten dort vielleicht von jeher eine andere Rolle als in Europa und Nordwestasien. Abfallverwerter waren und sind in Ost- und Südostasien vor allem Schweine und in ganz beträchtlichem Umfang auch Fische. Die aus den zentralasiatischen Gebirgen kommenden Flüsse Chinas und Indochinas überschwemmten nach den Monsunregen weithin die Ebenen, sodass es höchstwahrscheinlich lange vor der Entwicklung von Fischzucht schon sehr gute Fangmöglichkeiten gab, weil die Wasserführungen aufgrund der Monsunregen enorm schwanken. Die nach Hochwasser zurückbleibenden flachen Lagunen können leicht abgefischt werden. In Hunden sah man daher ähnlich wie in den Karpfen primär Fleischlieferanten. Hieraus wird verständlich, wie gegensätzlich die Bedeutungen des Hundes sowohl für »Stabilität« als auch für (drohendes) »Unheil« im alle zwölf Jahre wiederkehrenden chinesischen »Jahr des Hundes« (zuletzt 2018) stehen. Aus westlicher Sicht fällt es schwer, sich anhand der uns geläufigen Eigenschaften des Hundes darauf einen Reim zu machen. Mag der Chow-Chow auch ähnlich wichtig für chinesische Fürsten und hochgestellte Beamte gewesen sein wie Akitas für japanische Shōgune, so überwog doch eindeutig, gebietsweise bis heute, dass Hunde als armer Leute Fleischquelle oder als Delikatesse gegessen wurden.

Die an China nördlich anschließenden Mongolen bildeten nacheiszeitlich ein eigenes Zentrum der Differenzierung von *Homo sapiens*. Da sie Wölfe mit gezähmten Adlern jagten (und das immer noch tun), ist anzunehmen, dass diese von den Abfällen angelockt wurden und sich nicht fernab der mongolischen Jurten aufhielten. Bei der genetischen Suche zur Hundwerdung von Wölfen rivalisieren Befunde, die auf Nordchina verweisen, mit den westeuropäischen. Unabhängig von der Frage, wer nun die allerersten richtigen Hunde für sich reklamieren kann, bekräftigen sie das hier entworfene Szenario. Der japanische Akita gehört zu den nordischen Hunden, wie auch der chinesische Chow-Chow. Sie sind verwandt mit sibirischen Spitzen. Das Musterbeispiel des chinesischen Hundes stellt also gar kein speziell chinesisches Produkt dar. Mit Chow-Chow und Akita lassen sich die sibirischen Hunde als Gruppe den europäischen gegenüberstellen. Interessanterweise zeigt sich in der Zweiteilung der alten Sprachgruppen Asiens das gleiche Bild. Das Ural-Altaische, das die russischen Sprachforscher »Nostratisch« nennen, umfasst im westlichen Zweig die Sprachen des Indo-Europäischen und im östlichen das Mongolische im weiteren Sinne mit Koreanisch und Japanisch. Sino-Tibetisch ist davon abgegrenzt (Cavalli-Sforza 2001). Somit überdecken sich die Anfänge der Großgliederung der Sprachen und der gezüchteten Hundeformen räumlich und zeitlich.

So weit dieses Szenario zur Selbstdomestikation des Wolfes zum Hund. Es folgt trotz all der spekulativ erscheinenden Argumente dem wissenschaftlich sehr wichtigen Prinzip, dass es überprüfbar und widerlegbar ist. Alle Aspekte entsprechen dieser Anforderung. Sie lassen auch Vorhersagen zu, etwa dergestalt, dass sich Hinweise auf die Selbstdomestikation der Wölfe in den fraglichen Zehntausenden von Jahren finden lassen sollten, sei es in Fossilien oder in anderen Quellen.

Die geschilderte Selbstdomestikation des Hundes repräsentiert die Außenbeziehungen. Wäre nicht mehr hinzugekommen, würden Hundwölfe immer noch als Abfallfresser am Rand menschlicher Gesellschaften leben und nicht einmal den Zustand der Paria-Hunde erreicht haben. Bei der Hundwerdung geschah aber mehr. Es kam eine tiefe Beziehung zwischen Hund und Mensch zustande. Sie ist einzigartig. Wenn ein Welpe großgezogen und zum Familienmitglied wird, geschieht Geheimnisvolles, geradezu Wunderbares. Viele Menschen haben dies selbst erlebt und könnten darüber berichten. Insofern ist das, was ich im nächsten Teil über unseren Hund schreibe, nichts Besonderes, aber dennoch etwas ganz Einmaliges. Man mag das als zu viel persönliche Anteilnahme kritisieren (und für zu wenig wissenschaftliche Objektivität halten, was immer das sein mag, wenn es um intensive Beziehungen geht). Und man mag einwenden, dass mit anderen Hunden andere Erfahrungen zustande kommen. Das ist völlig richtig und unterstreicht, wie sehr jeder Hund ein Individuum ist. Unmöglich, daraus das Grundmuster »Hund« ableiten zu wollen. Aber das geht bekanntlich beim Menschen auch nicht. Dennoch strahlt die Persönlichkeit jedes Einzelnen zurück auf den Menschen, den wir »an sich« auch nie fassen können. Daher wird das, was ich nun über den einen ganz speziellen Hund berichte, keine »Biologie des Hundes«, sondern Beispiel für die Beziehung zwischen *einem Hund und seinen Menschen*, nämlich meiner Frau und mir.

II

DIE BEZIEHUNG ZWISCHEN HUND UND MENSCH

EIN ZAUBERHAFTER WELPE

Was geschah, liest sich vielleicht wie für einen Kitschfilm inszeniert. Mit Frau und Tochter, die unbedingt einen Hund haben wollte, fuhr ich zu einem Hundezüchter, der im Internet Welpen angeboten hatte. Als wir nach gut einstündiger Fahrt ankamen, gab es zwar die in den Fotos gezeigten Welpen nicht mehr, dafür aber andere in unterschiedlichen Größen. Mehr als ein Dutzend, darunter auch Mischlinge. Es sei passiert, meinte der Züchter, und deshalb könne er die Kleinen doch nicht umbringen. Diese Haltung gefiel uns. Ich habe ohnehin erhebliche Vorbehalte gegen die übertriebene und in manchen Fällen nicht mehr zu rechtfertigende Rassezucht. Die Welpen quirlten nur so umher, nachdem sie in einen umzäunten Freiraum gelassen worden waren. Ihre Mütter inspizierten uns sichtlich interessiert aus den Zwingern heraus. Sie sahen gut aus, wie alle Welpen auch. Die Kleinen spielten miteinander und tollten um uns herum. Wie sollten wir aus diesem Gewimmel ein Hündchen auswählen? Sie sahen alle so nett aus. Eine Weile genossen wir es einfach, von den Welpen umgeben zu sein. Plötzlich geschah etwas, das die Situation total veränderte: Ein recht kleiner Welpe tapste auf meine Frau zu. Schnurgerade. Er hatte sich etwas abseits aufgehalten. Offenbar war er noch zu klein für den Trubel, den die größeren Welpen veranstalteten. Meine Frau bemerkte ihn, ging in die Hocke und ließ ihn herankommen. Dicht vor ihr schaute er sie mit angehobenem Köpfchen an. Eine halbe Minute vielleicht verharrten beide Auge in Auge. Dann nahm sie den Kleinen auf den Arm. Sofort kuschelte er sich in ihre Armbeuge. Er hatte gewählt. Meine Frau war erobert. Der lange, tiefe Blick hatte eine Beziehung geschaffen, die sich nie mehr lockerte und die nie schwächer wurde. Wir nahmen ihn. Der Züchter brachte die Impfbescheinigung. Die acht Wochen Welpenzeit bei der Mutter waren zwar noch nicht erreicht. Aber der kleine Rüde war kräftig, gesund, und der Züchter meinte, ich sei ja Zoologe. Mein Beruf besagte in diesem Fall zwar nichts, aber umso mehr wurde mir der Bezug darauf zur Verpflichtung. Der Kleine blieb gleich bei meiner Frau. Bei der Rückfahrt irritierte ihn nur das Tuch, das wir ihm für alle Fälle untergelegt hatten. Aber er schmiegte sich dann in die Arme der Tochter, die Nase in die Armbeuge gestreckt. Zurück in München lief alles, wie man es sich bei der Aufzucht eines Welpen nicht besser wünschen könnte. Er fiepte, wenn er musste, ließ sich dazu hinaustragen in den Garten, legte Wert darauf, dass immer jemand um ihn herum war, am besten natürlich meine Frau. Und er gedieh. Sichtlich. Höchst reizend.

Obgleich sich die Tochter morgens vor dem Weg zur Schule und wenn sie wieder zurück war, recht viel mit dem kleinen Hund befasste, den sie Branko nannte, war und blieb er an meine Frau gebunden. Ganz fest, daran bestand kein Zweifel. Saß er irgendwo in der Klemme, rief er sie um Hilfe. Beispielsweise wenn er irgendwo hineingekrochen war und nicht mehr herauskonnte. Oder wenn er die Treppe ins obere Stockwerk nehmen wollte, aber die Stufen nicht schaffte, weil sie für seine kurzen Beine noch zu hoch waren. Er lernte schnell, im Garten an der Leine zu gehen, lief aber fast immer frei, da dieser dicht und hoch eingezäunt war. Erst draußen, jenseits des Gartentores wurde die Leine Pflicht. Das brachten die großstädtischen Verhältnisse so mit sich. Fast immer zog er dann stark, aber das lag daran, dass ihn so vieles interessierte und wir ihm einfach zu langsam waren. Rutschte uns die Leine aus irgendeinem Grund aus der Hand, lief er keineswegs davon, sondern wartete, bis sie wieder aufgenommen wurde. Die üblichen Anweisungen, wie »Sitz«, »Platz« und »Bleib«, lernte und begriff er mühelos. Es war ihm aber fast immer anzumerken, dass er den Grund dafür wissen wollte. Blinder Gehorsam war nicht seine Stärke; eher äußerte sie sich genau darin, dass er erkennen wollte, warum er etwas (nicht) tun sollte. Entgegen meiner leisen Befürchtung, der Hund könnte so etwas wie ein hündisches Muttersöhnchen werden, entwickelte er ein hohes Maß an Selbstsicherheit. Branko blieb sein Name, eingetragen in den Hundepass. Das wusste er bald, es kümmerte ihn aber nicht sonderlich viel. Auch davon später mehr. Er soll als Hund noch etwas ausführlicher charakterisiert werden, auch mit dem Ziel, dass sich seine Eigenheiten verstehen lassen. Ich möchte Branko allerdings nicht als den »besten aller Hunde« schildern. Solche Besten leben oder lebten bei vielen Menschen. Das liegt an beiden Seiten, an Mensch und Hund, und nicht am Hund allein. Zunächst aber, von was für einem Hund berichte ich?

Sein Hundeausweis enthielt nichts weiter als die Bezeichnung »Mischling«. Der Züchter hielt sich zurück, wohl auch, weil er die Wahl, die der Kleine von sich aus getroffen hatte, nicht relativieren wollte. Uns war es, wie wir gerne zugeben, damals gänzlich gleichgültig, was für ein Hund er werden würde. Klar war uns nur, dass wir keinen Kleinhund, aber auch keinen Bernhardiner bekommen hatten. Als Welpe war er einfach niedlich. In der Größe entsprach er Stofftierhunden. Sein

Welpenfell war silbrig grau, wollig dicht und sehr weich, das Köpfchen rundlich, aber mit normaler Schnauze, die sich, so der Eindruck, gewiss gut entwickeln würde. Die Pfötchen ließen erwarten, dass er »ein etwas größerer Hund« werden würde. Und er wuchs und wuchs. Nach einigen Monaten sinnierte ich gelegentlich, wann er denn seine Endgröße erreichen und wie er dann aussehen würde. Da wog er bereits über zwanzig Kilogramm, und er nahm weiter zu an Gewicht und Größe. Als er ausgewachsen war, hatte er knapp dreißig Kilogramm und das Aussehen eines Wolfes. Nur seine Beine waren deutlich kürzer, sodass er stämmiger, nicht so leichtfüßig wirkte. Dem »Typ« nach gehörte er zu den »nordischen Hunden«.

Das Kriechen hin zu meiner Frau und der tiefe Blick in die Augen hatten eine Prägung bewirkt und Bindung geschaffen. Der Begriff Prägung kommt aus der Vergleichenden Verhaltensforschung um Nobelpreisträger Konrad Lorenz und bezeichnet Lernvorgänge, die bei sehr jungen Tieren meist sehr schnell ablaufen und dauerhaft anhalten. Eben aus dem Ei geschlüpfte Entlein oder Gänschen werden auf das erste sich bewegende Wesen geprägt, das sie sehen. Das ist üblicherweise die Mutter. Sind es aber Menschen, wie Konrad Lorenz, folgen die Kleinen genauso und »weinen«, wenn sie sich verlassen oder zu weit entfernt von ihrer Ersatzmutter fühlen. Bei Vögeln, die weit entwickelt aus dem Ei schlüpfen, den sogenannten Nestflüchtern, ist die Prägung viel bedeutsamer als bei Nesthockern und bei Säugetieren. Doch auch sie unterliegen ähnlichen Prägungen, die fürs ganze Leben bedeutsam bleiben können. Wie für uns Menschen unmittelbar nach der Geburt und im Kleinkindalter. Dies mit unserem Hundewelpen selbst zu erleben, war für mich ungemein eindrucksvoll. Denn ich stand im Moment der Kontaktaufnahme unmittelbar daneben, als der Kleine zu meiner Frau kroch und sie ansah. Zur

Tochter entwickelte er bei Weitem kein so inniges Verhältnis, obwohl sie sich um ihn bemühte. Er freute sich jedes Mal, wenn sie kam, und auch später, als meine Frau und ich nicht mehr in München, sondern auf dem Land lebten, war die Wiedersehensfreude groß, wenn wir ihn zur Tochter brachten. Dort blieb er problemlos, sonst aber nirgends. Davon später mehr. Denn eine andere Form von Prägung will ich hier anschließen. Zustande kam sie auf folgende Weise.

In unserer Münchner Nachbarschaft gab es einen streunenden Kater. Er hatte keinen festen Wohnsitz und strebte offenbar keinen solchen an, denn gefüttert wurde er von mehreren Menschen an verschiedenen Stellen der Umgebung. Er war ein großer, sehr kräftiger Kater mit überwiegend schwarzem Fell, weißen Partien im Gesicht und weißen Pfoten. Man hätte ihn für hübsch halten können, wäre er nicht so provokativ und in etwas verwahrlostem Zustand umhergeschlendert. Sein Verhalten, auch den Menschen gegenüber, schien Überheblichkeit auszudrücken. Unser Nachbar mochte ihn und gab ihm gelegentlich Futter. Wie der Kater hieß, wusste er nicht. Ist auch egal, meinte er auf unsere Frage. Ich brauch nur »Kater, Kater« rufen, dann kommt er, wenn er mag. Und wenn er nicht mag, kommt er eben nicht. Mit diesem Kater sah sich unser Hund in seiner noch frühen Jugendzeit eines Tages konfrontiert. Auf eine aus unserer Menschensicht ganz fiese Weise. Der Kater schlenderte gerade auf dem Bürgersteig entlang, als ihn unser Hund entdeckte. Mit einem spielerische Herausforderung bedeutenden hellen Bellen sauste er zum Zaun und schaute schwanzwedelnd die Katze an. Und was machte der Kater? Er setzte sich aufs Hinterteil und begann sich ausführlich und, wie es aussah, betont langsam zu putzen. Den Hund, der sich von einem spielerischen in ein aggressives Bellen steigerte, beachtete er einfach nicht. Die nächsten Tage geschah dies mehrfach. Der Kater zeigte sich provozierend am Zaun, missachtete aber den vor Wut schier zerplatzenden Hund. Auf diese Weise kam bei unserem Hund eine andere Prägung zustande. Katzen wurden das einzige tierische Problem, auf das wir zu achten hatten.

Branko ging damit auf seine Weise um. Er verjagte fortan jede Katze aus dem Bereich, in dem er sich aufhielt. Davon ließ er sich kaum abhalten, auch von mir nicht, obwohl er meine Anweisungen in aller Regel recht zuverlässig akzeptierte. Meine Frau musste auf Katzen besonders achten, wenn sie mit ihm den Morgengang machte. Da waren diese fast immer auch noch draußen, weit häufiger jedenfalls als tagsüber. Einmal wurde sie von Branko regelrecht umgerissen, als er bei einem am Straßenrand abgestellten Auto eine Katze entdeckte und blitzartig darauf zuschoss. Die Katze brachte sich mühelos unters Auto in Sicherheit, vielleicht deshalb, weil Branko im Moment seines Losstürmens merkte, dass meine Frau hingefallen war, und zögerte. Verwirrt und »schuldbewusst«, wie sie berichtete, drehte er sich um und fiepte sie an wie ein Welpe. Die Stelle mied er fortan und machte lieber einen großen Bogen, wenn der Spazierweg daran vorbeiführte. Ganz anders verhielt er sich jedoch bei einer kranken Katze. Eine solche gab es an einer Strecke, die er gerne ging. Meine Frau wusste Bescheid, achtete darauf und sagte wiederholt zu ihm »Branko, das ist eine kranke Katze, eine kranke Katze«. Offenbar erfasste er irgendwie, was gemeint war, denn auch dort machte er einen Bogen, ohne die Katze zu bedrohen. Diese verstand wohl auch, dass sie nicht in Gefahr war, und rührte sich nicht. Später beschränkte er sich bei Sissi, einer glänzend schwarzen, eher zierlichen Nachbarskatze, aufs Bellen, wenn sie ihm von der anderen Straßenseite aus die Breitseite mit Buckel zeigte, sich aber nicht sonderlich einschüchtern ließ. In unseren Garten durfte sie aber nicht. Aus diesem verjagte er sie sofort. Bei so manchen Katzenbegegnungen mit ihm kam mir eine Szene aus meiner Kindheit in Erinnerung. Ein Schäferhund sprang an einer Hauswand hoch und bellte heftig. Er war nicht angeleint, was damals, in den 1950er-Jahren, eine Seltenheit war und Grund genug gab, vorsichtig zu sein. Viele Hunde waren nicht so recht sozialisiert in der Menschenwelt. Das Ziel des Hundes war eine Katze. Zusammengekauert saß sie auf dem Fenstersims. Der hochspringende Hund erreichte sie mit der Schnauze gerade nicht, kam ihr aber mit den Pfoten bedenklich nahe. Ich bekam Angst um die Katze und überlegte, was ich tun könnte. Doch sie erledigte es selbst. Beim nächsten Schnappversuch zog sie ihm mit einem blitzschnellen Hieb die ausgefahrenen Krallen über die Nase. Der große Hund jaulte auf und lief davon. Von unserem Dorfbäcker, der Schnauzer züchtete und Katzen hatte, wusste ich, dass sich beide durchaus problemlos vertrugen. Aber das ist fast ebenso bekannt wie die Vorstellung von der »uralten Feindschaft« zwischen Hund und Katze.

Dass es am provokanten Verhalten des Katers lag und nicht an unserem Hund, für den es das erste Zusammentreffen mit einer Katze gewesen war, erlebten wir nahezu gleichzeitig mit Eichhörnchen. Sie kamen in den Garten, versteckten darin Nüsse und kletterten auf den Bäumen herum. Die große Birke am straßennahen Eck des Gartens benutzten sie zusammen mit anderen Bäumen an der Straße als ihren Highway im buchstäblichen Sinne. Als unser Hund zum ersten Mal ein Eichhörnchen sah, rannte er darauf zu und bellte es an. Wiederum geschah dies mehr spielerisch als aggressiv, wie der Tonlage zu entnehmen war. Das Eichhörnchen flitzte einfach den Stamm ein Stück hoch, schickte kurz ein keckerndes Schimpfen nach unten und turnte fort übers Gezweig und über das Gartentor zum nächsten Baum. Das war für den Hund eindeutig. Fortan interessierten ihn Eichhörnchen nicht mehr sonderlich, auch wenn sie an unserer Birke herumturnten. Sie gehörten für ihn nun wohl zur Kategorie Vögel, wie die Amseln und die Spatzen. Erstere lernte er auch in München kennen und als uninteressant einordnen, Letztere versorgte er indirekt in späteren Jahren im neuen Domizil auf dem Land mit seiner Unterwolle, die sie als Nistmaterial sehr schätzten. Spatzen und Amseln durften sich in seiner Nähe aufhalten und dabei seinen Schutz vor den Katzen genießen.

Der damalige Werksmeister der Zoologischen Staatssammlung baute unserem Hund, den ich oft ins Institut mitgenommen hatte, eine schöne Hundehütte. Er meinte, Branko brauche eine solche. Das sah der Hund offenbar anders. Er nutzte die schöne Hundehütte kaum. Sie stand außen vor der Eingangstüre, sozusagen mit Blick auf die Welt der Umgebung. Für Branko war die »Hütte« das Haus. Darin lebten wir und er mit uns. Dass er nicht ins Bett durfte, akzeptierte er. Es wäre ihm aller Wahrscheinlichkeit nach darin zu warm gewesen. Auch legte er sich nicht mehr auf den Sessel oder die Couch, kaum dass er dem Welpenalter entwachsen war, sondern benutzte zum Schlafen seinen Korb im Flur oder suchte sich seine Liege- und Schlafplätze, wo und wie er wollte. Sommers wie winters waren dies kühle Stellen, denn sein dichtes Fell hielt ihn überall warm genug. Sommerhitze bedeutete für ihn stets die schwierigste Zeit. Den Winter liebte er, besonders den Schnee. In der Hundehütte versteckte er also vielleicht gelegentlich etwas, ansonsten interessierte sie ihn nicht. Lieber lag er frei auf den Eingangsstufen zum Haus wie ein perfekter Wachhund. Zu einem solchen entwickelte er sich ohne jegliche Anleitung. Fremden gegenüber führte er sich bisweilen auf, als ob er sie in der Luft zerreißen wollte.

VERHALTENSWEISEN

In Haus und Garten bewegte er sich von Anfang an sehr selbstständig und nach seinen Möglichkeiten. Solange er klein war, deutete er mit Fiepen und dann auch mit Kratzen an, dass wir ihm eine Türe öffnen sollten. Als er groß genug dafür war, reckte er sich einfach hoch und drückte die Klinke. Da sein eigenes Gewicht dabei verhinderte, dass die Türe von selbst aufging, stützte er sich mit der linken Pfote am Türstock ab, sodass die rechte öffnen konnte. Das lief so gekonnt, dass man kaum hätte unterscheiden können, ob ein Mensch oder der Hund die Türe öffnete, wenn man nicht sah, was geschah. Abzusperren war keine Option. Das merkte er nach dem ersten Öffnungsversuch. Dann kratzte er so lange an der Türe, bis wir sie ihm aufmachten. Unser Kompromiss bestand darin, an der Eingangstüre zur Wohnung einen Drehknopf anzubringen und hinzunehmen, dass diese Türe verkratzt wurde, um wenigstens das anhaltend laute Schnellen der Türklinke zu vermeiden.

Die äußere Haustüre wurde durch eine massive Glastüre ersetzt, die ebenfalls nur mit Drehgriff zu öffnen war. Der Ausblick nach draußen vors Haus reichte Branko in aller Regel. Da konnte er mitverfolgen, was geschah, und mit Gebell Kommentare dazu abgeben. Die Wohnungstüre blieb offen, sofern die Temperaturen dies zuließen. Beim Tierarzt öffnete er sich die Türen, wenn er nicht mehr bleiben wollte. Da mussten wir sehr aufpassen. Gegen seine Tierärzte und die Helferinnen hatte er nichts. Bei Untersuchungen wehrte er sie nicht ab, sondern versuchte lediglich, sich der Behandlung zu entziehen. Dass er zur Sicherheit einen Beißkorb bekam, irritierte ihn nicht sonderlich. Meistens wollte er nach kurzem »Besuch« nur weg. Draußen vor der Eingangstüre schon war er wieder ganz normal. Türen zu öffnen, tat er nicht nur von sich aus, weil er dies wollte, sondern bald auch auf Wunsch für uns. Den Zuruf »Branko, mach die Tür auf« verstand er schneller, als wir begriffen, was vor sich ging. Er tat es auch dann, wenn er dazu aufgefordert wurde, obwohl er irgendwo ruhte und selbst nicht hinauswollte. Die Türe wieder zuzumachen, dazu ließ er sich jedoch nicht bewegen. Aber einen richtigen Dressurversuch in diese Richtung unternahmen wir nicht.

Das Öffnen hatte er uns abgeschaut. Wie manch anderes Tun auch. Als er erwachsen war, wurde ihm klar, wie der Drehstuhl funktioniert. Saß meine Frau darauf vor dem Computer, nutzte Branko die Drehtechnik, wenn er sie dazu bewegen wollte, aufzuhören und mit ihm hinauszugehen. Zuerst bellte er sie auffordernd an. Fruchtete dies nichts und antwortete sie ihm mit einem »Du musst noch warten«, tat er dies für einige Augenblicke, schob sich dann aber so unter den Stuhl, dass er mit der Stirn in die Kniekehlen drücken konnte und sie damit vom PC wegdrehte, bis die gewünschte Richtung erreicht war und sie problemlos hätte aufstehen können. An solchen und vielen anderen Beispielen wurde offensichtlich, wie genau Hunde beobachten und wie gut sie daraus Schlüsse ziehen können. Wenn sie das wollen, ist natürlich hinzuzufügen. Erkennen sie keine Veranlassung dazu, setzen sie das Wahrgenommene nicht um. Die Flexibilität ihres Verhaltens drückt sich darin aus. Diese bietet Ansätze zur Dressur, die ja keineswegs grundsätzlich abzulehnen ist, nur weil sie direkt vom Menschen ausgeht. Im Gegenteil. Manches, was ihnen andressiert wurde, macht den Hunden ganz sicher auch viel Spaß, wie viele Formen des Spielens. Branko zum Beispiel fing gern einen kleinen Ball. Dabei orientierte er sich so gut an meiner Handbewegung, dass er fast immer in die richtige Richtung und mit passendem Tempo zu genau dem Ort sauste, an dem der Ball voraussichtlich eintreffen würde. Selten gelang es mir, ihn zu täuschen, etwa wenn ich den Ball im Werfen seitlich über den abgespreizten kleinen Finger losließ. Weniger interessierte ihn das gezielte Suchen nach etwas. Er zog Spiele und Aktivitäten vor, in denen er direkt mit uns Menschen interagierte. Entscheidend ist bekanntlich, unter welchen Rahmenbedingungen Dressuren stattfinden: spielerisch und mit Belohnung oder durch Zwang und Bestrafung. Zwischen beiden liegen Welten. Art und Umfang von Dressuren eröffnen zudem höchst aufschlussreiche Einblicke, und zwar deutlich mehr in die Mentalitäten der Menschen als in das Verhalten der Hunde. Dazu ein Zitat aus *Herr und Hund* von Thomas Mann: »Der [Hund Perceval] biß die Zähne zusammen. Die Lederpeitsche fürchtete er, wie Bauschan [der neue Hund, von dem Thomas Mann in *Ein Idyll* erzählt] sie fürchtet, und leider bekam er sie öfters zu kosten als dieser. [...] Wenn ich denn also, zum äußersten gebracht, die Karbatsche vom Nagel nahm, so verkroch er sich wohl zusammengeduckt unter Tisch und Bank; aber nicht ein Wehlaut kam über seine Lippen, wenn der Schlag und noch einer niedersauste, höchstens ein ernstes Stöhnen, falls es ihn allzu beißend getroffen hatte.«

Branko kannte keine Schläge. Hob ich einen Stock, sah er darin eine Aufforderung zum Spielen, sprang hoch und schnappte danach. Auch eine erhobene Hand verstand er so und schaute, was für ein Spiel beginnen würde. Sein Verhältnis zu mir formte sich fast ohne mein Zutun. Er orientierte sich an mir und folgte ohne Zwang oder Dressur. Da ich nie Hunde dressiert hatte, kam mir sein kooperatives Verhalten zwar sehr gelegen, aber ich empfand es auch als irgendwie mysteriös. Erinnerungen an den Polizeihund meiner Jugendzeit boten mir keine Anhaltspunkte. Jener Hund war dressiert, nach damaligen und vielleicht auch nach heutigen Vorstellungen ziemlich perfekt, wie es Polizeihunde sein sollen. Er befolgte jeden Wink und achtete stets auf mich. Ich war sein Herr, gleichwohl nur einer und gewiss ein sehr nachrangiger, verglichen mit seinem Besitzer, dessen Kollegen oder den Polizeihundetrainern. In meiner jugendlichen Unerfahrenheit und ohne Kenntnisse, wie das Training ablief, wäre es mir unmöglich gewesen, an ihm streng andressiertes Verhalten von eigenständigen Aktionen zu unterscheiden. Vielleicht ginge dies gar nicht. Zu tief greifen Dressur und Normalverhalten bei einem solchen Hund ineinander. Schäferhunde eignen sich offenbar besonders für die im Polizei- oder Gebrauchshundeeinsatz nötigen Dressuren. Es kann gut sein, so rückblickend mein Fazit, dass Branko dafür nicht getaugt hätte. Unsere Tochter, längst selbst Hundetrainerin und Mitbesitzerin zweier bestens ausgebildeter Schäferhunde, die in der tiergestützten Therapie eingesetzt werden, sieht das ähnlich, wenn sie rückblickend über Branko nachdenkt. Letztlich wissen die allermeisten Menschen, die Hunde halten und sich näher mit ihnen befassen, wie groß die individuellen Unterschiede sind. Dass mich jener Polizeihund meiner Jugend auf eine für mich überraschende und gänzlich neuartige Weise davon abzuhalten versucht hatte, nochmals von der über zwei Meter hohen Uferkante ins Wasser zu springen, rechne ich seinem individuellen und nicht dem andressierten Verhalten zu. Aber welchen Einfluss hatte seine Dressur als Polizeihund darauf? Wäre er ohne diese nicht einfach den kleinen Umweg ans flachere Ufer gelaufen, um mich herauszuziehen, anstatt mir direkt nachzuspringen? Ich bin sicher, dass er den Rettungssprung gelernt hatte und nicht die aus unserer Sicht vernünftigere Form, den Umweg zu wählen. Freiheiten ließ ihm die Dressur dennoch. Wir haben sie in den Monaten des Zusammenseins wohl beide genossen.

Wie viel derartige Überlegungen für sich haben, machte mir

Branko wiederholt klar. Er mochte Wasser nur in sehr eingeschränkter Weise. Genau bis zum Bauch ging er hinein, nicht tiefer. Das verschaffte ihm genug Kühlung. Wir mussten über ihn lachen, so unmöglich sah er danach aus. An seinen zu Stelzen geschrumpften Beinen klebte das lange Fell in schwarzen Strähnen, das er auch auf den Pfoten wie einen struppigen Schneeschuh trug. Am Bauch hatte die Benetzung lange Igelstacheln gebildet. Darüber schien der Hund doppelt so dick. In diesem Zustand war er zum Vorzeigen nicht mehr geeignet ... Hingebungsvoll schüttelte er sich, als ob es aus dem größtenteils trocken gebliebenen Fell etwas auszuschütteln gegeben hätte, und wälzte sich danach ausgiebig, was offensichtlich nicht nur reines Vergnügen war, sondern eine Notwendigkeit, um die unangenehme Bauchnässe loszuwerden. Schwammen wir bei Sommerhitze in der kühlen Isar oder in einem oberbayerischen See, rannte er bellend am Ufer entlang und versuchte, uns zum Herauskommen zu bewegen. Von Rettungsneigung keine Spur, aber wirklich auf die Probe gestellt wurde er in dieser Hinsicht nicht. Für Außenstehende sah es sicher so aus, als ob uns der Hund schimpfte, weil wir ins Wasser gegangen waren.

Nach einem Fuß- und Bauchbad im Bach oder am Flussufer war er natürlich schmutziger als vorher. Beim Heimkommen wurden ihm stets die Pfoten gewaschen. Dieses Ritual kannte er, hielt es aber für überflüssig. Obwohl es täglich mehrfach praktiziert wurde, kam hier kein Automatismus zustande: Fand die Fußwaschung aus irgendeinem (seltenen) Grund nicht statt oder wurde sie (noch seltener) vergessen, vermisste er sie nicht. Vielleicht schlussfolgerte er aus dieser Praxis, dass wir ihm auch die Schneeknollen entfernen konnten, die sich zwischen Sohle und Zehen an seinen Pfoten bildeten, wenn der Schnee feucht war. Da hielt er von Zeit zu Zeit inne und streckte uns die davon betroffene Pfote entgegen. Die Knollen zu entfernen war nicht leicht, weil sie mit den langen Haaren verklebten, die seine Pfoten abdeckten. Diese wären unter arktischen Winterbedingungen ein sehr guter Schutz gewesen, nicht aber bei dem üblichen nasskalten Wetter des winterlichen Alpenvorlandes in Südostbayern. Seine eigenständige Übertragung des ergeben hingenommenen Pfotenwaschens auf die aktive Entfernung der Eisklumpen beeindruckte mich, weil er damit etwas ihm Lästiges auf Angenehmes übertrug.

Solche Erfahrungen, die sich aus der Situation heraus ergaben, führten mir die letztlich untrennbare Verzahnung von Dressur und spontanem Verhalten immer wieder vor Augen. Wer Hunde genauer beobachtet und – das ist die Voraussetzung – sie von ganz klein an kennt, kommt oft aus dem Staunen nicht mehr heraus. Wir lehrten unseren Hund keinen einzigen Weg, keine Strecke, die wir mit ihm gingen. Und doch hatte er sie nach dem ersten Gang verinnerlicht und lief sie beim nächsten Mal genau so. An Gabelungen von Pfaden, die in spitzem Winkel auseinanderstrebten und weder auf der einen noch auf der anderen Seite irgendetwas Besonderes aufwiesen, verharrte er kurz und schaute zurück zu mir. Anfänglich signalisierte ich mit einer Kopfbewegung, welchen Weg er nehmen sollte, dann je nach Situation entweder mit fester Blickrichtung oder schließlich mit »rechts« bzw. »links«. Diese Worte lernte er so schnell, dass ich anfangs mitunter aus meiner gespannten Erwartung heraus die falsche Richtung sagte. Er ging sie. Dann korrigierte ich. Rechts und links nahm er fest in sein Repertoire auf, mit dem er sich orientierte. Dass normalerweise die Nase dabei führte, war ebenso klar wie obskur. Es fällt ja nicht schwer, sich vorzustellen, dass der Hund einen Pfad im Wald wählt, weil auf diesem kurz vorher ein anderer Hund gelaufen war oder Menschen gegangen waren. Solche

Signale bleiben uns verborgen und damit geheimnisvoll, wenn der Hund sie nutzt. Doch wie verhält es sich bei Routen, die wir schon über ein Jahr nicht mehr eingeschlagen hatten oder deren Verlauf unseren individuellen Interessen entsprach, und nicht denen von Leuten, die unterwegs zum Fluss oder auf Pilzsuche waren? Zweifellos erinnert sich der Hund daran. Hundehalter kennen dies und nehmen es als selbstverständlich hin, weil es sich um »hundetypisches Verhalten« handelt. Dass der Hund dazu aber in seinem Gehirn so etwas wie eine Landkarte entwickeln, speichern und immer wieder aktualisieren muss, pflegen wir nicht zu beachten. Inzwischen haben wir die Wanderweg-App oder das Navi, um nicht vom Weg abzukommen oder wieder darauf zurückzufinden.

Diese Erörterung greift vor auf die Zeit, in der Branko nicht mehr in der Stadt mit uns unterwegs war, sondern draußen in den Wäldern. Vorangestellt habe ich sie, weil sein Grundtraining in der Menschenwelt, wenn man es so nennen will, in München ablief, also ziemlich naturfern und von der Geruchswucht des Straßenverkehrs, der Häuser und vieler Menschen durchsetzt war. Dennoch bewegte er sich im Wald sogleich, als ob er darin zur Welt gekommen wäre. Anfangs, als er noch an der Leine laufen musste, war er da kaum zu bremsen in seiner Neugier. An Kreuzungen von Pfaden beschnupperte er alle vier Richtungen. Das sah aus, als ob er sich die Stelle über die Nase einprägen wollte. Völlig nebenbei und ohne Training lernte er »Zurück, wir gehen den anderen Weg«, drehte sich sofort um und schlug die richtige Richtung ein. Wölfe bewegen sich mit derartigen »mentalen Karten« in ihren Revieren. Sie zeichnen diese mit jedem Lauf präziser nach und aktualisieren sie. Davon gehen wir aus. Branko machte es genau so. Noch ausgeprägter sogar, als er nicht mehr an der Leine laufen musste, die ihm vielleicht ein Signal gab.

Wo immer es möglich war, führte er, das heißt, er ging voran. Am liebsten war es ihm, wenn wir mit einer Gruppe unterwegs waren und ihm unsere Begleiter zusagten. Dann entsprachen wir bei Gängen in den Wald ziemlich gut einem Rudel mit einem Leitwolf und einer nachfolgend lockeren Gruppe. Obwohl Branko dabei den Eindruck machte, nur nach vorn zu schauen, und er weniger herumschnüffelte als sonst, wenn wir allein mit ihm unterwegs waren, bemerkte er sogleich, wenn jemand zurückblieb. Allerdings lief er dann nicht etwa zurück, sondern bellte mehrfach kurz in die entsprechende Richtung. Hatten wir Besuch im Haus, machte er sich zuerst mit allen Personen vertraut und versuchte sodann, wenn irgend möglich, in unserer Mitte zu bleiben. Das führte dazu, dass ein Interview mitunter über ihn hinweg geführt werden musste. War dies anfangs vielleicht etwas lästig und wurde er deshalb bei der einen Tür hinausgeschickt, die wir demonstrativ hinter ihm zumachten, kam er mit nur kurzer Zeitverzögerung über die andere wieder herein, wobei er versuchte, möglichst unauffällig zu wirken. Da kann man ein wohlwollendes Lachen nicht verhindern.

Manche Menschen und manche Hunde mochte er nicht. Da half keine Belehrung. Vehement lehnte er sie vom ersten Zusammentreffen an ab, und er maulte lange weiter, wenn er ausgesperrt wurde, weil er die Anwesenheit dieser Menschen im gleichen Raum nicht toleriert hätte. Er ließ sich allerdings davon abhalten, solche Personen tatsächlich anzugreifen. Woran seine Abneigung in den einzelnen Fällen lag, fanden wir nicht heraus. Zu vermuten ist zwar, dass es der Geruch war, den er nicht mochte. Das jedoch erklärt noch nicht, warum. Da sich seine Ablehnung ganz spontan äußerte, ließen sich die Umstände nicht gut genug ermitteln. Eine gewisse Wahrscheinlichkeit besteht, dass es auch an bestimmten Haltungen oder Bewegungen lag und nicht allein am Geruch. Denn manche Menschen feindete er schon auf ziemliche Distanz an, und zwar in ganz ähnlicher Weise wie manche Hunde. Da reichte ein Blick über hundert Meter oder mehr, und er knurrte tief und drohend. Der Hund eines Jägers, mit dem wir häufiger zusammentrafen und uns unterhielten, wurde sein besonderer Feind. Dieser erwiderte die Feindseligkeit geradezu »begeistert« in seinem Verhalten. Minutenlang gingen dieser und unser Hund, jeweils an der Leine kurz gehalten, zweibeinig aufgerichtet und heftig bellend nebeneinander her. Mussten wir lachen, wenn die Konfrontation vorüber war, schickte Branko dem Erzfeind ein letztes tiefes Bellen hinterher. Danach benahm er sich völlig normal, als hätte man einen Schalter umgelegt. Der Jagdhund des Jägers war beträchtlich kleiner. Für Branko wäre er überhaupt kein ernst zu nehmender Gegner gewesen. Umso überraschender war für uns, als sich herausstellte, wie gut er mit größeren Hunden zurechtkam. Ein riesiger Ridgeback von fast dem doppelten Gewicht und so groß, dass sein Kopf über unseren hinausragte, wenn er sich hinter uns aufrichtete und uns seine Pfoten auf die Schulter legte, wurde fast genauso auf den ersten Blick sein Freund, wie der Jagdhund sein Feind geworden war. Es sah köstlich aus, wie er diesen Riesenhund ins Schlepptau nahm und ihn buchstäblich dazu verführte, mit ihm in den Wald zu laufen. Ähnlich einfach, wenngleich mit einer kleinen Anfangsbeißerei, verlief sein erstes Zusammentreffen mit dem großen Schäferhund unserer Tochter, den sie in der tiergestützten Therapie einsetzt. Ein kurzer, gänzlich harmloser Biss in die Nase, der lediglich einen kleinen Kratzer hinterließ, klärte die Beziehung. Danach wurde sie sogleich freundschaftlich. Der um gut zwanzig Kilogramm schwerere Schäferhund rutschte im Heck unseres V70 Volvo von sich aus so hin, dass Branko hinaufspringen und sich danebensetzen konnte, beide dicht an dicht. Nur bei unserer Tochter mit dem Schäferhund blieb er, wenn wir ihn für ein paar Tage Abwesenheit unterbringen mussten.

Das Autofahren klappte auf Anhieb. Nie wurde ihm übel, auch wenn die Strecke kurvig verlief und er dabei mitunter heftig hin und her rutschte, weil er unbedingt stehend oder zumindest aufgerichtet sitzend nach draußen schauen wollte. Wagte es ein anderes Auto uns auf der Autobahn zu überholen, schimpfte Branko ganz fürchterlich. Da ich ein moderates Tempo zu fahren pflegte, war dies natürlich oft der Fall. Kamen wir ans Ziel, äußerte er nach dem Herausspringen noch einmal lautstark seinen Unmut. Dann war er gleich wieder normal.

Sein Verhalten ließ keinen Zweifel daran, dass er sich stets an mir und weit weniger an meiner Frau orientierte. Häufig versuchte er, nicht selten mit Erfolg, sie beim Spazierengehen in die von ihm gewollte Richtung zu lenken. »Er hat dich gut erzogen«, scherzte ich mitunter, wenn dies wieder einmal sehr offensichtlich wurde. Dennoch unterschied er dabei zwischen Wichtigem und eher locker anzugehenden Situationen. Wohin genau ein Morgengang führen sollte, war uns ziemlich gleichgültig. Da durfte er seine Wahl haben und den für seine Nase attraktivsten Spuren folgen. Es hing oft einfach davon ab, mit welcher Stimmlage (nicht Lautstärke!) meine Frau die Anweisung gab. Daraus entnahm er Ernst und Notwendigkeit, wie auch umgekehrt aus einem Zögern oder einer Unentschiedenheit, wie etwa beim fragenden »Wohin gehen wir denn?«. Bei jedem Gang, vor allem bei jedem Wald- oder Geländegang, flossen in ihm die unterschiedlichsten Motivationen und Informationen zusammen: Nase, Gehör, Erinnerung, Worte und gewiss auch das eigene Gefühl, dass es jetzt genug ist und wir uns auf den Heimweg machen sollten. In den zehn Jahren, in denen er auf der Höhe seiner Kräfte war, dauerte es manchmal zu lang für uns, bis er von selbst nach Hause wollte. In den letzten Jahren tat er dann auf zweierlei Arten kund, dass es ihm jetzt reichte. Entweder steckte er meiner Frau seinen Kopf von hinten auf Kniehöhe zwischen die Beine, was zwangsläufig dazu führte, dass sie innehielt und lachte, oder er blieb plötzlich wie ein störrischer Esel stehen. Wie genau er Distanz oder Zeitaufwand für den Rückweg einschätzte, faszinierte uns insbesondere bei ausgedehnten Waldgängen immer wieder. Denn niemals wurde er so müde, dass er ausruhen musste. Dazu kam es erst, als nach Erreichen seines 13. Lebensjahres das Ende seiner Kräfte nahte.

War die Selbstverständlichkeit, mit der er sich nach fünf reinen Stadtjahren in den Wäldern zurechtfand, schon überraschend genug, so übertraf er unsere Erwartungen bei Weitem noch, als wir ihn im ersten Winter nach unserem Wegzug aus München einen Schlitten ziehen ließen. Schnee mochte Branko von der ersten Flocke an, die auf seiner Nase landete und dort ganz langsam schmolz, was er sichtlich fasziniert mitverfolgte, bevor er das Wassertröpfchen wegleckte. Nach einem Massenschneefall in München, der über Nacht einen halben Meter gebracht hatte, stürzte er sich, kaum dass ich die Haustüre weit genug aufgedrückt hatte, in den Schnee hinein und wühlte wie ein Riesenmaulwurf darin herum. Er war ganz verrückt vor Freude. Mehrere Meter lange Tunnels grub er in wenigen Minuten. Dann arbeitete er sich in die Höhe und reckte seine Nase in die Luft. Heutzutage würden Handyvideos von solchen Ereignissen in wenigen Tagen viral werden. Als er dann im Dezember 2010 vor einen normalen Rodelschlitten gespannt wurde, den sonst die Enkelkinder benutzten, sauste er los wie ein perfekt trainierter Schlittenhund. Fünfeinhalb Jahre war er da bereits alt, und vorher hatte er keinen Schlitten gesehen. Also sah er nicht nur aus wie ein Nordischer Hund, sondern er verhielt sich auch wie einer, wenn man ihn der entsprechenden Situation aussetzte. Ließ sich seine Wasserscheu im Sommer noch mit dem dichten, wolligen Fell erklären, das sich mit Wasser vollsaugt und damit sicherlich unangenehme Empfindungen verursacht, so ist dennoch einschränkend festzuhalten, dass er das Wasser schon scheute, bevor er überhaupt jemals eine solche unangenehme Erfahrung gemacht hatte. Vom Schnee und Schlitten war er aber auf Anhieb begeistert.

Natürlich, so werden Hundekenner mit wissendem Blick erklären, denn solche Hunde, die seine Mischung ergeben hatten, waren ja darauf gezüchtet worden. Das ist richtig und völlig unzureichend zugleich. Denn dass Hunde in eine bestimmte Richtung gezüchtet werden (und eine »Rasse« ergeben), beschreibt lediglich den Vorgang, besagt aber nichts darüber, ob in den Hundegenen solche Anlagen enthalten sind, die sie in bestimmter Weise auf Schnee oder Schlitten reagieren lassen. Oder sie darauf ausrichten, zu beißen, zu wachen, Schafe zu hüten oder angeschossene Enten aus dem Wasser zu holen und dergleichen. Was bei der Züchtung geschieht, ist nach wie vor reichlich rätselhaft, auch wenn sich die Ergebnisse in Verhalten und Leistungen der Hunde so klar äußern. Branko war ein Mischling. Welche Rassen in ihm vereint worden waren, wissen wir nicht. Dass er aussah wie ein verhältnismäßig kurzbeiniger Wolf, bedeutet sicher nicht, dass, um es extrem auszudrücken, ein kurzbeiniger Hund mit einer Wölfin Nachwuchs gezeugt hätte. Die Absurdität einer solchen Möglichkeit liegt bei den gegenwärtigen Verhältnissen auf der Hand. Aber dass wolfstypische Eigenschaften in seinem Verhalten zutage traten, ist unabweisbar. Woher kamen sie? Wie viel Wolf steckt im Hund? In welchem Hund der verschiedenen Zuchtlinien,

Rassen und Mischungen? Genau genommen hätte mir da die Kenntnis seiner Eltern auch nicht wirklich weitergeholfen. Denn woher hatten diese ihre Eigenschaften, die sich in Branko äußerten? Und deren Eltern? Eine sogenannte unendliche Regression käme zustande. An ihrem Anfang müsste schließlich doch der Wolf als Ausgangsart stehen. Davon gehen wir aufgrund der genetischen Befunde aus. Aber mit welchen Eigenschaften? Körperlich hätte unser Branko nur etwas längere Beine und steifere Ohren benötigt, um den Eindruck eines »echten« Wolfes zu erwecken. Wäre er dann echter als die kleinen Wölfe südlicher Vorkommen mit hellbräunlichem Fell? Oder, im Vergleich mit diesen, mehr Hund und weniger Wolf, obwohl er nordischen Wölfen mehr ähnelte? So einfach ist es offenbar nicht, nach dem Äußeren zu urteilen.

Vielleicht gilt diese Warnung auch für Schlussfolgerungen auf der Basis der Gene, die bis vor wenigen Jahren die letzte Wahrheit zu sein schienen. Dann wurden die Mechanismen der Epigenetik entdeckt. Sie stellen sich als viel bedeutsamer heraus, wenn wir uns in die Feinheiten des Verhaltens der Hunde oder der Wölfe vertiefen. Weil sie zeigen, wie sehr Einflüsse auf die frühe Entwicklung das spätere Leben verändern können. Gene werden dabei an- oder abgeschaltet, Verhaltensweisen anders eingestellt. Mit enormen Folgen. Dazu die Rückblende: Was geschah wirklich bei der Wahl des Welpen, als er meiner Frau in die Augen schaute – und sie in seine? Was ging da in den beiden voneinander so verschiedenartigen Lebewesen vor? Über die Jahre, die ich mit Branko lebte, lösten sich manche Annahmen und Gewissheiten, die ich als Zoologe und Evolutionsbiologe über die Beziehung zum Hund mitgebracht hatte, in eine Vielzahl von Fragen und Ungewissheiten auf. Sie kulminierten in dem tiefen, immer noch heftig spürbaren Schmerz, als seinem Leben mit uns ein Ende gesetzt werden musste, aus Menschlichkeit. Verantwortung und Mitgefühl kollidierten mit voller Wucht, als die Entscheidung vollzogen werden musste. Mit emotionalen Erschütterungen, die lange nachwirken; sehr lange. Domestikation stellt sich dabei als leere Schale, als Worthülse heraus. Der Hund war und ist kein bloß domestiziertes Tier, sondern ein Lebewesen, das ins Innerste der Gefühlswelt hineingewachsen war und sich darin fest verankert hatte. In diesem Moment, als das Licht in seinen Augen brach, wurde uns bewusst, was damit gemeint ist, den Hund als des Menschen besten Freund zu bezeichnen.

GIERIGES FRESSEN UND BEDINGUNGSLOSES VERTRAUEN

Doch zurück zu den Eigenschaften Brankos, die er mit den meisten Hunden teilte. Seine Fressgier gehörte dazu. Wie sollten wir verstehen, dass er sich jedes Mal regelrecht auf sein Futter stürzte, obwohl er keine Konkurrenten hatte? Seltsamerweise verteidigte er es kein bisschen. Wir konnten ihm etwas dazugeben, den Napf wegschieben, etwas wegnehmen oder seinen Kopf tätscheln, während er hinunterschlang, was er bekommen hatte. Niemals reagierte er darauf mit Abwehr. Anfänglich waren wir sehr vorsichtig, um keinen reflexartigen Biss zu riskieren. Mit der Zeit wurde klar, dass wir nichts zu befürchten hatten. Vielleicht drückte sich in der ungestümen Gier, mit der er sich aufs Futter stürzte, der Welpenkampf um die Muttermilch aus. Ich hatte versäumt, nachzufragen, wie viele Geschwister Branko gehabt hatte. Oder es kam darin altes hundwölfisches oder uraltes wölfisches Verhalten zum Ausdruck, denn Wölfe sind ihrer Natur nach Schlinger, und Parias oder Straßenhunde aus guten Gründen meistens wohl auch. Schneller als die Konkurrenz zu sein, wenn ein fressbarer Brocken gefunden wird, ist für sie überlebensnotwendig. Ohne Kenntnis davon, wie es sich mit den Welpen untereinander verhielt, bleibt so ein Rückbezug auf das Wolfsverhalten nicht mehr als eine Denkmöglichkeit. Der Kontrast zu seinem sonstigen Verhalten war jedenfalls höchst auffällig. Wir konnten ihm seine Futtergier nicht abgewöhnen, mussten ihn aber auch nicht dazu erziehen, nichts vom Tisch zu nehmen. Er tat das von Anfang an nicht. Aßen wir und sagte ihm seine Nase, dass das etwas Leckeres sein müsse, bettelte er eher mit einer erweichenden Zurückhaltung. Er schaute uns nur an und wartete, bis wir den Blick erwiderten. Dann öffnete er seinen Mund einen Spalt und zog, gut erkennbar, langsam die Zunge durch. Aufdringlich wurde das Betteln nicht. Es amüsierte eher, zumal wenn Gäste bei uns waren. Bemerkte er, dass er etwas bekommen würde, lief er voraus zu seinem Futterplatz, um es in Empfang zu nehmen.

Ganz anders verhielt er sich, wenn er draußen etwas fand. Da mussten wir sehr aufpassen, dass er nichts fraß, was unbekömmlich oder gefährlich gewesen wäre. Dennoch passierte es, und einmal kostete ihn dies beinahe das Leben. Wie es genau geschah, ließ sich im Nachhinein nicht mehr feststellen. Aber dem Befund zufolge musste es sich etwa so zugetragen haben: In einem Garten bei Freunden erwischte er einen vielleicht nach Braten riechenden Putzschwamm und verschlang ihn. Wochen später verlor er auf unerklärliche Weise den Appetit, erbrach sich wiederholt und setzte weniger, schließlich gar kein Exkrement mehr ab. Die tierärztliche Untersuchung ergab keinen Befund. Doch sein Zustand verschlimmerte sich schneller und schneller. Definitiv lag keine Infektion vor, aber irgendetwas stimmte mit seiner Verdauung nicht. Unser Tierarzt riet dazu, Branko in eine Tierklinik zu bringen. Dort wurde beim Röntgen buchstäblich der Schatten einer Ursache erkannt. Etwas verlegte den Magenausgang; etwas, das sich im Röntgenbild fast nicht von der Magenwand unterscheiden ließ. Die sofortige Operation förderte einen teilweise eingewachsenen Schwamm zutage. Ein paar Stunden noch, dann wäre er gestorben, so das Urteil der Ärzte. Und wir müssten uns darauf einstellen, dass er nicht überleben würde. Die Operation sei sehr schwer gewesen und hätte lange gedauert, weil ein Teil der Magenwand an der besonders schwierigen Stelle des Darmansatzes entfernt werden musste. Nachdem er aus der Narkose erwacht war, sollte er dringend die Blase entleeren, aber er tat es nicht, sosehr sich die Helferinnen auch bei kleinen Ausgängen mit ihm darum bemühten. Meine Frau übernahm Branko, und sofort klappte es. Er wurde uns danach übergeben, weil er am ehesten überleben würde, wenn er mit uns nach Hause komme, so die Ärzte. Er überstand, und das sogar erstaunlich schnell, Tag und Nacht umsorgt von meiner Frau. Die Narbe, ein langer Bauchschnitt, verheilte gut und entzündete sich nicht. Nach wenigen Wochen war Branko fast wie früher. Nur Magen und Verdauung blieben sensibel. Wir mussten bei der Zusammensetzung des Futters entsprechend darauf achten und ihn fortan in mehreren, kleineren Portionen füttern. Seine Kondition war nach einigen Monaten wieder voll hergestellt. Von da an mochte er es besonders gern, an Brust und Bauch gekrault zu werden. Manchmal legte er sich auf die Seite, streckte ein Vorderbein hoch und zeigte damit an, was er wollte. Wir achteten darauf, dass er nicht mehr so stark wie früher herumtollte und insbesondere nicht mehr im Sprung nach hochgeworfenen Bällen oder Frisbeescheiben schnappte, um zu verhindern, dass die Wunde wieder aufbrach. In der Rückschau wäre es also doch besser gewesen, ihn entsprechend zu trainieren, nichts, aber auch gar nichts ohne Erlaubnis aufzunehmen und zu verzehren.

HALB TOT AUS DER HUNDEPENSION

In Ängste stürzte uns wiederholt seine Unfähigkeit, auch nur für kurze Zeit in einer Hundepension zu bleiben. Wir probierten mehrere aus, die im Internet alle sehr gelobt worden waren. Der Augenschein bei unangemeldetem Kommen überzeugte uns ebenfalls. Die Hunde liefen munter umher, spielten miteinander oder ruhten in den weitläufigen Anlagen. Solche, die in Käfigen untergebracht waren, machten ebenfalls einen sehr entspannten Eindruck. Die Betreiber einer kleinen Anlage teilten uns nach einem halben Tag Probeaufenthalt mit, dass unser Hund nicht geeignet sei, bei ihnen zu bleiben. Das machte uns ziemlich ratlos, zumal es keine billige Hundepension war und das Verhalten der anwesenden Hunde überhaupt keinen Anlass gegeben hatte, an der Qualität zu zweifeln.

Der Versuch bei einer anderen, viel größeren und gewiss sehr professionell geführten Hundepension scheiterte dann auf schreckliche Weise gründlich. Nachdem wir Branko hingebracht und seinen geräumigen Käfig mit seinem Ruhebett ausgestattet hatten, waren wir sicher, dass es dort klappen würde. Die anwesenden Hunde schienen uns alle zu ihm zu passen. Er hatte ja keine Schwierigkeiten im Umgang mit anderen Hunden. Dass er einige nicht mochte, war aus unserer Sicht normal, und solche würden in der Vielzahl der Hunde dieser Pension vielleicht gar nicht darunter sein. Und sollte es doch zu Unstimmigkeiten kommen, würden die entsprechenden Hunde getrennt gehalten, versicherten die Betreiber. Alles wirkte beruhigend, zerstreute unsere Besorgnis aber nicht ganz. Und so kehrten wir früher als vorgesehen zurück, um Branko abzuholen. Er freute sich zwar sichtlich, machte aber einen total erschöpften Eindruck. Kaum dass wir wieder daheim waren, brach er richtiggehend zusammen. Weil wir befürchteten, er hätte sich mit einer Krankheit infiziert oder irgendwie verletzt, holten wir den Tierarzt. Sein Befund war niederschmetternd: Dem Hund fehle nichts, aber er sei so kaputt, dass wir schon in den nächsten Stunden mit seinem Tode rechnen müssten. Entweder habe er nichts gefressen, zu sehr getobt oder, was er für das Wahrscheinlichste hielt, er habe die Tage der Trennung von uns nicht ausgehalten. Wir waren verzweifelt. Meine Frau blieb bei ihm und streichelte ihn immer wieder.

Am Abend lebte er noch, machte aber weiterhin einen sterbenskranken Eindruck. Nachts suchten wir ihn mehrfach auf, um ihn wieder und wieder zu streicheln. Schlafen konnten wir ohnehin kaum. Gegen Morgen hob er den Kopf ein wenig. Das machte uns Hoffnung. Von Stunde zu Stunde ging es ihm dann besser. Zwar konnte er immer noch kaum stehen, nahm aber etwas von seinem Futter. Es dauerte drei volle Tage, bis er sich erholt hatte. Danach verhielt er sich, als ob nichts vorgefallen wäre. Wir kapitulierten und gaben ihn danach nie mehr weg. Mussten wir für einige Tage fort, arrangierten wir, dass er im Haus versorgt werden konnte, mit zwei- bis dreimaligen Ausgängen pro Tag und dem gewohnten Futter. Die Freunde, die bereit waren, dies zu übernehmen, berichteten übereinstimmend und unabhängig voneinander, dass sie keine Probleme mit ihm gehabt hatten. Nur fiel ihnen auf, dass er nach dem Ausgang und der Fütterung deutlich signalisierte, sie könnten nun gehen. Mit der Schnauze halb zur Haustüre gerichtet, bellte er auffordernd. Auf ihre weitere Anwesenheit im Haus legte er keinen Wert. Wir fanden Branko danach jedes Mal völlig normal vor; nicht anders, als er war, wenn wir von einer Exkursion zurückkamen, auf die wir ihn nicht mitnehmen konnten. Die Helfer für die Ausgänge begrüßte er stets freundlich, jedoch nicht überschwänglich. Er machte ihnen kaum Schwierigkeiten. Dass sie auf Katzen zu achten hatten, wussten sie, und auch, welchen Hund er nicht mochte. Zu Hause sein zu können gab ihm offenbar die Sicherheit, dass wir wiederkommen würden. Die einzige Ausnahme machte er bei der Tochter in München und ihrem Hund, wo er ohne Probleme für einige Tage blieb. Aber wenn wir kamen, erkannte er schon das anfahrende Auto, fing heftig zu bellen an und sprang sofort hinein, sobald wir die Heckklappe öffneten. Dort blieb er, auch wenn wir mit der Tochter noch eine Weile ins Haus gingen, um uns zu unterhalten.

SILVESTER

Ängstlich war er nicht, wie man aus dem gerade geschilderten Verhalten vielleicht annehmen könnte. Anderen Hunden gegenüber pflegte er Dominanz zu demonstrieren. Beim Markieren machte er mitunter fast einen Handstand auf den Vorderpfoten, um seinen Urin möglichst hoch anspritzen zu können. Pferde erschreckten ihn nicht, auch wenn wir recht nahe an sie herankamen. Fahrzeuge ebenfalls nicht. Fuhren Autos von Bekannten zu uns, kommentierte er dies mit Gebell. Da er nie geschlagen worden war und sich von Menschen nicht bedroht fühlen musste, fürchtete er auch niemanden. Ganz furchtbar für ihn war einzig die Silvesterknallerei, während der wir ihn kaum beruhigen konnten. Bloße Angst war es nicht, die ihn umtrieb, denn er versuchte nicht, sich irgendwo in einem finsteren Winkel zu verstecken. Mitunter machte es den Anschein, denn er schien unablässig auf der Suche nach etwas zu sein. Aber wohin er auch ging, es hielt ihn an keinem Ort, sosehr ich ihm gut zuredete. Oft drehte er sich zu mir, schaute mich an und gab ein hilflos klingendes Bellen von sich wie eine Bitte, doch endlich dafür zu sorgen, dass dieses Knallen und Pfeifen aufhöre. Leider konnte ich ihm diesen Wunsch nicht erfüllen. Vielleicht waren dies Momente, in denen er an meiner Kompetenz zweifelte, die er ansonsten nie infrage stellte. Was ich machte oder anregte zu tun, das machte er normalerweise auch. Was beim Feuerwerk schlimmer auf ihn wirkte, die Knaller oder das Pfeifen, das sicher im Ultraschallbereich von für uns unhörbaren Anteilen begleitet wurde, ließ sich in all den Silvesternächten, die wir mit ihm gemeinsam durchzustehen hatten, nicht ermitteln. Mir war da auch nicht nach Experimenten oder wissenschaftlicher Klarheit zumute. Die offensichtlich bei vielen Menschen mit diesem Kriegsspiel verbundenen Lustgefühle waren und blieben uns völlig fremd. Total erschöpft schliefen wir alle drei gegen Morgen hin schließlich ein, wenn wieder eine Silvesternacht überstanden war.

In München waren sie zwar am schlimmsten, auf dem Land aber kaum besser. Der Wahnwitz, innerhalb von nur gut einer Stunde 200 Millionen Euro in Knall und Rauch aufgehen zu lassen, kann kaum anders denn als hoffnungslose Infantilität der Menschen verstanden werden. Und Rücksichtslosigkeit dazu, aus der der Staat zu allem Überdruss und sich selbst desavouierend Steuereinnahmen schöpft. Wie sehr Geschäftemacherei über Menschen- und Tierschutz dominiert, wird in den Silvesternächten demonstriert. Lange Listen schrecklicher Folgen ließen sich anführen, die Haus- und Wildtiere betreffen. Sie weiter auszuführen, würde in einem Pamphlet voller Wut enden. Und in Resignation aus Hoffnungslosigkeit.

SPRACHVERSTÄNDNIS, BELLEN UND GESPRÄCHE MIT »ER«

Als Welpe lernte er sehr schnell – vielleicht sogar früh, aber dazu fehlen mir Vergleiche –, dass mit »Branko« er gemeint war und gerufen wurde. Das ist natürlich gar nichts Besonderes, am wenigsten für Hunde. Und auch viele andere Säugetiere sind in der Lage, bestimmte Laute und Lautfolgen mit sich selbst zu verknüpfen. Ein nicht menschlicher Laut, ein Glockenton, der, unmittelbar bevor Futter kam, angeschlagen wurde, löste bei Hunden des russischen Physiologen Iwan Pavlow bekanntlich das Speicheln aus. Dieser bedingte Reflex stand am Anfang von Forschungen, wie Informationen, die Sinnesorgane aufnehmen, in körperliche Reaktionen übertragen werden, ohne dass eine Beteiligung der höheren Zentren des Gehirns nötig ist. Die Pavlow'schen Hunde mussten nicht erst »nachdenken«, was ein Ertönen der Glocke bedeuten könnte. Solch einfache neuronale Reflexe laufen auch in unserem eigenen Verhalten ab, ohne dass wir uns dessen bewusst werden.

Auf ein bestimmtes Wort zu reagieren, lernen viele Tiere. Die umgangssprachlich oft so diffamierte »dumme Kuh« ist das ebenso wenig wie der Esel ein »Esel«, nur weil ihre Interessen auf anderes gerichtet sind, als wir es meinen. Den Namen zu lernen, mit dem wir sie rufen, fällt auch Pferden leicht. Keinem Tier jedoch, die Schimpansen eingeschlossen, fällt es so leicht wie den Hunden. Ein kurzer Ruf, und schon löst sich ein ganz bestimmter Hund aus dem Rudel und eilt herbei. So gehört es sich! Das setzen wir voraus, sogar wenn der betreffende Hund nicht besonders gut erzogen ist. Ob er deswegen ein stärker ausgeprägtes Bewusstsein seiner selbst hat als andere Tiere, darüber gehen die Ansichten unter Experten weit auseinander, sehr zur Verwunderung Zigtausender, die nicht bloß einen Hund »halten«, sondern sich mit diesem persönlich verbunden fühlen. Aber lassen wir die akademische Frage und ihre Spitzfindigkeiten. Die Kenntnis des eigenen Namens könnte einfach darauf beruhen, dass der Hund die Stimme von Frauchen oder Herrchen erkennt und nach vielen guten Erfahrungen motiviert ist, darauf zu reagieren. So richtig diese Einschätzung auch ist, so unzureichend bliebe sie als alleinige Erklärung des »aufs Wort gehen«.

Die Beweise, dass das nicht ausreicht, liefern viele Hunde tagtäglich. Selbstverständlich kennen sie nicht nur ihren Namen, sondern viele weitere Worte, die wir verwenden, und ordnen diese richtig zu. Sogar in grammatikalischem Sinne. Branko erfasste mühelos den Unterschied, ob es unsererseits hieß »Gehen wir?« oder »Wir gehen!«. Auch wir benötigen in aller Regel im Gesprochenen das Fragezeichen oder Rufzeichen nicht, um sofort den Sinn beider Wörter zu erfassen. Reihung und Anfangs- oder Endbetonung sagen alles. Im geschriebenen Text ist jedoch die Hilfestellung des Zusatzzeichens nötig. Ganz ähnlich hört der Hund, wie etwas gemeint ist. Das dürfen wir annehmen. Doch mit der Wortklauberei verbinden sich immer noch höchst einfache Probleme, wie Hundekenner wissen. Unseren Gesprächen entnehmen Hunde häufig mehr, als wir möchten. Meine Frau und ich gewöhnten uns an, Branko bei Gesprächen, die ihn direkt oder indirekt betrafen, nicht zu nennen, sondern durch »er« zu ersetzen. Das half nicht immer, denn er bekam doch mit, dass mit »er« er gemeint war – und zog seine Schlüsse. Fast immer lag er richtig.

Zweifler an diesen Fähigkeiten wurden in neuerer Zeit auf ganz andere Weise belehrt. Hunde lernen recht schnell Namen für Spielsachen, und das so präzise, dass sie einander ähnliche Stücke über die bloße namentliche Bezeichnung auseinanderhalten, gezielt suchen und bringen können. Spitzenleistungen liegen bei Hunderten solcher Objekte. Besonders bekannt wurde ein Bordercollie mit dem Namen Rico, der es auf um die 1000 verschiedene Namen gebracht hat. Das ist eine Leistung, die sogar für uns Menschen zur Herausforderung geriete, sollten wir aus einem großen Haufen kleiner, einander ähnlicher Spielsachen ganz schnell ein Stück herausziehen, das beispielsweise »Zwergente« genannt wird. Ein »Wortschatz« dieses Umfangs entspricht etwa dem von zwei- bis dreijährigen Kindern. Im täglichen Leben bekommen wir nur ansatzweise mit, wie viel die Hunde von der Menschensprache erfassen. Dazu gehört auch, dass der Name, der dem Hund gegeben wurde, in den vielfältigsten Abänderungen und Stimmlagen im Spektrum von Erwachsenen und Kindern gilt. Branko reagierte auf jedes »Branko«, das er von uns zu hören bekam. Nicht jedoch, wenn es von einer ihm unbekannten Stimme kam. Wie seine Aktion ausfiel, hing davon ab, wer ihn gerufen hatte und weshalb. Den Zweck durchblickte er in aller Regel sofort. Von einem reflexartigen Automatismus waren seine Reaktionen sicherlich ähnlich weit entfernt wie unsere, wenn man uns beim Namen ruft. Die automatische Verinnerlichung des Namens ist daher beim Hund allenfalls ein Teil, aber längst nicht alles, was für ihn mit Sprache verbunden wird. Der Zustimmung sehr vieler Hundehalterinnen und Hundehalter bin ich mir da ganz sicher. Wie auch, dass dem Klang des Namens klar entnommen wird, was für eine Grundstimmung unsererseits herrscht. Ein Hund, der gemaßregelt werden soll, und sei es, was wir hoffen wollen, nur verbal und seinem Tun angemessen, wird kaum auf eine scheinbar freundlich gehauchte Version seines Namens hereinfallen. Und falls doch, fehlt dem Hund wahrscheinlich die intime Vertrautheit mit diesen seinen Menschen aus seiner Welpenzeit.

Wir tun uns umgekehrt viel schwerer, falls es überhaupt gelingt, dem Bellen zu entnehmen, worum es einem Hund geht. Auf Branko waren wir »eingehört«. Relativ oft verstanden wir auf Anhieb, was sein Bellen bedeutete. Aber längst nicht immer. Das führte dann dazu, dass er uns anbellte, weil wir offenbar nicht verstanden, was er gemeint hatte. Wenn man dies in den unterschiedlichsten Situationen erlebt, drängt sich zwangsläufig die Vermutung auf, dass sich das für Hunde so typische Bellen als Versuch entwickelt hat, mit den Menschen zu kommunizieren. Der Bau ihres Kehlkopfs und Rachens ermöglicht ihnen nur diese Form, sich mit Stimmäußerungen an uns zu wenden. Bellen als Antwort auf die Sprache, die wir an die Hunde richten; auf ein Sprechen, das ihnen nie direkter gelingen konnte, weil die anatomischen Voraussetzungen dafür fehlen. Ich komme darauf zurück, wenn die andere eminent wichtige Bezugnahme des Hundes zum Menschen behandelt ist, der »treue Hundeblick«.

HUNDEBLICKE

Branko hatte meine Frau als kleiner Welpe gewählt. Mit dem wechselseitigen Blick in die Augen war eine Bindung zustande gekommen, die sein ganzes Leben lang hielt und bei uns darüber hinaus nachwirkt. Vielen ist es so oder ganz ähnlich ergangen, auch mit Hunden, deren Blick sie im Tierheim erfasst hatte. Am tiefsten wird die Verbindung sicherlich, wenn die Prägung schon im Welpenalter erfolgt. Dass ich den Begriff Prägung verwende, mag aus kritisch-wissenschaftlicher Position der Vergleichenden Verhaltensforschung als vorschnell oder übertrieben eingestuft werden. Doch im hier behandelten Rahmen trifft die Charakterisierung gewiss den Kern des Geschehens. Wer einen Hund hat, kennt dies: Wir können den Augen eines Hundes kaum ausweichen, wenn er uns anschaut. Und wenn wir es doch tun, aus welchen Gründen auch immer, bekommen wir ein schlechtes Gewissen. Das Gefühl, diesen Blick enttäuscht zu haben, bedrückt uns. Fast immer, füge ich hinzu, denn es mag Hundehalter geben, denen es nichts ausmacht. Welche Beziehung sie tatsächlich zu ihrem Tier haben, das frage man lieber nicht nach.

Hunde erfassen mit einem Blick die Situation, insbesondere aber uns Menschen. Diese Feststellung geht weit hinaus über das biologische Phänomen der Prägung. Sie funktioniert ja auch, sehr fest sogar, bei Entchen und Gänseküken, ohne dass diese dann den Menschen, der dabei Ersatzmutter geworden ist, einem Hund entsprechend einschätzen und verstehen könnten. Wäre die Prägung alleinige Grundlage der Beziehung zum Menschen, wäre der Hund gewiss nichts Besonderes (geworden). Der Prägungsblick bildet nur den Anfang der Beziehung. Er ist eminent wichtig. Aber es ist ihr beständiges Auf-uns-Blicken, das Hunde auszeichnet. Ableiten lässt sich diese besondere Aufmerksamkeit gewiss nicht von der einst wie heute vielfach gebotenen Vorsicht vor der Hinterhältigkeit und Gefährlichkeit der Menschen. Der Mensch ist nicht nur dem Menschen ein Wolf, wie es das oft zitierte lateinische Verdikt ausdrückt (*homo homini lupus*, in der Originalform des römischen Dichters Plautus, ca. 254 bis 184 v. u. Z., hieß es *lupus est homo homini*), sondern der bei Weitem schlimmste Feind aller Tiere.

Doch dass die potenzielle Gefährlichkeit des Menschen eine hinreichende Begründung für den Hundeblick liefert, das halte ich für wenig wahrscheinlich. Wer einem Hund, der keine schlechten Erfahrungen mit Menschen gemacht hat, in die Augen schaut, wird das genaue Gegenteil von Furcht darin erblicken: Urvertrauen und mehr. Manche nennen es Liebe. Durchaus zu Recht, wie Clive Wynne (2019) meint und als »strenger Naturwissenschaftler«, wie er immer wieder betont, sein Buch im englischen Original betitelt mit *Dog is Love. Why and how your dog loves you*. Das ist weit stärker als das ... *und wenn es doch Liebe ist?* der deutschen Ausgabe. Überflüssig zu betonen, dass dem sehr viele zustimmen. Von einem Hund angehimmelt zu werden erweckt ja durchaus entsprechende Gefühle im Menschen.

Branko beherrschte es (aus unserer Sicht) geradezu meisterhaft, uns mit Blicken zu beeinflussen oder zu dirigieren. Wollte er etwas, legte er uns seinen Kopf aufs Knie oder in den Schoß und suchte den Blickkontakt. Minutenlang konnte er uns unverwandt ansehen. Man spürte dabei förmlich, wie sein Blick zog, wie er eindrang und uns körperlich beeinflusste, bis er das Ziel erreichte und wir darauf eingingen, was er wollte. Nicht minder ergreifend war das Gegenstück, die »Armer-Hund-Position«. Dabei legte er sich oft ans Stabgeländer der Treppe zum oberen Stockwerk des Hauses, nur seine Schnauze ragte zwischen den Stäben hervor, und schaute nach unten, wenn wir weggingen, zum Einkaufen etwa. Wer nicht bemerkte, dass das Gitter gleich neben ihm endete und die Treppe frei war, hätte unweigerlich den Eindruck bekommen, der arme Hund sei eingesperrt.

Nie wusste man auch so genau, ob er schlief, nur tief döste oder uns doch beobachtete, auch wenn er völlig entspannt auf seinem Kissen oder irgendwo auf dem Boden lag. Draußen im Gelände lief er zwar viel der Nase nach, behielt uns aber im Blick. Ganz selten kam es vor, dass er dies »vergaß« und zu einer Hündin rannte, die er kannte. Danach zeigte er nicht im Mindesten den Ausdruck, den wir spontan als »schlechtes Gewissen« interpretierten, wenn er etwas angestellt hatte, von dem er wusste, dass er es nicht hätte tun dürfen. Bei Hündinnen war er galant »ganz Rüde«. Da diese in aller Regel nicht läufig waren, kam es zu keinen Komplikationen; auch nicht für ihn.

Das intensive und nahezu ununterbrochene Beobachten des menschlichen Partners ist so typisch für den Hund, dass es wohl kein annähernd vergleichbares Beispiel aus der ganzen Tierwelt gibt. Stets war es bei Branko mit uneingeschränktem Vertrauen in uns verbunden. Er ließ sich Zecken sogar von den Augenlidern entfernen, ohne sich zu rühren. Wenn ich »Zecke« sagte, saß er stocksteif und versuchte, nicht mit der Wimper zu zucken. Egal, an welcher Körperstelle ich ihn von der Zecke befreite, er wartete in unbeweglicher Haltung, bis ich sie hatte. Dann wollte er sie beschnuppern. Mitunter zerbiss er sie. Auch Kletten, die sich an den Pfoten zwischen den Zehen festgesetzt hatten, ließ er sich geduldig entfernen, selbst wenn ich sie mit der Schere mitsamt dem Fell herausschneiden musste. Er vertraute uns in allem und jedem, bis in die letzten Sekunden seines Lebens.

WAS IST DAS FÜR EINE BEZIEHUNG?

Tausende und Abertausende Hunde, die in enger Gemeinschaft mit Menschen leben, würden mit ihren Besonderheiten und Varianten ein viel umfassenderes Gesamtbild ergeben als das, was ich von diesem einen Hund ableiten kann. Er ist beispielhaft zu verstehen, nicht als Idealfall. Dass Branko für unser Empfinden ideal war, entspricht dem Prinzip, um das es geht. »So war er wirklich und noch großartiger!«, würde meine

Frau bekräftigen. Gerade deswegen stimmt das Beispiel auch für viele andere Hunde, die entsprechend aufwachsen konnten. Einfach nur auf ihre Weise. Denn es geht um die wechselseitige Beziehung. Vom dabei zustande kommenden Selbsterlebten wird man beeinflusst. Doch was wäre die Alternative zu subjektiver Betrachtung? Eine streng wissenschaftliche Distanziertheit, die sich selbst disqualifiziert, weil sich eine Beziehung zwischen Hund und Mensch nicht abstrakt erfassen lässt und »neutral« verstanden werden kann. Die seriöse Hundeforschung hat längst das Stadium Pavlow'scher Reflexe überwunden, die persönlichen Eigenheiten und Unterschiede zwischen den Hunden akzeptiert und berücksichtigt die liebevolle Zuwendung zu ihnen. Daraus schöpft sie die aufschlussreichsten und spannendsten Erkenntnisse. Es geht nicht, nur die eine Seite, die Seite des Hundes zu betrachten. Am anderen Ende der Leine – besser, der hingestreckten Pfote – ist der Mensch. Wir sind Partner, die mit intensiven Emotionen auf die Hunde einwirken. Und sie auf uns. Zu den Zigtausenden Hunden, denen es bei den Menschen gut geht, gehören die Zigtausende Menschen, denen es mit ihrem Hund gut geht. Die Beziehung schafft mit Mensch und Hund ein Doppelwesen. Versuchen wir, dessen Wesen noch besser zu verstehen.

Brankos Tod vermittelt mir den Einstieg am besten. Das gebietet die Ehrlichkeit. Denn sein Ende, die Entscheidung, dieses aus Menschlichkeit aktiv herbeizuführen, löste einen solchen Sturm von Gefühlen aus, dass die Tiefe der Beziehung uns erst in vollem Umfang bewusst wurde. Da half keine sachlich-wissenschaftliche Begründung, dass der Hund ein Tier und kein Mensch ist. Warum das beim Hund anders ist als bei anderen Tieren und woran es liegt, dass es sich so verhält, sind Fragen, die sich erst wieder stellen lassen, wenn die zeitliche Distanz groß genug geworden ist. Zunächst stürzen mit dem

Tod eines solchen Familienmitglieds all die Jahre und gemeinsamen Erlebnisse auf einen ein, die sich seit dem frühen Welpenstadium angesammelt haben. Wer in diesem Moment noch meint, der Hund hätte ja doch sehr einseitig am Menschen gehangen, kann keine Beziehung von emotionaler Tiefe zu ihm gehabt haben. Aus einem »Herr und Hund«-Verhältnis mag die Feststellung hervorgehen, »er war ein guter Hund« – und der nächste soll gleich folgen. Das Bedauern zu äußern, dass der Hund nun nicht mehr lebt, wirkt da eher peinlich. »Bedauern« geht am Wesen der Beziehung zwischen Hund und Mensch vorbei. War diese echt und tief, ist der Mensch unweigerlich auch zutiefst betroffen. Und es wird dauern, bis ein liebevoller Rückblick darauf möglich wird, ohne vor den aufsteigenden Empfindungen gleich wieder kapitulieren zu müssen.

Ein bitterer Punkt blieb, dass wir es ihm nicht ermöglichen konnten, sich mit einer Hündin zu paaren und eigene Junge zu erzeugen. Sicher wären diese wunderbar geworden. Die Umstände waren dagegen; Umstände, die allgemein dazu geführt haben, dass fast nur noch Rüden, die meisten kastriert, umherlaufen. Die wenigen Hündinnen, die Branko treffen konnte, waren ausnahmslos sterilisiert. Selbst züchten war uns nicht möglich. In dieser Hinsicht stehen wir tief in seiner Schuld.

Ihren Schmerz müssen die Millionen nicht begründen, die ihn erleiden, wenn ihr Hund stirbt. Vielmehr müssten sich die anderen fragen, was bei ihnen nicht funktioniert hat, als sie sich einen Hund zulegten. Mitleid gehört zur Menschlichkeit. Es nicht oder nur schwach ausgeprägt zu empfinden wirft Fragen auf. Das ist keine Gefühlsduselei, sondern die höchst ernsthafte Warnung, die »Grenze zum Tier« nicht zu eng und zu hart zu ziehen. Allzu schnell werden dadurch auch Menschen entmenschlicht und ausgegrenzt. Wie Geschichte und Verhältnisse in der Gegenwart lehren, hat der Mensch längst noch keinen angemessenen Umgang mit seinesgleichen und anderen Lebewesen zustande gebracht. Das Verhältnis zum Hund wirft ein höchst bezeichnendes Schlaglicht auf die verschiedenen Kulturen und wie sie mit anderen Lebewesen umgehen. Wir sind auf dem Weg, empathisch(er) zu werden, jedoch noch lange nicht am Ziel.

DIE SINNESWELTEN VON MENSCH UND HUND

Nach dieser allgemeinen Betrachtung möchte ich nun versuchen, verschiedene Facetten zu einem Bild zusammenzufügen, die ich in den vorausgegangenen Schilderungen behandelt habe. Beginnen wir mit den Sinnesorganen. Die Befunde hierzu sind klar und gut nachvollziehbar, da es sich vielfach um Messungen handelt. Die Sinne sind unsere »Fenster zur Welt«, wie es bildhaft ausgedrückt wird. Für uns Menschen steht das Sehen an erster Stelle. Mit der Nutzung des Sehsinnes sind wir auf die Erfassung der Welt ausgerichtet, aber das Geschaute und Erkannte wollen wir »begreifen« und »erfassen«, um es zu verstehen. Diese sprachliche Ausdrucksweise besagt, dass uns der so prominente Gesichtssinn nicht ausreicht. Zum Erfassen brauchen wir das Zugreifen, den Tastsinn, die Empfindungen des Haptischen. Und zum Verstehen gehört ganz wesentlich das Hören. Es ist die Voraussetzung für die Sprache. Nur das Riechen rückt im Zusammenspiel unserer Sinne meistens in den Hintergrund. Die eigenen Gerüche, die vom Körper abgegeben werden, versuchen wir durch regelmäßiges Waschen zu vermindern oder durch Parfümieren zu überlagern. Lediglich in eher flapsigen Bemerkungen, wie

»Ich kann den/die nicht riechen« oder beim Naserümpfen über Unangenehmes macht sich dieser Sinn spontan bemerkbar. Weithin unbekannt geblieben und nicht einmal mit einem umgangssprachlichen Namen versehen ist ein weiterer Sinn, den wir intuitiv anwenden, ohne zu wissen warum. Außer wir »ecken an«. Mit diesem Sinn erfasst der Körper seine unmittelbare Umgebung und verhindert normalerweise, dass wir in Konflikt geraten mit den Gebilden und Geschehnissen um uns herum, auch mit anderen Menschen im Gedränge der Stadt. Kommt es bei Menschenansammlungen zu einer zu plötzlichen Unterschreitung der notwendigen Mindestdistanzen, bricht Panik aus. Aller Vernunft zum Trotz lässt sich derlei oft nicht mehr kontrollieren. Dieser Sinn deckt sich nicht mit dem Tastsinn, mit dem wir direkt befühlen, prüfen und insbesondere auch streicheln und zu Lustempfindungen gelangen. Es handelt sich um einen »Raumsinn«, mit dem wir uns bewegen, als ob uns eine »Aura« umgäbe, die nicht beeinträchtigt werden darf, außer Nähe und Körperkontakt sind gewünscht.

Über dieses hier nur grob skizzierte Spektrum von Sinnen nehmen wir die Welt als Umwelt im Allgemeinen wahr und auch ganz Spezielles, wie Mitmenschen oder den Hund. Bei anderen Menschen setzen wir voraus, dass sie uns und die Welt genauso wie wir, zumindest aber ganz ähnlich erfassen. Sinnesschädigungen konfrontieren uns mit der harten Wirklichkeit von Blindheit, Lähmungen und anderen Behinderungen. Dass Blinde mit ihrem besonders trainierten Tastsinn den Nahbereich sehr gut erfassen können und mit verfeinertem Hören in die Tiefe des Raumes dringen, fast so als ob sie mit ihrem Gehör sehen könnten, erstaunt die Sehenden. Solche Selbstverständlichkeiten sollten wir uns vergegenwärtigen, wenn wir versuchen wollen, die Welt, in der der Hund lebt, mit unserer zur Deckung zu bringen. Jeder weiß, wie groß der Unterschied im Geruchssinn ist. Die Hundenase leistet unvorstellbar mehr als unsere. Das führen uns Spür- und Suchhunde vor Augen (!). Ihre Ergebnisse nehmen wir mit den Augen zur Kenntnis, vollziehen sie aber nicht mit der Nase nach. Was das in allgemeineren Zusammenhängen bedeutet, entzieht sich unserer Beurteilung. Das »Den/die kann ich nicht riechen« könnte für den Hund durchaus eine oder gar die grundlegende Basis für die Beurteilung von Menschen sein. Brankos Abneigung gegenüber Betrunkenen rührte vielleicht davon, dass er als junger Hund von solchen in München mit etwas beworfen oder von ihnen beschimpft worden war. Jedenfalls verhielt er sich solchen Menschen gegenüber ausgesprochen gruppenspezifisch, sodass wir einen (geprägten) Zusammenhang annahmen. Wie weit alter Schweiß und andere Ausdünstungen reichen, stellen unsere Nasen nur unzureichend fest. Aber auch, wie viel oder wie wenig Seifenbehandlung und Parfümierung von unseren Gerüchen verdecken. Die Befunde wissenschaftlicher Untersuchungen und die praktischen Erfahrungen der vielen Hundehalter weisen dem Geruchssinn bei Hunden übereinstimmend eine ähnliche Leitfunktion zu wie dem Gesichtssinn beim Menschen.

Die anderen Sinne decken sich für Hund und Mensch weitaus besser. Wir hören gut und tasten mit unseren Händen sicherlich sensibler als die Hunde mit ihren Pfoten. Das Hörvermögen beim Hund reicht zwar weit hinein in den Ultraschallbereich, umfasst aber alles, was für uns akustisch von Bedeutung ist. Für manche Reaktionen von Hunden ist es wichtig, dies zu wissen. Ganz entscheidend ist sicherlich die Übereinstimmung im akustischen Bereich, in dem wir uns mit unserer Sprache bewegen. Von dieser hört der Hund alles und sicherlich noch manche Obertöne und Feinheiten dazu, die wir selbst nicht erfassen können. Was Berührungen betrifft, haben die allermeisten Hunde ein »dickes Fell«. Dieser Ausdruck nimmt wohl direkt Bezug darauf. Mit unserer weithin nackten Haut sind wir viel empfindlicher und sensibler. Empfindlicher für Verletzungen, sensibler für Berührungen. Der Hund kann uns in dieser Hinsicht weit weniger zumuten als wir ihm. Am schwierigsten zu beurteilen ist die Distanz, die zu halten geboten ist. Wir Menschen verfügen hierfür über keinen direkten Sinn, der gleichsam Abstände messen würde. Der Raumsinn umgibt uns mehr wie eine Hülle unterschiedlicher Empfindlichkeit. Die Unterschreitung kritischer Distanzen müssen wir irgendwie spüren. Festlegen können wir sie nicht einmal, wenn wir nur von uns persönlich ausgehen. Offenbar haben auch viele Tiere einen ähnlichen Sinn. Wer wie ein Reh, Fuchs oder Wildschwein durchs Waldesdickicht muss, und dies oft sogar mit Fluchtgeschwindigkeit, muss viel tolerieren können, aber dennoch hinreichend Abstand halten. Individualabstände, wie wir dies allgemein nennen können, lassen sich für uns an Tieren so gut wie nie direkt erkennen. Besser ist es, sich langsam zu nähern, gleichsam räumlich heranzutasten oder, noch besser, das betreffende Tier auf sich zukommen zu lassen. Auf einen Hund direkt zuzugehen gehört zu den am häufigsten gemachten Fehlern. Weit besser ist es in aller Regel, diesen selbst aus seiner »Privatsphäre« herauskommen zu lassen. Hundetrainer betonen immer wieder, wie wichtig es ist, den Kontakt und das Zusammenwirken mit dem Menschen vom Hund ausgehen zu lassen, wenn dieser das Bedürfnis dazu hat. Sonst fühlt er sich bedrängt.

Stellen wir uns nun all die vielfältigen Bezüge zur Umwelt über die Sinne vereinfacht auf eine Fläche zusammengedrückt vor und legen wir die Welt des Hundes danach über unsere eigene, dann gibt es großflächige Deckung, aber auch gewaltige Unterschiede. Die Abweichungen sind im Geruchssinn am größten, im Gehörsinn geringer, weil nur der Ultraschallbereich nicht zur Deckung kommt, und im Tastsinn liegt das Feld des Hundes weitestgehend innerhalb unserer eigenen, weiteren Möglichkeiten. Gute Übereinstimmung kommt wahrscheinlich auch beim Raumsinn zustande. Beim Sehen sind die Unterschiede »auf den ersten Blick« (der, weil von uns ausgehend, aber unzureichend ist) gering. Hunde sehen im Nahbereich, sozusagen auf Schnauzendistanz und etwas darüber hinaus, sehr gut, vielleicht sogar besser als wir, wenn es um feinste Bewegungen geht. Optische Hilfen, die den Lesebrillen entsprechen würden, benötigen sie in aller Regel nicht. Auf mittleren Distanzen schneiden sie ähnlich gut wie wir ab, außer verzüchtete Kopfformen behindern das Sehen. In der Sicht auf ferne Objekte sind wir zumeist besser, aber das hängt bei uns sehr von der individuellen »Sichtigkeit« unserer Augen ab. Zudem haben wir den Vorteil des Zweibeiners, der mit weniger Sichthindernissen in die Ferne blicken kann als die Hunde, zumal Formen mittlerer oder kleinerer Größen. Was wir weniger bedenken, wenn überhaupt, ist die andersartige Farbigkeit und Helligkeit der Hundewelt. Ihre Augen können Rot und Grün nicht unterscheiden, wie wenige Prozent der Menschen und sehr viele andere Säugetiere auch. Dafür sind sie im Helligkeitssehen viel besser als wir, insbesondere in der Dämmerung oder in nicht allzu dunklen Nächten. An die Katze reichen ihre Fähigkeiten jedoch nicht heran. Farben spielen daher für Hunde eine weit geringere Rolle als für uns Menschen. Das Erfassen von Bewegungen ist bei ihnen dafür viel besser entwickelt.

Wie sieht es bezüglich der Sinne beim Wolf aus? Grundsätzlich nicht anders, lässt sich kurz und bündig feststellen, denn im Hinblick auf die Sinne sind sich Hund und Wolf gleich. Lediglich in Spezialzüchtungen können die Fähigkeiten etwas verschoben sein, so zum Beispiel bei Spürhunden, die Spuren von Gerüchen noch genauer folgen können als Wölfe; weil ihr Riechhirn, der Teil des Gehirns, in dem die Auswertung von Geruchseindrücken vorgenommen wird, vergrößert entwickelt ist. Von solchen Spezialeffekten der Züchtung abgesehen, und es gibt tatsächlich nur sehr wenige, lassen sich die Fähigkeiten der Sinne von Wölfen und Hunden nicht unterscheiden. Aber ihre relative Bedeutung im Leben fällt unterschiedlich aus. Bei der Hundwerdung von Wölfen ergaben sich Verschiebungen in der Gewichtung der Sinne, ähnlich wie bei der Verstärkung von Tast- und Gehörsinn bei Blinden.

Dazu liefert die Entwicklung von Branko wiederum ein Beispiel. Bei seinem Aufwachsen vom kleinen Welpen hat sich eine Fülle persönlicher Erfahrungen ergeben. Folgendes wurde deutlich. Am Anfang der Beziehung stand der Blick, der gegenseitige Blick in die Augen. Dieser Blick war so stark und so deutlich, dass eine nennenswerte Beteiligung der Nase sehr unwahrscheinlich erscheint. Meine Frau wurde, anders ausgedrückt, von diesem kleinen Welpen nicht gewählt, weil er sie gerochen und als attraktiv empfunden hatte. Vielmehr war es, als ob das Sich-gegenseitig-in-die-Augen-Schauen spontan wie ein magisches Gummiband wirkte, das sie zueinander hinzog. Und die Prägung verursachte. Dass anschließend die ganz persönlichen Gerüche die Bindung verstärkten, stellt keinen Widerspruch dar; es handelte sich um eine Verstärkung, die schließlich alle Sinne umfasste und mit einschloss. Hunde sehen andere Menschen häufig zuerst, bevor sie diesem optischen Eindruck ein spezielles Geruchsbild hinzufügen können. Die vielfältigen Erfahrungen mit Hirtenhunden bekräftigen dies. Nur wenn die jungen Hunde sehr frühzeitig mit den Schafen zusammengebracht und in dieser speziellen Umwelt großgezogen werden, kommt ihre Bindung an diese ganz anders gearteten, eigentlich typische Wolfsbeute darstellenden Tiere zustande. Wölfe oder andere Bedrohungen der Schafe werden dann angegriffen und abgewehrt. Was die Hütehunde mit der Herde zu tun haben, teilt ihnen der Hirte aber akustisch oder mit Bewegungssignalen mit.

Die Welt der Töne und Stimmen bietet für Mensch und Hund die besten Möglichkeiten, sich zu verständigen. Im akustischen Bereich der Sprache decken sich die Fähigkeiten beider so gut wie vollständig. Die Lernfähigkeit der Hunde ist hier besonders beeindruckend. Ihr Wortverständnis entspricht, wie schon angemerkt, nicht selten dem von dreijährigen Kindern. Mindestens. Mit Leichtigkeit und ohne jegliches Training lernen sie den Namen erkennen, mit dem wir sie rufen. Als Welpe reagierte Branko anfänglich auf jeden Zuruf. Darin glich er natürlich allen anderen Hunden, die von klein an großgezogen werden. Sehr rasch unterschied er seinen Namen von den familienintern benutzten anderen Zurufen. Ohne Training darauf erlangte er einen beträchtlichen »Wortschatz«, der bis in seine letzten Lebensjahre anwuchs, gleichwohl nicht mehr so stark wie in den ersten Jahren. Die Bedeutung vieler Worte und Sätze erfasste er »so nebenbei«, wie ich es nennen möchte, weil wir keine gezielten Übungen mit Belohnung unternahmen. »Korb« verstand er spontan, »Gehen wir« und viele andere Äußerungen auch. »Sitz« hingegen mussten wir ihm mit sanftem Druck aufs Hinterteil ein paar Mal vormachen. Erneut weise ich an dieser Stelle darauf hin, dass die Ausprägung des bei Wölfen eher rudimentär vorhandenen Bellens möglicherweise andeutet, dass sich die Hunde aktiv auf die akustische Kommunikation mit den Menschen einzustellen versuchen. Diese Sicht wird bekräftigt von der Leichtigkeit, mit der bei Hunderassen »auf Bellen« gezüchtet werden kann, während es umgekehrt viel schwieriger ist, das Bellen züchterisch oder durch eine gezielte Ausbildung der Hunde zurückzudrängen. Man spürt ja förmlich ihr Bedürfnis, uns etwas mitzuteilen; etwas, das sie eben (leider) nicht in Worte fassen können. Manche Vögel tun sich da aufgrund der Struktur ihrer Stimmorgane viel leichter. Raben und Papageien können Menschen durch perfekte Nachahmung ihrer Stimme mit genau den passenden Worten rufen. Ich bin sicher, Hunde könnten es auch und dies noch umfänglicher, wäre es ihnen möglich, mit ihrem Kehlkopf Worte zu formen.

Dass sie sehr viele Worte verstehen, steht außer Frage. Das ist über eine Vielzahl von Experimenten ebenso streng wissenschaftlich bewiesen, wie es unzählige Menschen, die Hunde halten, selbst erlebt haben. Verloren geht jedoch bei der oft sehr quantitativen Bewertung dieser kommunikativen Leistungen der Hunde das Subtile. Damit meine ich jene Vorformen und sprachlichen Kommunikationen mit Welpen, die dem mütterlichen Zureden auf Neugeborene und Babys entspricht. Sowohl für die Hundwerdung von Wölfen als auch für die Sozialisierung von Welpen mit Menschen halte ich diese subtilen Töne für am wichtigsten. Das, was mitschwingt, wenn wir zum Welpen oder später zum ausgewachsenen Hund sprechen, vermittelt weit mehr als tausend Worte. Kenner behaupten, wahrscheinlich zu Recht, dass es viel schwieriger ist, einen Hund anzulügen als einen Menschen, insbesondere solche Menschen, die nicht zum intimen Kreis gehören. Dieses Vorsprachliche kommt auch zur Geltung, wenn Menschen einem bestimmten Hund erstmals begegnen und, sicher nicht selten aus bloßer Höflichkeit, zu diesem in Anwesenheit seiner Besitzer etwas sagen. Der Hund wird mit großer Sicherheit erkennen, ob das an ihn Gerichtete »von Herzen« kommt oder dem formalen Besuchskalkül entspricht. Es ist der subtile Mitklang der Worte, der den Welpen auf die ihn streichelnde

Hand einstimmt. Oder ihn ruft und zum Kommen veranlasst. Er wird im Lauf seiner Entwicklung die Feinfühligkeit seines Gehörs dazu benutzen, möglichst viel von dem an den Menschen Geschauten bestimmten Qualitäten zuzuordnen. Und lernen, darauf zu reagieren. Hunde sind, wie schon betont, ganz hervorragende Beobachter. Sie erkennen mit großer Sicherheit, was unsere Bewegungen ausdrücken, selbst wenn wir ihnen kaum noch Aufmerksamkeit widmen. Ohne die Körpersprache hätte es keine »Übersetzung« von Sprache(n) in Bedeutung(en) gegeben. Alle sogenannten Hundeflüsterer zeichnen sich dadurch aus, dass sie mit ihrer Körpersprache auf die (problematischen) Hunde einwirken, bevor sie mit diesen etwas unternehmen. Unsere Hunde entnehmen der Körpersprache unsere Stimmungen, bevor überhaupt ein Wort geäußert wird. Der Hund tritt zu uns in Bezug, indem er uns genauestens beobachtet und sich in unsere Sprache einfühlt. Geruchseindrücke dienen aller Wahrscheinlichkeit nach dazu, die Menschen in ihrer Vielzahl zu individualisieren. Das Geruchsbild der Hunde entspricht vermutlich unserem Sehbild, mit dem wir spontan und auf Distanz andere Menschen als Individuen erfassen.

Alldem werden Menschen, die Hunde halten, zustimmend folgen. Wer die Katze dem Hund vorzieht, wird zwar gewisse Übereinstimmungen feststellen, aber auch auf erhebliche Unterschiede stoßen. Darauf komme ich zurück. An dieser Stelle möchte ich weiter vertiefen: Weshalb gelingt dem Hund diese besondere Einstellung auf den Menschen? Wieso können Hunde ihr Beziehungssystem zur Welt unserem so treffend anpassen? Und welche Rolle spielen wir selbst dabei?

HORMONE UND SPIEGEL

Die gängige Erklärung, dass sich Hund und Mensch so gut verstehen, geht vom Sozialverhalten der Wölfe aus. Jeder Wolf kennt im Rudel jeden anderen persönlich. Aus Feinheiten der Mimik entnimmt er die Stimmung, mit kurzen, harschen Lauten werden die Zugehörigen des Rudels gerufen oder gemahnt. Das gemeinsame Heulen verstärkt die Bindungen und warnt zugleich andere Rudel. Aufeinander zu achten (optisch) und zu hören (akustisch) kennzeichnet daher die Interaktionen im Wolfsrudel, das eine (Groß-)Familie darstellt. Die Welpen wachsen hinein, indem sie Mutter, Vater und die älteren Geschwister beobachten und ihren Lautäußerungen zuhören. Dieses System der sozialen Interaktion mithilfe von Imitation wird beim Hund auf den Menschen übertragen. Ganz einfach so? Nein, so geht und so ging das nicht. Sonst müsste es ein Leichtes sein, Wolfswelpen aufzuziehen, und schon ist der Hund da. Ist er nicht! Die besten Wolfsforscher nutzten Hündinnen zum Großziehen von Wolfswelpen. Wie die Gruppe um Prof. Dr. Kurt Kotrschal in Ernstbrunn bei Wien. Sein faszinierendes Buch *Wolf, Hund, Mensch* ist aufschlussreicher als jedes andere zur Haltung und Zucht von Wölfen. Kotrschal betont ganz intensiv, was sich auch bei amerikanischen Autoren nach und nach abzuzeichnen beginnt, nämlich die grundlegenden Gemeinsamkeiten zwischen Wölfen bzw. Hunden und Menschen. Wir haben die gleichen Belohnungssysteme. Oxytocin, das oft so genannte Glückshormon, wirkt ebenso wie auch die in gute Stimmung versetzenden Endorphine. Oxytocin gilt als Bindungshormon, das bei der Geburt des Menschenkindes gleichsam den kaum auszuhaltenden Schmerz der Gebärenden vergessen lässt und sie auf ihr Kind einstimmt. Es sind generell Hormone, die uns und unser Gegenüber empfänglich machen für Bindungen. Sie verstärken diese, wenn das zur Gemeinschaft Gewordene immer wieder aktiviert wird. Streicheln und Kraulen erzeugen diese Wirkung, aber auch Blicke, die aus einem Freundlichkeit und Zuneigung ausdrückenden Gesicht kommen. Das Geheimnis des »treuen Hundeblicks« liegt in seiner Wechselwirkung mit unseren eigenen Endorphinen. Da diese Wechselwirkung bei der Katze fehlt, halten sie viele Menschen für »falsch«, zumindest aber für weniger nahbar, zumal wenn sie ihre Pupillen zu einem uns irritierenden Schlitz schließt oder unserem Blick ausweicht.

Hormonwirkungen entfalten sich also bei der Interaktion zwischen Hund und Mensch. Sie sind mächtig. Sie bewegen sich bisweilen gar im Grenzbereich zur Sucht oder überschreiten diese Grenze sogar. Ein Extrem schilderte John Steinbeck in seinem 1937 erschienenen Roman *Von Mäusen und Menschen:* Liebhaben bis zum Erdrücken. Wie aber gelangt die Wirkung vom äußeren Reiz bis in das innere System der Hormone? Die Erklärung für diesen Vorgang fand man erst vor wenigen Jahren mit der Entdeckung der sogenannten Spiegelneuronen. Sie ermöglichen es uns, sozusagen in das Gehirn unseres Gegenübers zu blicken, das wie ein Spiegel bloßlegt, was gedacht und empfunden wird. Schlicht ausgedrückt, spielt sich Folgendes ab: Ich weiß, was du denkst, weil du so denkst, wie ich denke. Viel tiefer als dieses eher oberflächliche Denken gehen jedoch die Empfindungen, die vermittelt werden. Diese meint Clive Wynne, wenn er in seinem Buch, das, wie schon angemerkt, in der deutschen Fassung seltsamerweise den Originaltitel in die Frage wandelt: *... und wenn es doch Liebe ist?* Der Genetiker Bryan Sykes berichtet in seinem Buch *Darwins Hund* ausführlich von einem genetischen Defekt, dem sogenannten Williams-Beuren-Syndrom, das bei den betroffenen Menschen zwanghafte Freundlichkeit und Liebessucht hervorruft. Er hält es für möglich, dass eine ähnliche Mutation im Genom des Wolfes die Ursache für die so sehr den Menschen zugewandte Freundlichkeit ist. Der Hund, eine Defektmutante? Auch wenn diese Vorstellung einen Sturm der Entrüstung hervorrufen könnte, müssen wir zumindest zugestehen, dass die Ergebnisse der Rassenzüchtung auch eine Vielzahl von Defektmutanten repräsentieren. Die kurze Lebenserwartung der Hunde manch einer dieser Rassen ist die Folge. Verbunden mit den Beeinträchtigungen, unter denen solche Hunde leiden, sind die Defekte aber mehr als bloß ein tolerierbarer Kollateralschaden, weil so ein Hund doch »sooo süß« ist. Nehmen wir also die Möglichkeit einer Defektmutante ernst, aber nicht einfach für »wahr«, weil sie »genetisch« ist.

Denn die Suche nach einem oder dem »Hundegen« verliert gegenwärtig, wie auch entsprechende Forschungen am Menschen, deutlich an Gewicht, nachdem sich gezeigt hat, dass schon so etwas Einfaches wie die Körpergröße nicht von einem Gen oder einigen wenigen Erbanlagen verursacht wird, sondern von einem ganzen Konzert, dem allerdings ein Dirigent fehlt. Einfache, auf einem Gen beruhende Eigenschaften stellen sich oft als entweder direkt schädlich oder unbedeutend heraus. Dies will ich hier nicht weiter vertiefen, denn die Alternative hat sich längst als ungleich mächtiger erwiesen: die Epigenetik. Das sind Einwirkungen auf die Erbanlagen, die Gene, die diese »an- oder abschalten«. Vielfach setzen sie schon bei der Entwicklung des Fötus im Mutterleib ein, aber auch und oft sogar ganz besonders ausgeprägt in der nachgeburtlichen Entwicklung. In dieser Phase wächst nicht nur der Körper als solcher schnell, sondern auch das Gehirn, und es bilden sich seine besondere Struktur und Funktionsweisen heraus. Die Epigenetik erweitert die Wirkfelder von Prägung, Spiegelneuronen und Hormonen. Kleine Ursachen können dabei große (Nach-)Wirkungen haben. Die Praxis kennt und nutzt dies mit der Erziehung der Hunde zur rechten Zeit.

Fügen wir zum Hund unsere eigene, anhaltende Beeinflussbarkeit über Spiegelneuronen und Hormone hinzu, bekommen wir die enge Verzahnung, das Ineinandergreifen von Eindrücken und Gefühlen, die sich zur Liebe zum Hund verdichten. Eine Liebe, die von diesem erwidert wird. Das Fragezeichen nach Clive Wynnes deutschem Buchtitel erübrigt sich. Denn der alte Einwand, wir dürften einem Tier nicht die Gefühle eines Menschen unterstellen, zieht nicht mehr. Die physiologischen Befunde zeigen unabweisbar die Übereinstimmung. Es brechen uns keine Zacken aus der selbst aufgesetzten Krone, wenn wir dies anerkennen. Zumal wir ehrlicherweise zuzugeben haben, dass die Übertragung von Mensch zu Mensch nicht minder problematisch ist. Wir müssen das Wort »Liebe« glauben und könnten dies nach tausend Worten der Beteuerung nicht, wenn die eigene Liebe vom Partner nicht in sehr ähnlicher Weise erwidert und gespiegelt würde. Ohne die gefühlsmäßige Überzeugung, dass die Worte stimmen, blieben sie leere Hüllen ohne Bedeutung.

Spätestens jetzt ist es aber geboten, nachdrücklich darauf hinzuweisen, wie sehr unsere Liebe zum Hund ein Phänomen unserer Zeit und von Teilen der Bevölkerung westlicher Gesellschaften ist. Die Phrase »Der Hund, des Menschen bester Freund« mag hier vielfach gültig sein, aber sie ist längst nicht universell, weder für Hund noch für Mensch. Millionen von Parias und Zehntausende von Straßenhunden werden toleriert, weil sie Abfall und menschliche Exkremente verwerten. Tausende Hunde werden gezüchtet, um sie wie Stallkaninchen, Schweine oder Geflügel zu essen. Wäre ein Gendefekt Ausgang der Hundwerdung von Wölfen gewesen, hätte sich die archaische, mit den Notwendigkeiten des täglichen Überlebens konfrontierte Gesellschaft spätsteinzeitlicher Menschen kaum damit befasst, solch überzahme Wölfe zu hegen und zu züchten, die ihnen keine Vorteile brachten. Wahrscheinlich hätten sie diese einfach aufgegessen.

Die Selbstdomestikation von Wölfen liefert ein viel plausibleres Szenario: abnehmende Scheu vor den Menschen, weil die Jungen der Hundwölfe, Generation für Generation, gelernt haben, dass die Zweibeiner mit ihren Abfällen ihre zentrale Nahrungsquelle und Lebensgrundlage darstellten und nur selten aggressiv und gefährlich wurden. Für die Hundwerdung von Wölfen standen Zehntausende von Generationen zur Verfügung. Generationen, die sich von den weiterhin wild lebenden Wölfen darin unterschieden, dass pro Wurf mehr Junge überlebten, weil Abfälle von den Menschen kontinuierlicher verfügbar waren als Jagdbeute für die Wölfe. Ganz langsam konnten die Hundwölfe den Menschen näher rücken und mit ihnen vertrauter werden. Bis zur Zahmheit im Sinne drastisch verminderter Aggressivität. Viele verwilderten zwischendurch wieder in diesem langen Prozess, und manchmal scheiterten Gruppen von Hundwölfen, weil die Menschen, denen sie sich angeschlossen hatten, nicht überlebten. Symbiosen binden aneinander. Sie bieten Vorteile, bergen aber auch Risiken.

Ein starkes Zusatzargument für diese Sicht der Hundwerdung von Wölfen liefern die Menschen, die sich im Gegensatz zu ihren Vettern, den Neandertalern, gleichfalls selbst domestiziert haben. Wir pflegen es Sesshaftwerden zu nennen und die Zeit, in der dies geschah, die Neolithische Revolution. Was wir dabei nicht betonen, ist das, was sich mit unserem Gehirn vollzog. Als Folge der Selbstdomestikation schrumpfte es (auf gleiche Körpermasse bezogen) um 10 bis 15 Prozent. Das entspricht dem Schrumpfungsgrad des Hundegehirns nach der Hundwerdung des Wolfes. Einher ging diese auf den ersten

Blick nachteilige Entwicklung mit starker Zunahme des sozialen Verhaltens. Wie die Hunde wurden wir Menschen toleranter zu unseresgleichen. Viel toleranter als in der Steinzeit, als die verschiedenen Menschengruppen wirklich der Menschen Wolf gewesen waren. Das Risiko, von anderen Menschen getötet zu werden, war sehr viel höher als in unseren heutigen Millionengesellschaften. »Die Anderen« waren als Feinde eingestuft und unter Aberkennung ihres Menschseins zur Tötung freigegeben. Die Konflikte eskalierten, als der Übergang zum Ackerbau und der damit verbundenen Sesshaftigkeit vollzogen worden war, weil es »die Anderen« nun auf Ernten und Besitz abgesehen hatten und ein nomadisches Ausweichen nicht mehr möglich war, ohne das Erarbeitete aufzugeben (van Schaik & Michel 2016, Wrangham 2019). Die zur ortsfesten Territorialität geschrumpfte Mobilität wurde immer konfliktträchtiger, je mehr die örtlichen Menschenansammlungen anwuchsen. Sie taten dies, weil der Ackerbau die Geburtenrate hochschnellen ließ. Für die Hundwölfe änderte diese Entwicklung sozusagen die »Geschäftsbedingungen«. Sie mussten sich zunehmend umstellen auf Abfälle, die weniger Fleisch und viel mehr Kohlenhydrate enthielten. Ihre Ernährung entfernte sich vom wolfstypischen Nahrungsspektrum. Dass sie damit dennoch gut zurechtkamen, verdankten sie tatsächlich einer Mutation, die sie befähigte, Verdauungsenzyme für die bessere Verwertung pflanzlicher Kost zu bilden. Diese Mutation ist bekannt und genetisch fassbar. Sie entspricht einer zwar ganz anders gelagerten, das Leben vieler Menschen aber bis heute nachhaltig beeinflussenden Mutation: Diese betrifft die Fähigkeit, auch als Erwachsene Milchzucker (Laktose) abbauen zu können. Die Viehhaltung, insbesondere die Rinderhaltung, wechselte damit schwerpunktmäßig vom Fleisch zur Milch. Das Fleisch der Kuh lässt sich einmalig verwerten, dann ist sie getötet, die Milch aber liefert jahrelang und immer wieder wichtige Nährstoffe. Es ist wohl kein Zufall, dass die Entwicklung zu den aus unserer Sicht »richtigen Hunden« mit dem Sesshaftwerden der Menschen einsetzte. Damals, vor 7000 oder 8000 Jahren, entstanden die ersten voll als solche erkennbaren Hunde. Für sie können wir wirklich annehmen, dass sie nicht mehr nur Abfallverwerter waren, sondern den Menschen auch mit ihrem Gebell Schutz boten und alsbald auch bei der Jagd eingesetzt wurden. Denn Wildfleisch war begehrt, weil die Herdentiere der Viehzüchter langfristig am Leben bleiben sollten. So betrachtet wird verständlich, warum sich die genetische Mutante zur Bildung von Verdauungsenzymen, die eine bessere Verwertung von Kohlenhydraten ermöglichten, in jener Zeit durchsetzte – bei Hund und Mensch. Denn Welpen wurden aller Wahrscheinlichkeit nach wie Babys mit Brei auf Getreidebasis ernährt. Es überlebten diejenigen, die dank dieser Enzyme die Nahrung besser verwerteten. Möglicherweise bleiben die so heranwachsenden Hunde länger in einem welpenartigen Zustand, weil die Versorgung mit Futter nicht abrupt endet und sie daher nicht plötzlich damit beginnen müssen, selbst Nahrung zu suchen. Dadurch können sie mehr lernen, auch weil sie viel weniger als Jungwölfe selbst erledigen müssen.

Höchstwahrscheinlich erklärt sich daraus auch, wie selbstverständlich und wie präzise die Hunde Menschenkinder von Erwachsenen unterscheiden. Und sich um die Kleinen kümmern. Der eingangs geschilderte Fall des riesigen, als sehr gefährlich angesehenen Polizeihundes, den das Mädchen führte, ist lediglich ein Beispiel für viele gleichartige. Die Betreuung des welpenartigen Kindes und die Dressur hatten in diesem Hund perfekt zusammengewirkt. Dass Reaktionen der Eifersucht auch mal zur Tötung von Babys führen können, ist kein

Widerspruch, sondern bekräftigt sogar den tieferen Zusammenhang, weil das Töten kleiner Welpen auch bei Wölfen vorkommen kann. Jedenfalls brauchen wir einen entwicklungsbiologischen Stillstand der Hunde im kindlich-jugendlichen Zustand von Wölfen, von den Biologen Neotenie genannt, als Erklärung für das Hundeverhalten nicht anzunehmen. Es würde ohnehin nur eine Kurzbeschreibung sein, nicht aber die wirklichen Gründe angeben. Junghunde werden nach angemessener Entwicklungszeit ganz normal fortpflanzungsfähig. Eine Verjugendlichung findet hingegen auch in unserer Menschenwelt immer dann statt, wenn die Lebensumstände besonders günstig sind. Wie gegenwärtig in unserer Überflussgesellschaft, die geradezu einen Jugendlichkeitswahn entfaltet.

Die Parallelen in den Entwicklungen von Mensch und Hund sind erstaunlich. Mit dem Hund wird die von der christlichen Religion so strikt behauptete Trennung von Mensch und Tier zumindest ansatzweise überbrückt. Gewiss, er ist kein Mensch, aber auch nicht mehr bloß Tier. Im Blick des Hundes können wir uns selbst spiegeln – und, wenn wir es zulassen, dabei erkennen, wie weit wir gekommen sind auf dem Weg zum Menschen, wie er den ethischen Grundvorstellungen aller Religionen zufolge sein bzw. werden sollte.

Mag sein, dass die Hundwerdung von Wölfen ein hochgradig von Zufällen beeinflusstes Ereignis war, das Hundwölfe, die schon lange in der Nähe von Eiszeitmenschen gelebt hatten, mit der Zeit noch näher an diese herangeführt hatte. Sicher ist, dass sich die natürliche Lebensweise von Wölfen für ein solches Näherkommen besser eignete als die aller anderen Tiere. Wolfsrüden und ältere Geschwister bringen, eine Besonderheit unter vergleichbaren Säugetieren, den kleinen Jungen im Rudel Futter. Die Fütterung des Welpen, den Menschen zu Pflege und Aufzucht übernommen haben, rückt einfach an die Stelle dieser natürlichen Versorgung. Und sie schafft Bindung.

Zweifelsfrei steht fest, dass der Hundeblick und die Bindung, die dieser schafft, bei vielen Menschen wirken. Und wahrscheinlich trifft es zu, dass sich endlich auch in unserer global so dominant gewordenen westlichen Kultur Wertschätzung und Mitgefühl für Tiere ausbreiten. Die Ärmsten der Armen in Indien und die buddhistische Einstellung zum Lebendigen sind uns in dieser Hinsicht moralisch haushoch überlegen. Zwar wird der knallharte Sozialdarwinismus inzwischen als historische Verirrung gebrandmarkt und geächtet. Aber überwunden ist er keineswegs. Das »Recht des Stärkeren« praktiziert man nun auf anderen Ebenen, im wirtschaftlichen Bereich vor allem. Offen herrschte es vor, als das Verhältnis mit »Herr und Hund« gekennzeichnet wurde. Mit »Mensch und Hund« sind wir auf einem besseren Weg.

III

HUND UND MENSCH – UND KATZE? EIN AUSBLICK

DIE KATZE – EIN VERGLEICHSFALL?

Der Hund ist so einzigartig, dass sein Werdegang auch einzigartig gewesen sein muss. Diese Schlussfolgerung erscheint geradezu zwingend. Sie lässt offenbar keine echte Alternative zu. Denn es gibt eben nur diesen einen Fall »Hund«, mögen auch die Katzenliebhaber dagegen die Krallen wetzen und fauchen; und sich mit der Überzahl der Katzen, die bei uns leben, auch in der Mehrheit wissen. Aber hier geht es nicht um pseudodemokratische Setzung von Gewichten, sondern um das Verständnis von Vorgängen, die dem Bereich der Evolution zugehören. Auch die Katze ist ein domestiziertes Tier, das vielleicht sogar noch ambivalenter betrachtet wird als der Hund. Denn bei ihr fand und findet die Spaltung in »gut und böse« sogar innerhalb ihrer Art Hauskatze statt, beim Hund hingegen gegenüber dem Wolf, der »wilden« Stammart. Niemand benutzt bzw. missbraucht die nordafrikanische Falbkatze, die Stammform von *Felis catus*, der Hauskatze, um diese als böses Wildtier vom braven, liebevoll so genannten Stubentiger abzugrenzen. Sehen wir uns daher doch auch die Katze, ihre Herkunft und Domestikation noch etwas genauer an, um unser Bild vom Hund abzurunden. Ihre Geschichte ist bereits seit den

Anfängen viel besser bekannt als die des Hundes. Verhältnismäßig früh übertraf sie diesen sogar an Wertschätzung seitens der Menschen und wurde am Nil von den Alten Ägyptern als Gottheit verehrt, die Katzengöttin Bastet.

Die Geschichte der Katze ist im Großen und Ganzen schnell erzählt. Die Menschen waren im Vorderen Orient sesshaft geworden. Sie betrieben Ackerbau und ernteten Getreide. Das Korn speicherten sie als Vorrat für die neue Aussaat und als Lebensmittel für die Zeit bis zur nächsten Ernte. Die Getreidespeicher ließen sich nicht so gut gegen das Eindringen von Mäusen abdichten, wie das nötig gewesen wäre, um Verluste, etwa durch Verschmutzung mit Mäusekot, auf einem tolerierbar geringen Niveau zu halten. Insbesondere in den Flussoasenkulturen, wie im Niltal, zog der Mäusereichtum Katzen an. Die kleinen Wildkatzen gehörten nicht zu den Tieren, auf die Menschen Jagd machten. Ihr Nutzen als Mäusevertilger wurde schnell erkannt. Man hieß die Katzen nicht nur willkommen, was ihnen ziemlich gleichgültig geblieben wäre, sondern fütterte sie über die knappen Zeiten, in denen es wenig oder kein Getreide mehr gab, das Mäuse anlockte. Die Katzen lernten und wurden futterzahm. Manch kleines Kätzchen könnte alsbald großgezogen worden sein. Bis es weitgehend erwachsen war, ließ es zu, dass es beschmust und gestreichelt wurde. Weil das Katzenart ist. Später, selbst erwachsen, brachten die Weibchen ihre Jungen in Menschennähe zur Welt, wo sie lebten und Mäuse fingen – mit den bekannten Reaktionen der Menschen und für die Katzen günstigen Folgen. Der Ruhm der in Altägypten verehrten Katzen, die in großer Zahl zu Mumien verarbeitet wurden, sprach sich herum. Mit dem Vordringen des Ackerbaus gelangten sie aus Anatolien, wo eine bis in die Gegenwart genetisch nachweisbare Einkreuzung mit Abkömmlingen der dortigen Wildkatze erfolgte, nach Europa überallhin, wo sich Ackerbauern niederließen. Die Katzen waren von loser Assoziation zu Begleitern der Menschen geworden. Einen wesentlichen Teil ihres Lebens gaben sie dabei nicht auf, die Fortpflanzung. Damit erhielten sie sich ein hohes Maß an Selbstständigkeit.

Ähnlich wie beim Hund sind bei den Hauskatzen die meisten Züchtungen (»Rassen«) erst in neuerer Zeit entstanden, nachdem ihnen die Menschen tatsächlich die freie, eigenständige Wahl des Paarungspartners genommen hatten. Das Spektrum der Katzengrößen blieb gering. Die gegenwärtig kleinsten und die größten Hauskatzen unterscheiden sich weit weniger voneinander als Dogge und Rehpinscher. Von den geschätzten 8 bis 13 Millionen Katzen in Deutschland und den eineinhalb Millionen in Österreich haben die meisten »freien Ausgang«. Ein geringer Teil muss als reine Stubenkatze in der Wohnung bleiben. Noch weniger »streunen«, da verwildert, und leben auf sich selbst gestellt frei in der Natur. Die Schätzungen dazu gehen weit auseinander, die Abschusszahlen der Jäger reichen in die Millionen. Doch die allermeisten Katzen, die sie schießen, wilderten nicht und waren auch nicht verwildert. Sie fingen draußen nur nach Katzenart Mäuse. Die Häufigkeit vollständig frei lebender Hauskatzen nimmt von Nord nach Süden und Südosten stark zu. Die Katzen ostmediterraner Inseln und Istanbuls sind weithin bekannt und vielfach fotografiert, bedauert oder auch ob ihrer Selbstständigkeit bewundert worden.

In Mitteleuropa übertrifft die Katze den Hund der Zahl nach klar. Aber bloße Zahlen ergeben noch wenig Bedeutung. So liegt das Durchschnittsgewicht aller Hunde mehr als das Fünffache höher als das der Katzen. Damit bekommt der Hund klar ein (ökologisches) Übergewicht. Besonders drückt sich dieses im Verbrauch von Tiernahrung aus, weil die frei laufenden

Katzen, vor allem auf dem Land, teilweise oder weitgehend auf Selbstversorgung angewiesen sind. Die gegenwärtig als Anklage so beliebte und so oft missbrauchte Phrase vom »ökologischen Fußabdruck« trifft den Hund daher zweifellos stärker als die Katze, zumindest in Mitteleuropa. Dieser Hinweis soll zudem verdeutlichen, dass ein Großteil unserer Katzen in einem Zwischenzustand zwischen Freiheit und Abhängigkeit lebt, aber dennoch echtes Haustier im Wortsinn ist. Sehr häufig demonstrierten Katzen ihre viel stärkere Bindung an das Haus als an die Menschen, die sich um sie kümmerten, obgleich dies liebevoll geschah. Nach Umzügen liefen sie zurück, wenn dies möglich war. Viele Katzen verwilderten aus diesem Anlass. Die Bindung der treffend so bezeichneten Hauskatze an das Haus überwiegt die Beziehungen zu den Menschen.

Doch selbst als Wohnungskatze ohne Freilauf bleibt das Katzenleben von den Menschen viel distanzierter. Dressieren lässt sich der kleine Stubentiger im Gegensatz zum echten Tiger nicht. Vieles, was Katzen tun, geschieht offensichtlich aus ihren spontanen Motivationen heraus. »Katzen halten sich den Menschen«, sagt der Volksmund und charakterisiert die Situation durchaus treffend. Diese Eigenständigkeit macht die Katze für viele Menschen besonders attraktiv. Katzenfreunde, vielleicht noch ausgeprägter Katzenfreundinnen halten den Hund für zu unterwürfig, zu »hündisch« eben. Daher die erstaunlich starke Sonderung der Menschen in Katzen- oder Hundefreunde. Dabei sind beide Tiere so reizvoll, dass man meinen möchte, sie wären gleichermaßen beliebt, wenn auch auf ihre spezielle Weise. Doch bleiben wir beim direkten Vergleich mit dem Hund. Da es auch Kleinhunde gibt, die in das Größenspektrum der Katze passen, können wir die offensichtlichen Vorzüge ihrer jeweiligen Eigenarten kurz außen vor lassen, wie Schutz und Verteidigung von Hof, Haus und Menschen. Als Hundersatz wäre hierfür schon Leopardengröße gefragt, jedoch nicht anzuraten.

Die Katze würde anders als der Hund nicht daran denken, etwas zu suchen, selbst wenn sie wüsste, wo es ist. Sie fordert dazu auf, mit ihr zu spielen oder sie zu streicheln, weil sie gerade Lust verspürt. Sie kann auf die Nerven gehen, wenn ihr irgendetwas nicht passt, und herrlich lieb sein, wenn sie will. Sie verschläft den Tag, wird mit der nahenden Nacht scheinbar eine andere und geht dann ihrer Wege, ohne den Menschen Einblick zu gewähren. Was sie nachts tut, geht nur sie etwas an. Allein diese sprachliche Sonderung in »der Hund und die Katze« drückt bereits sehr menschenbezogene Assoziationen aus, die mit Treue und Unzuverlässigkeit, mit Gehorsam und Selbstständigkeit verbunden sind und immer wieder auf das Männer-Frauen-Klischee übertragen wurden. Die Frau, unberechenbar und gefährlich wie eine Katze, die Hexe, auf deren Schultern eine sitzt, eine schwarze noch dazu, der Mann hingegen, der Herr, dem der Hund bedingungslos folgt. Und so fort. Viele Klischees sind mit Tieren und ihrem vermeintlichen Sosein verbunden. Hier interessiert der Gegensatz von Hund und Katz, der so sprichwörtlich wurde, weil sie nicht zusammenpassen. Im Kern besagt er: Die Katze hat sich den Menschen angeschlossen, aber nicht unterworfen. Im Prozess der Domestizierung steckt sie gleichsam etwa mittig fest. Der entscheidende Punkt dabei ist, dass sie sich weitestgehend die Freiheit der Fortpflanzung bewahrt hat. Nur ein sehr geringer Anteil der Hauskatzen, der kaum in den einstelligen Prozentbereich des globalen Gesamtbestandes reicht, wird kontrolliert. Ein deutlich größerer Teil wird sogar neuerdings durch Kastration und Sterilisation von der Fortpflanzung ausgeschlossen, jedoch nicht, weil man die Katzen im Sinne einer Zucht kontrollieren möchte, sondern weil das Gesundheit und

Wohlergehen der Katzen dienen soll. Das geschieht auch mit Großkatzen in Zoologischen Gärten, die ohne »die Pille« längst Junge bekommen würden »wie die Karnickel«.

Betrachten wir die Katze wie den Hund daraufhin, inwieweit sich ihre von den Sinnen erfassten Felder von denen der Menschen unterscheiden, so kommen erheblich größere Unterschiede zutage. Die Sicht spielt eine beträchtlich geringere Rolle im Katzenleben als das Gehör, das hoch hineinreicht in den Ultraschallbereich. Die Menschensprache interessiert die Katzen daher wenig. Ein »Mietz, Mietz« genügt ihnen; ihr individueller Name ist mancher Katze ziemlich gleichgültig, zumal wenn dieser keine hohen Töne enthält. Nachts sieht sie um einiges besser als der Hund. Das Tageslicht ist ihr oft zu hell, zumindest nicht angenehm. Ihr in die Augen schauen zu wollen, empfindet sie offenbar als Zumutung. Ihre Vibrissen zu reizen nimmt sie als Grund für einen Pfotenschlag mit ausgefahrenen Krallen. Dass sie Rot und Grün nicht unterscheiden kann, hat sie zwar mit dem Hund gemeinsam. Die wenigsten Säugetiere sind zu dieser Unterscheidung befähigt. Aber da Farben die Katze noch viel weniger als den Hund interessieren, spielt dies keine Rolle. Dieser muss als Blindenhund trotz seiner diesbezüglichen Mängel an Farbtüchtigkeit so Erstaunliches leisten, dass wir selbst lieber keine entsprechende Ausbildung über uns ergehen lassen möchten. Das »Gefühl« im weitesten Sinne bestimmt die Katzenstimmung. Deshalb ihre mitunter sehr hohe, gleichwohl längst nicht immer vorhandene Bereitschaft, sich beschmusen zu lassen. Ihre katzenspezifische Antwort ist das Schnurren. Es kann als ähnliche Reaktion auf den Menschen und sein Streicheln, also auf das Taktile, zustande gekommen sein wie das Bellen des Hundes als Reaktion auf die Sprache.

Ein weiterer Unterschied sollte hier noch angefügt werden,

weil er im Ergebnis tief blicken lässt. Die wenigen Hunde, die tatsächlich jagen, werden von den Jägern mit weitgehender Billigung der Gesellschaft rigoros erschossen. Das Wildern gilt für den Hund als ein Verbrechen, auf das die Todesstrafe steht. Bis vor knapp zwei Jahrhunderten traf die jägerische Lizenz zum Töten auch die Wilderer aus der Menschenwelt. Den Abschuss Zigtausender Katzen mit der gleichen Begründung der Jäger, sie seien beim Wildern erwischt worden, toleriert man hingegen nicht oder allenfalls höchst widerwillig. So konnte den Jägern eine 200-Meter-Sicherheitsdistanz abgetrotzt werden; so weit hinaus dürfen sich die Katzen bei ihren Streifzügen offiziell frei bewegen. Katzenfreiheit, aber keine Hundefreiheit! Immer wieder versuchen Vogelschützer einen medialen Sturm gegen die Katzen zu entfachen, weil diese ihren Hochrechnungen zufolge – damit sind sie keinen Deut seriöser als die Jäger – Millionen geschützter Singvögel erbeuten und auf diese Weise, da sie nur zum kätzischen Vergnügen jagen, grundlos vernichten. Sogar zugunsten der scheinbar tierfreundlich in Kleinsäuger umbenannten Mäuse wird bei Kampagnen gegen die Katzen argumentiert, weil diese »der Natur« fehlen würden. Unnötigerweise, und vielleicht mit Folgen für Bussarde, Turmfalken und Eulen, die von Mäusen leben. Bislang erwies sich die Gesellschaft hinreichend resistent gegen die Forderung, den Freigang der Hauskatzen stark einzuschränken oder möglichst ganz zu verbieten. Der wildernde Hund hingegen ist ein Hund, der offenbar, und sei es das allererste Mal, der Kontrolle entronnen war. Daher verdient er den Tod durch Abschuss. Denn der Hund darf nicht einfach frei laufen wie eine Katze, auch dann nicht, wenn er sich, gelockt vom Duft der läufigen Hündin, von keinem Hasen ablenken ließe, der ihm an der Schnauze vorüberläuft. Die Katze wird hingegen in unserer Zeit, in der dies allenfalls unter Ausnahmeverhältnissen wünschenswert wäre, für jede Beute, die sie bringt, sogar gelobt. Die Ermahnung, »aber das Vögelchen hättest du doch nicht fangen sollen«, berührt ihr Katzenwesen nicht.

Die großen Unterschiede zwischen Katze und Hund kommen allein aus diesen Beispielen gut genug zum Ausdruck. Die Übereinstimmungen auch. Wie viele Katzen-Parias es global gibt, ist nicht bekannt. Sie führen ihr Leben so offen, dass es uns weitgehend verborgen bleibt. Weil sie in den Straßen von Istanbul herumlaufen, an den Häfen auf den Inseln und an den Küsten des Mittelmeeres sitzen, uns dabei beeindrucken mit ihrem dem Getriebe der Welt entrückt wirkenden Ausdruck und nötigenfalls einfach zeigen, dass sie Schmusekatzen sind. Kulturelle Ablehnung erfahren sie bezeichnenderweise in jenen Ländern nicht, in denen Hunde wie Dreck behandelt werden und als unberührbar gelten. Mit dem Gesicht einer Sphinx bieten sie der Menschenwelt die Stirn und lassen sich nicht unterkriegen. Auch nicht von Naturschützern, die sie als Gefahr für die echte Katze, die Wildkatze *Felis silvestris,* einstufen und auch deshalb die Dezimierung der frei laufenden Hauskatzen fordern. Die Beweislage ist allerdings recht schwach, was den Verfolgungswahn umso größer macht.

Ist die Katze damit auch ein Sonderfall? Ein lediglich ihrer Herkunft und Verwandtschaft gemäß anders gearteter als der Hund? Ich verkneife mir, einen dritten und vierten Sonderfall ähnlich ausführlich anzufügen. Aber dass der kleine Vetter des Wolfes, der Fuchs, seit Jahrzehnten in unsere Städte drängt, führt uns vor Augen, wie es vor Zehntausenden Jahren beim Wolf ausgesehen haben kann. Seit die Füchse nicht mehr permanent verfolgt werden und jeder, der irgendwo gesichtet wird, Jäger und Polizisten auf den Plan ruft, haben sie gelernt, sich sogar mit Attributen der modernen Menschenwelt zu arrangieren, wie mit Fahrstühlen und Verkehrsampeln. In Berlin und anderen Großstädten gibt es wunderbare Beispiele für die Lernfähigkeit und Einsicht von Füchsen in das Geschehen um sie herum. Wie einst höchstwahrscheinlich die Hundwölfe und gegenwärtig die Pariahunde leben die Stadtfüchse von Abfällen, aber auch ganz direkt von dem, was ihnen die Menschen geben. Florian Möllers dokumentierte dies in seinem Buch *Wilde Tiere in der Stadt* (2010). Das perfekte Gegenstück zu diesem natürlichen Eindringen von Füchsen in die Menschenwelt lieferte der russische Forscher Dimitri Beljajew mit der jahrzehntelangen Züchtung von Silberfüchsen durch Auslese der jeweils »freundlichsten« Individuen. In der kurzen Zeit mit allerdings sehr strenger Selektion kamen hundeartige Körpermerkmale und Verhaltensweisen zutage. Sie belegen, dass auch ohne besondere Hundegen-Mutanten sehr rasch Effekte der Domestikation zu erzielen sind. Diese erzwungene Entwicklung auf Freundlichkeit wiederholt in extremer Kürze die Selbstdomestikation. Lassen wir den Fuchs also noch eine Weile in den Großstädten leben, werden wir eines Tages einen Kleinfuchs haben, dessen Exkremente dank Umstellung auf mehr pflanzliche Nahrung auch nicht mehr so stinken, sodass der Hausfuchs wohnungskompatibel wird.

Beim Stadtfuchs, wie schon beim viel früheren Zuzug der Maus zum Haus und der mit ihr gekommenen Katze, wird deutlich, dass wir es mit einem breiten Spektrum von Tieren zu tun haben, die in unsere Welt hineindrängen. Sie alle kommen aus grundsätzlich ähnlichen Veranlassungen heraus wie Katze und Hund. Die Stadttiere repräsentieren das Rohmaterial für die Domestikation, zu der sie selbst den Anfang gemacht haben. Ihre Annäherung führt sie so sehr an die Menschen heran, dass Umstellungen in Verhalten und Lebensweise ohne Zwang zustande kommen.

DIE SELBSTDOMESTIKATION – EIN VERBREITETER PROZESS

Vergleichen wir den Zustand der Domestikation von Hund und Katze, so ist dieser zwar regional unterschiedlich weit fortgeschritten, aber global betrachtet doch recht ähnlich. Von beiden leben große Bestände frei, jedoch nicht ganz unabhängig von den Menschen. Die Übergänge zwischen völliger Freiheit und Hausgebundenheit sind fließend. Der jeweilige Anteil der »Streuner« liegt in den warmen Regionen am höchsten. Dies ist erstaunlich, denn eigentlich sollte es sich anders verhalten. Die Katze kam aus der afrikanisch-südmediterranen Wärme zu uns. Also ist es logisch, dass die größten Vorkommen frei lebender Katzen im mediterranen Raum vorhanden sind. Beim Hund als Abkömmling des Wolfes müssten nach gleicher Logik die meisten Parias in den kalten Regionen leben. Das ist nicht der Fall. Vielmehr gibt es sie sogar noch weiter tropenwärts in Indien und Afrika. Diese Tatsache hatte mit dazu beigetragen, den Ursprung der Hunde in den südlichsten Wolfspopulationen oder gleich beim Goldschakal zu suchen, der in seiner Verbreitung am besten mit den Paria-Vorkommen übereinstimmt.

Doch wenn wir die Lebensweise der Katzen und Paria-Hunde vergleichend betrachten und sie zum jeweiligen Ausmaß ihrer Domestikation in Beziehung setzen, wird die Übereinstimmung deutlich und verständlich: Der frei lebende Hund ist als Abfallverwerter in Verbreitung und Häufigkeit davon abhängig, wie die Menschen leben. Die Katze hingegen versorgt sich noch weitgehend selbst in der natürlichen Weise der südmediterran-nordafrikanischen Falbkatze. Sie ist weit weniger domestiziert als der Hund. Dass sie rund ums Mittelmeer vielerorts gern Abfälle verzehrt, die von der Fischerei angelandet werden, bekräftigt dies sogar, denn dabei handelt es sich um Frischkost und nicht um Abfälle, wie sie Hunde und regional auch Wölfe auf Abfalldeponien suchen. Katzen sind, wie wir wissen, extrem wählerisch, Hunde genau andersherum extrem gierig. Frei lebende Hunde oder Wölfe kommen nicht etwa zu den Menschen, weil sich dort ihre bevorzugten Beutetiere ansammeln würden, wie Rehe, Hirsche oder Elche. Katzen tun genau dies, weil die Mäuse, ihre Hauptbeute, tatsächlich in der Menschenwelt üppig gedeihen. Ihre aus Menschensicht wichtigste Beute ist die Hausmaus *Mus musculus*. Sie vermittelt noch besser als die Katze selbst die Verbindung von Natur und Menschenwelt. Denn es gibt sie in mehreren ökologischen Formen. Die in unserem Zusammenhang bedeutendsten sind die Westliche und die Östliche Hausmaus. Was dem (deutschen) Namen zufolge wie eine einfache geografische Sonderung aussieht, ist aber weit mehr. Die wissenschaftlichen Namen verweisen direkt auf den Unterschied: *Mus musculus domesticus* und *Mus musculus musculus*. Zwei Unterarten (Subspezies) also, die eine *domesticus*, mit dem Haus verbunden. Es ist dies die »Westliche Hausmaus«. Die andere, die Östliche, lebt zwar auch in Häusern, aber zeitweise im Freien. Von draußen wechseln viele Mäuse im Winter in die Häuser, führen aber sommers wieder ein Leben im Freien. Die Westliche oder echte Hausmaus ist hingegen vollständig Hausbewohner, also im Wortsinn domestiziert. Dass wir sie nicht wollen, hat sie nicht gehindert, sich selbst zu domestizieren – völlig ohne unser Zutun, ja sogar gegen unsere Bestrebungen, sie mit Katzen und Fallen von unseren Häusern und Vorratsgebäuden fernzuhalten. Die Grenze zwischen Östlicher und Westlicher Hausmaus verläuft übrigens vom nördlichen Mittelmeer her, von der Adria, an München vorbei nordwärts durch Bayern und durch die östlichen Bundesländer zur Nordsee.

Auf die Gründe und die ungewöhnliche Stabilität dieser Grenze zweier sehr nahe miteinander verwandter Unterarten kann ich hier nicht eingehen. Näheres dazu enthält mein Buch über Haustiere (Reichholf 2017). Hier zählt allein der Befund, dass die Hausmaus sogar gegen den Widerstand der Menschen erfolgreich ins Haus drängte. Wie auch Ratten. Oder die Haussperlinge, die sich nördlich der Alpen den Menschen so eng angeschlossen haben, dass sie kaum mehr im Freien leben können, obwohl man sie daran nicht hindern würde. Neuester Zugang in unsere Menschenwelt ist die Türkentaube *Streptopelia decaocto* aus dem Vorderen Orient. Noch nicht einmal ganz ein Jahrhundert lebt sie in Europa und bloß ein halbes in Mittel- und Westeuropa. Dennoch ist sie hier bereits die häufigste oder zweithäufigste Taubenart. Ein weiteres allgemein bekanntes Beispiel ist die Amsel *Turdus merula*. Vor zwei Jahrhunderten war sie noch scheuer Waldvogel, nun aber, etwa seit Beginn des 20. Jahrhunderts, ein sehr vertrauter Gartenvogel in vielfach höherer Häufigkeit bezogen auf den ursprünglichen Zustand des 17. oder frühen 18. Jahrhunderts. Wir kennen und schätzen sie und bedauern ihr Schwinden: Rauch- *Hirundo rustica* und Mehlschwalben *Delichon urbica* sind seit Langem Gebäudebewohner der Dörfer und Stadtrandbereiche. Störche errichten ihre Nester auf Dächern und Schornsteinen, Fledermäuse hängen unterm Dach, und es gibt, der Ausgriff auf die Welt der Pflanzen ist hier unbedingt anzufügen, sehr viele verschiedene Wildpflanzenarten auf Höfen, in Gärten und Parkanlagen, wo sie ungepflanzt ganz von sich aus gedeihen. In der Menschenwelt geht es ihnen nicht selten besser als draußen in der freien Natur. Selbstverständlich müssten wir auch all die uns besonders lästigen oder sogar lebensgefährlich werdenden Mitbewohner anführen, die Flöhe, Läuse und Wanzen, die Eingeweidewürmer und auch, mit etwas mehr

Distanz zu unserem Körper, die Fliegen und anderen Insekten. Wir Menschen selbst bilden mit unserer gewaltigen Masse eine höchst attraktive Ressource für andere Lebewesen bis hin zu den winzigen Bakterien und den noch winzigeren Viren. Die Welt um uns herum, so wie wir sie seit der Sesshaftwerdung umgestaltet haben, stellt ein verändertes, gleichwohl höchst attraktives Potenzial dar, das andere Lebewesen zu nutzen versuchen. Wie gut sie das schaffen, hängt von den Möglichkeiten ab, die sie von ihrer natürlichen Ausstattung her mitbringen.

All das wird uns meistens nicht bewusst, weil es so selbstverständlich ist, dass wir von anderen Lebewesen umgeben sind und wir uns zudem mit den Nutztieren gezüchteter Formen umgeben haben. Diese, allen voran die Rinder und die Schweine, bilden längst die global größte Biomasse an lebenden Großtieren. Allein die Rinder übertreffen das Lebendgewicht der Menschheit um ein Mehrfaches, aber auch die Milliarde Schweine bringt zusammen mehr auf die Waage. Mit einem entsprechend hohen Nahrungsbedarf.

Die Hundwerdung des Wolfes und die Evolution der Hauskatze sind daher zwar spezielle und auf ihre Weise im Ergebnis besonders eindrucksvolle Fälle. Aber sie gehören zu einem viel umfangreicheren Geschehen. Menschen und Tiere befinden sich in Interaktion, seit steinzeitliche Menschengruppen als Jäger so effizient geworden waren, dass sie Großtierbestände stark dezimierten oder ganz ausrotteten. Seither ist der Mensch eine besondere Naturkraft, die Evolution bewirkt (Schilthuizen 2018). Die Menschenzeit als eigenständiges Erdzeitalter, als Anthropozän zu bezeichnen, ist völlig gerechtfertigt (Crutzen 2002). Dabei unterliegen wir selbst so sehr dem Prozess der Domestikation, dass wir mit harten Anstrengungen darum ringen müssen, uns jene Fitness einigermaßen zu erhalten, die unsere Art über Hunderttausende von Jahren auszeichnete und so erfolgreich gemacht hat. Was gegenwärtig bekanntlich nur mit Mühe und Not gelingt; eine geradezu ironische Formulierung, denn die gesündesten Körper haben Menschen knapp über dem Zustand echter Not. Die Selbstdomestikation ist angenehm, weil sie das Leben leichter macht. Zu angenehm, um sich rechtzeitig besser dagegen zur Wehr zu setzen. Der »faule Hund« ist meistens ein überfütterter. Welche Lehren wir aus dem Spiegel ziehen, den uns die Hunde vorhalten, liegt an uns. Immer noch leben in unserer Zeit viele Millionen Menschen als Parias ausgestoßen am Rande der Gesellschaften.

CORONAHUNDE

Die fuchsähnliche Hündin läuft mir entgegen und begrüßt mich. Wir kennen uns seit Jahren. Sie spielte gern mit Branko. Nun macht sie bei jedem Treffen einen irgendwie enttäuschten Eindruck. Vermisst sie unseren Hund, mit dem sie so oft zusammengekommen war bei den Gängen durch den Auwald? Den Hund, der ein paar Minuten später des Wegs kommt, kenne ich nicht. Er ist angeleint und offenbar noch ziemlich jung. Sein Besitzer, mit dem ich mich kurz unterhalte, bestätigt mir, dass er erst gut vier Monate alt ist und noch viel lernen muss. Schon etwas älter ist zweifellos der Schäferhund, der mir nun entgegenkommt. Er wirkt unsicher. Zumindest spürt man, dass ihm die Strecke nicht vertraut ist. Den nächsten Hund, einen Jagdhund, kenne ich wieder sehr gut. Er war Brankos größter Feind. Die beiden gifteten sich von Anfang an so heftig an, als wollten sie einander in der Luft zerreißen. Seit Branko nicht mehr lebt, himmelt uns dieser Hund an. Heute legt er seine Vorderpfoten in meine Hände und schaut mir so tief in die Augen, dass sein Besitzer scherzend fragt, ob ich ihn denn nicht gleich mitnehmen möchte. Wir unterhalten uns ein wenig, auch über die Frage, wie lange sich Hunde wohl an ihre früheren Bekannten erinnern. Jahrelang offenbar. Darauf weisen die enttäuschte Erwartung der Hündin ebenso hin wie die Freude des Rüden, der nun ohne das leidige Hindernis Branko Kontakt mit uns aufnehmen kann und nun gar mit sanfter Gewalt zum Weitergehen gebracht werden muss.

Szenen aus dem Spätsommer 2020. Was sich da mit den uns fremden Hunden andeutete, wurde den Herbst über eindeutig: Wir trafen, wenn wir wie früher mit Branko unsere Waldgänge im Auwald und im Forst machten, immer mehr Menschen, die mit einem Hund unterwegs waren. Tatsächlich war Anfang 2021 die Zahl der Hunde im Vergleich zu 2019 und den Jahren davor auf gut das Doppelte angestiegen. Die Zunahme hatte im Spätsommer eingesetzt und sich vom Herbst bis kurz vor Weihnachten beständig gesteigert. Das ließ sich dank der Zählungen, die ich durchführte, klar feststellen, denn der Kot, den die Hunde bei Waldspaziergängen absetzen, wird nicht aufgesammelt und mitgenommen wie auf Strecken innerorts.

Auf den Kot reagieren Mistkäfer, Waldmistkäfer. Sie untergraben ihn und formen daraus große Pillen für ihre Larven im Boden. Hundekot ist sehr nahrungsreich. So werden Hundestrecken zu Käferstrecken. Auch andere Insekten fliegen darauf, je nach Jahreszeit. Seit vielen Jahren beschäftige ich mich mit solchen Auswirkungen von Haustieren auf die Natur. Da ich nicht jeden Hundekothaufen suchen und notieren will, nehme ich die Frequentierung der Waldstrecken als Vergleichsmaß. Und stellte nun nach Ablauf des ersten Coronajahres fest, dass sich die Zahl der dort ausgeführten Hunde glatt verdoppelt hatte. Dies deckte sich mit den Berichten diverser Medien, denen zufolge in vielen Haushalten Hunde neu dazugekommen waren, besonders in den Großstädten. In München etwa stieg 2020 die Zahl der erstmalig angemeldeten Hunde um mehr als 8000. Auf die gut 40 000 Münchner Hunde bezogen war dies ein Anstieg um etwa 20 Prozent, verzögerte Anmeldungen und Zugänge aus dem Umland mit berücksichtigt vielleicht sogar um 25 Prozent. Mit einer ähnlichen Zunahme kann für die meisten Großstädte und Städte ausgegangen werden.

Warum es dazu kam, war bereits beim ersten Lockdown im Frühjahr 2020 klar geworden: Der Hund war ein »triftiger Grund«. Ihn auszuführen, wann immer es beliebte, eröffnete Freiräume zum Verlassen der Wohnung über das bloße Einkaufen von Lebensmitteln, Arztbesuche und ähnlich Notwendiges hinaus. Hunde privilegierten. Etwa ein Zehntel der Bevölkerung Deutschlands profitierte davon. Wer nach Einbruch der Dunkelheit mit Hund irgendwo unterwegs war, blieb unkontrolliert. Der Ausgang musste sein, weil der Hund »musste«. Allzeit bereit dazu, bedurfte es in aller Regel keiner Überredung. Mit schier unerschöpflichem Vorrat in der Blase, verteilt auf winzige Spritzer, heben die Hunde, speziell die zahlenmäßig weit überlegenen Rüden, vielfach das Bein, um ihre Anwesenheit zu markieren, ob sie müssen oder nicht. Wohl kein Polizist überprüfte auf seinem Kontrollgang während des Lockdowns, ob es sich nur um einen Vergnügungsspaziergang oder um einen »elementar notwendigen Ausgang« handelte. Mit der Hundekottüte in der Hand ließ sich ohnehin jeder Verdacht vorab entkräften. Der Hund – ein triftiger Grund! Hundekotsammeln als Passierschein! Wer hätte an so eine Möglichkeit anno 2019 gedacht?

Die in der Bevölkerung zahlenmäßig etwa gleich stark vertretenen Katzenfreunde muss dies hart getroffen haben. Ihre Stubentiger zeigten null Interesse an der neuen Lage und den phantastischen Möglichkeiten, die sich mit dem Lockdown für Freigänge rein theoretisch auftaten. Als Freikarte für einen zeitlich beliebigen Ausgang taugten Katzen in der Coronazeit überhaupt nicht. Die allermeisten, die Freilauf genießen, hätten sich geweigert, zu später Stunde angeleint mit Frauchen oder Herrchen auszugehen. Ihre nächtlichen Streifzüge durch die Gärten und Straßen machen sie, wenn es für sie an der Zeit ist. Ob sie die ungewohnt lange Anwesenheit ihrer Besitzer in den Wohnungen genossen oder lediglich zur Kenntnis nahmen – wir werden es nie erfahren. Manche Katzen werden es durchaus geschätzt haben, tagsüber miauend Forderungen stellen zu können, die Gehör finden mussten, weil ihr Mensch sich ihrem Drängen nicht entziehen konnte. Andere Katzen mögen sich unnötig in ihrer Tagesruhe gestört gefühlt haben. Das für sie Spannende findet ja nachts statt.

Wer mit Katze und Hund gleichermaßen vertraut ist, wird in der Ausnahmesituation der Coronazeit den krassen Unterschied zwischen beiden Haustieren noch stärker als sonst bemerkt haben. Für die Katze, für die der Mensch das Mittel zum Zweck ist, hatte sich nämlich wenig bis nichts geändert, für den Hund hingegen sehr viel, weil *er* das Mittel zum (aktuellen) Zweck geworden war. Es spricht für den Hund, dass er bereitwillig mitmachte, und für die Katze, dass sie sich trotz vermehrter Häuslichkeit der Menschen ihre Freiheit nicht nehmen ließ. Sie profitierte auf andere Weise: 2020 wurden weit weniger Katzen von Autos überfahren als in den Jahren davor. 40 Prozent macht der Unterschied zu 2019 und 2018 in meinen Feststellungen auf den regelmäßig befahrenen Strecken pro 100 Kilometer jeweils aus. Die nächtlichen Streifzüge und Ausflüge der Katzen waren dank des insbesondere während der

Ausgangssperre stark verringerten Verkehrs weniger gefährlich.

Ganz anders gestaltete sich die Lage für die Hunde. 2020 gab es für sie längere Ausgänge und interessante neue Routen. Die Pandemie entwickelte sich zu einem Geschehen, das für viele von ihnen ans Wundersame grenzen musste. Die Menschen vermehrten das für ihr Hundeleben Wichtigste: die Intensität der Zuwendung, verbunden mit mehr Abwechslung. War es für die Halter vorher schwierig gewesen, bei unvermeidbarer Abwesenheit Freunde und gute Bekannte für ein paar notwendige Hundespaziergänge zu engagieren, setzte nun ein Überangebot an Bereitschaft ein. Leihhunde wurden »intern systemrelevant«. Den meisten Hunden dürfte es auch ziemlich gleichgültig gewesen sein, wer sie nun häufiger ausführte und wohin die neuen Touren gingen, da sie vorher in dieser Hinsicht eher unterversorgt und zu Geduld gezwungen waren. Und für die Gassigeher galt: Wer nun mit einem angeleinten Hund spätabends oder mitten in der Nacht unterwegs war, brauchte keinen Nachweis zu erbringen, ob er auch der rechtmäßige Besitzer war. Das bloße Vorhandensein des Hundes erwies sich als Freibrief.

So dämmerte im Frühsommer 2020 eine Zeitenwende für den Hund herauf. Mit der unvermeidlichen, aber kalkulierbaren Zeitverzögerung in der Coronasituation wurden neue Würfe initiiert, großgezogen und die Welpen an die Frau oder an den Mann gebracht. Noch schneller reagierte wie üblich die ohnehin seit Jahrzehnten in der Grauzone oder im illegalen Bereich agierende Hundemafia. Bevor die seriösen Hundezüchter auch nur an neue Würfe denken konnten, wurden Welpen bereits in ganzen Wagenladungen aus Osteuropa ins Land geschleust. Die Strafen und Verluste, falls die illegalen Importe entdeckt wurden, blieben weit unter den erzielten Gewinnen, denn die Nachfrage war so hoch wie nie zuvor – zumal selbst die meisten Tierheime keine Hunde mehr vermitteln konnten. Sogar auf dem Land, wo sich die Ausgangsbeschränkungen weit weniger bemerkbar machten, kam es zu einem starken Anstieg in der Hundehaltung. Interessanterweise nicht so sehr bei den seit Jahren bevorzugten Rassen, wie Labrador, Golden Retriever oder Mops, sondern vor allem bei eher ungewöhnlichen Rassen und Mischlingen, die landläufig nicht als »schön« gelten; mittelgroße und große Hunde waren gefragter als Klein- oder Schoßhunde. Rehpinscher oder Pekinesen erfüllten eben nicht so sehr die Vorstellung von einem Hund, der um Mitternacht hinausmusste, weil er musste. So beeinflusste der Hund als Freibrief die Wahl von Größe und Rasse.

Durchaus mit wirtschaftlichen Aspekten: Die geschätzte allgemeine Zunahme um zehn Prozent in der Hundehaltung bedeutet mehr als eine halbe Million zusätzlicher Hunde. Das ergibt folgende Rechnung: Die Anschaffungskosten betragen pro Hund 500 bis 1000 Euro, der Jahresaufwand bewegt sich um die 3000 Euro. Der Hundeboom im Coronajahr 2020 war also ein Multimillionengeschäft, und das gewiss nicht nur in Deutschland, sondern weit über die Grenzen hinaus. Niemand weiß, welche Tragödien mit Hundewelpen sich auf dem Schwarzmarkt ereigneten und wie viele der neu angeschafften Hunde über kurz oder lang in Tierheimen landen werden, wenn die Notwendigkeit vorüber ist, sie als Passierschein zu benutzen. Das wird die weitere Entwicklung zeigen.

Fest steht: Viele Hunde waren Mittel zum Zweck. Ihr Dasein sollte dem Menschen nützen, wie früher der Hofhund an der Leine, der zu bellen und zu schützen und das Revier zu verteidigen hatte, oder auch die Hündchen, die als lebendiges Spielzeug für Kinder angeschafft werden, die noch viel zu klein sind, um die damit einhergehende Verantwortung übernehmen zu können. Doch wenn der Zweck nicht mehr gegeben ist, bedarf es auch des Mittels nicht. Und man entledigt sich wieder der Verpflichtungen, Mühen und Kosten (und die erreichen langfristig, je nach Größe des Tiers, das Niveau eines Kleinwagens), die ein Hund mit sich bringt. Etliche der Coronahunde sind längst schon wieder im Tierheim abgegeben worden - mit welch nachwirkenden Traumata, ist ein anderes Problem. Eine kritische Haltung zum vermeintlich stärkeren Interesse am Hund während der Pandemie ist also sicherlich angebracht.

Doch es gibt auch andere Fälle. Viele Welpen, die im Sommer und Herbst 2020 oder im Frühjahr 2021 neu in Familien kamen, erhielten ein gutes Zuhause und viel Zuwendung. Die Homeoffice-Arbeit eröffnete den Erwachsenen, die aus beruflichen Gründen keinen Welpen hätten großziehen und sozialisieren können, die Möglichkeit dazu. Der Distanzunterricht für die Schulkinder wirkte auf seine Weise mit. Wo unter normalen Umständen nahezu den ganzen Tag niemand zu Hause gewesen wäre, um die permanent notwendige Versorgung des Welpen sicherzustellen, war urplötzlich jene familiäre Häuslichkeit zustandegekommen, die die Voraussetzung für eine gute, sich festigende Sozialisation von jungen Hunden ist. Tierheimhunde wiederum standen »fertig« sofort zur Verfügung und mussten nicht erst aufwändig trainiert werden, weil dies in ihrem Vorleben bereits geschehen war.

Was mir beim Zusammentreffen mit »neuen« Hundebesitzern generell auffiel: Man nahm sich Zeit für Unterhaltungen, und zwar mindestens so lange, wie die Hunde selbst miteinander beschäftigt waren. Riss man sie früher oft schon auseinander, kaum dass sie sich beschnuppert hatten, so durften sie jetzt ihre gegenseitigen Erkundungen in aller Ruhe durchführen, ohne gedrängt zu werden. Mitunter schienen die Menschen, die sich irgendwo auf einem Waldweg getroffen hatten, gar zu vergessen, dass sie Hunde mit dabeihatten. So sehr waren sie in ihre eigenen Gespräche vertieft.

Und noch etwas anderes wurde über die Monate hinweg immer deutlicher: Den ausgeführten Hund begleiteten zwei oder mehr Menschen, oft sogar eine Familie oder eine Gruppe, während früher fast immer Einzelpersonen mit dem Hund spazieren gingen. Während der Pandemie stellte der Hund viel ausgeprägter den Kern einer sozialen Gruppe dar. Manche Hunde fühlten sich dabei offensichtlich sehr gut. Um dies zu erkennen, waren keine besonderen Kenntnisse nötig, so konzentriert und engagiert führten sie ihre Gruppe an. Wie gern hätte man mitbekommen, was die Hunde einander zu sagen hatten, die sich bei solchen Waldgängen trafen.

Es waren gute Wochen und Monate für die Hunde im Coronajahr 2020. Vielen war dies anzusehen. Vielen Menschen auch, da sie das Zusammensein mit dem Hund sichtlich genossen. Man kann nur hoffen, dass die Zuwendung anhält und sich nicht verflüchtigt, wenn die Pandemie überwunden ist. Die Hunde der Coronazeit waren so munter, so entspannt. Sie waren viel vertrauter und weit neugieriger als gewohnt. Ihr Verhalten spiegelte die gestiegene Beziehungsqualität zwischen Mensch und Hund. Wie lange wird sie nachwirken? Wird unsere Dankbarkeit für ihre Lebenshilfe anhalten?

ZUSAMMENFASSENDER RÜCKBLICK

Sind meine Ausführungen den eingangs aufgeworfenen Fragen gerecht geworden? Diese Frage bewegt mich im Rückblick auf das Geschriebene selbstverständlich mehr als während der Ausarbeitung des Manuskripts. Dass das Gebotene der Weisheit letzter Schluss nicht sein kann, ist klar. Denn neue Forschungsergebnisse können und werden zu Änderungen in den ausgebreiteten Szenarien zwingen. Insofern handelt es sich immer um Vorläufiges. Hinzu kommt, dass jede Sicht im Hintergrund eine persönliche Ausrichtung hat, die seitens der Kritiker Schlagseite genannt wird. Dass ich weit mehr, als das in anderen Büchern über den Hund geschehen ist, die Ökologie in die Betrachtungen mit einbezogen habe, drückt zwar meine persönliche Gewichtung aus, bedeutet jedoch auch, dass die Bücher einander ergänzen sollten. Mir schien dies insbesondere im Hinblick auf die Eiszeitverhältnisse und den Vergleich der Wölfe und Hunde mit anderen Tieren wichtig, weil sich daraus Szenarien ergeben, die sich kritisch überprüfen lassen. Evolution findet statt auf den Bühnen langer Zeitserien. »Um-zu-Erklärungen« sind zu vermeiden, weil sie eine Ausrichtung auf ein Ziel bedeuten würden. Das Ergebnis darf nicht mit einem Ziel gleichgesetzt werden. In kaum einem vergleichbaren Fall neigt man aber dazu, dem Ergebnis so nachdrücklich eine Absicht zu unterstellen wie bei der Domestikation des Hundes. Er wirkt einfach so großartig, dass man glauben möchte, die Eiszeitmenschen hätten sich den Hund aus dem Wolf geschaffen, wie gemäß der Bibel Gott den Menschen nach seinem Bild und Gleichnis. Solche Erwägungen liefern den einen Teil der Begründung, weshalb ich dieses Buch über den Hund geschrieben habe, den anderen Teil hat jener Hund von sich aus beigetragen, der im Text so oft und mit so vielen unverhohlenen Emotionen behandelt ist. Die Zeit mit ihm zwang dazu, die Hundwerdung von Wölfen als zunehmende Wechselwirkung mit den Menschen zu begreifen. Sein Leben schärfte den Blick dafür, wie viele Ansätze, Hunde streng wissenschaftlich zu untersuchen, reichlich nebensächlich oder ganz falsch operieren. Nicht nur bei Hunden, sondern in der Tierforschung ganz generell. Tiere sind keine Verhaltensautomaten mit mehr oder weniger Flexibilität, dieses oder jenes (nicht) zu tun. Deshalb halte ich es auch für voll und ganz gerechtfertigt, dass es so viele Bücher über den Hund und unter ihnen auch so viele wirklich gute gibt. Die im Text angegebenen und die im Literaturverzeichnis aufgeführten stellen eine kleine, wiederum persönliche Auswahl dar. Auf manche nicht gelesene Werke kann ich wohl verzichten, bei anderen, vielleicht sogar recht vielen, ist es ein Manko, das ich bedauere. Aber an der Unvollständigkeit des Wissens führt längst kein Weg mehr vorbei.

Meinen Ausführungen legte ich das Prinzip zugrunde, dass sie nicht »geglaubt« werden müssen. Dies ist ein unabdingbares Gebot für die naturwissenschaftliche Arbeitsweise, auch wenn dabei spekulative Szenarien zur Hundwerdung von Wölfen entworfen werden. Die einzelnen Abschnitte der Entwicklung versuchte ich so zu formulieren, dass sie hinreichend abgegrenzt und als solche widerlegbar sind. Und nicht bloß »schöne Geschichten« ergeben. Dass es sich um eine solche handle, mag man den Schilderungen unterstellen, die unseren Hund Branko betreffen. Da sie sehr persönlich sind, kann ich nicht verhindern, dass sie so wirken. Die einzige, gleichwohl sehr starke Begründung ergibt sich aus dem Selbsterlebten. Allemal ist es authentischer als von anderen Übernommenes. Was Branko betrifft, bin ich sicher, dass viele Menschen, die einen Hund von so klein an großgezogen und die ganze Entwicklung bis zu seinem Tode miterlebt haben, dem Dargelegten zustimmen werden. Branko war kein Wunderhund. Er war einzigartig, wie jedes andere Hundeindividuum auch, das sich im Zusammenleben mit Menschen frei entfalten kann. Darum geht es mir mit seinem Beispiel am meisten. Denn fast alle Hunde werden zu sehr dressiert und damit an der Entfaltung ihrer Persönlichkeit gehindert. Wie der Polizeihund, mit dem ich in meiner Jugend so herrliche Tage erlebt hatte. Branko war Familienmitglied mit eigenen Bedürfnissen und Eigenschaften, auf die wir uns einstellten. Deshalb verlief das Leben mit ihm so gut, aus unserer Sicht einfach wundervoll.

NACHWORT

Tiere machten uns menschlich (Shepard 1996). In der Wechselwirkung mit ihnen entwickelt sich die Empathie, die Lebendiges anders einstuft als das Nichtlebendige. Die uralte, höchst einseitige Beziehung des Jägers zum Beutetier, das er getötet hatte und dem die nachträgliche, letztlich höchst egoistische Verehrung nichts mehr nützte, wurde mit dem Hund wechselseitig und anhaltend lebendig. Mit dem Hund trat erstmals ein Tier in das Leben der Menschen, mit dem sie Aug in Aug zusammen waren. Die Spiegelung, die erkennbar wurde, führte dazu, dass den Tieren eine andere Stellung zuteilwurde. Dokumentiert ist sie in manchen Sprachen. So lebt das lateinische Wort *anima* = Seele fort im englischen *animal*, das wir im Deutschen abqualifiziert haben zu animalisch, um damit die »niederen Instinkte« oder »tierische Beweggründe« zum Ausdruck zu bringen. Das scheint ganz generell bedenkenswert in einer Zeit, in der wir erleben, wie leicht der Wolf wieder verteufelt werden kann in einer Gesellschaft, die sich aufgeklärt gibt und seit Jahrzehnten gewaltige Unterstützungssummen in Landwirtschaftsformen steckt, die unrentabel und, von Sonderfällen abgesehen, auch unnötig sind. Geschürt werden mit den Wolfsängsten Vorstellungen aus Märchen, die leichter geglaubt werden als sachlich ermittelte Fakten. Wird irgendwo ein Wolf gesichtet, vermeintlich oder tatsächlich, wird dies in den Medien berichtet. So als ob Wölfe Vorboten des Untergangs zivilisierter Verhältnisse wären. Es ist bitterste Ironie, dass es den Wölfen dort gut geht, wo Menschen den Krieg gegen Menschen üben, und am besten, wo eine atomare Katastrophe großflächig Freiraum schuf, in dem Natur wieder Natur sein darf. Was Wölfe da über die Menschen denken würden? Andererseits leben Millionen Pariahunde am Rand der Menschenwelt, erbärmlich, wie es für viele Tierschützer aussieht, aber immerhin frei in ihrem Leben.

Zwischen verfemten Wölfen und verachteten Parias liegt die engere Welt der Haushunde mit all ihren Facetten und Skurrilitäten. Manche werden so verhätschelt und mit Liebe überschüttet, dass sie einem leidtun (müssten), andere nach wie vor so streng gehalten oder für Zwecke missbraucht, die ihrem Hundewesen von Natur aus fremd sind, dass man ihnen wünschte, sie wären nie in die Hände von Menschen geraten. Doch vielen Hunden geht es gut in unserer Zeit; wahrscheinlich so vielen wie noch nie seit der Hundwerdung von Wölfen. Wie und warum sie zustande kam, beschäftigt nicht nur Hundefreunde. Der Hund ist ein Phänomen. Etwas so Einzigartiges, dass man ihn nicht hätte erfinden können.

Als Biologe beschäftigte mich die Frage, wie der Wolf zum Hund wurde, lange Zeit eher am Rande. Mir schien sie gelöst, nachdem ich als Student das Büchlein *So kam der Mensch auf den Hund* von Konrad Lorenz gelesen hatte. Ich halte es nach wie vor für das schönste Hundebuch. Sicher habe ich es mindestens ein halbes Dutzend Mal gelesen. Und andere Bücher über Wolf und Hund auch. Aber erst mit Branko, wie er sich entwickelte und verhielt, begann ich intensiv über die Hundwerdung nachzudenken, die Argumente zu überprüfen und den Vorgang einzubinden in die Entstehung von Haustieren. Eine Fülle von Fragen tat sich auf. Überraschende Beziehungen und Querverbindungen kamen zutage. Aus unterschiedlichsten Teilstücken formte sich ein Bild, das ich darzulegen und zu begründen versuchte. Auf die Diskussionen, die es – hoffentlich – auslöst, freue ich mich. Und wie das Leben so spielt: Als das Manuskript gerade abgeschlossen war, wurde von Scinexx eine neue Untersuchung publik gemacht, mit dem Titel »Hunde fraßen schon vor 28 500 Jahren unsere Abfälle. Zahnverschleiß weist auf Änderung der Ernährung bei domestizierten Hunden hin.« Genau so etwas erhofft man für solche Stücke in der Argumentation, die zunächst rein spekulativ wirken. Die These von der ökologischen Aufspaltung der Urwölfe in zwei Arten, in die »echten« Wölfe *Canis lupus* und die Hunde *Canis familiaris*, geschehen während der Eiszeit und lange vor dem Sesshaftwerden der Menschen, erhält über diese neuen Befunde eine wichtige Stütze. Die Suche nach Belegen und ihre kritische Sichtung werden weitergehen. Sie ist die eine, die wissenschaftliche Seite. Die menschliche, unser Leben mit dem Hund, bildet die andere. Sich dieser Herausforderung zu stellen, ist die Aufgabe für jeden Menschen, der mit einem Hund lebt.

Mit meinem Buch wollte ich keine Anleitung zur Hundehaltung geben. Das wäre überflüssig, weil es so viele und so gute Bücher darüber gibt, dass mit weiteren eher die Verwirrung steigt. Fast zwangsläufig, weil man immer von einem oder einigen wenigen Hunden ausgeht, mit denen die persönlichen Erfahrungen gemacht wurden. Der Hund an sich ist nicht beschreibbar. Mit einem Hund umzugehen bedarf sowohl der Grundkenntnisse der Hundehaltung als auch der Einstellung auf genau diesen Hund. Jeder ist ein Individuum, keine schablonenhafte Reproduktion eines bestimmten »Typs«. Deshalb sind Hunde, wie Tiere ganz generell, für Kinder so wichtig. Im Leben mit ihnen können sie eine breitere Basis des Mitgefühls entwickeln. Hund oder Katze sind oft die einzigen Tiere, mit denen Kinder und Jugendliche noch direkt Kontakt bekommen in der zunehmend virtuellen Welt, in der sie leben. Aus guten Gründen entwickeln sich mitunter sogar läppische Tiervideos im Nu viral im Internet. Umgekehrt werden Hunde für alte und für allein lebende Menschen immer wichtiger als Gegengewichte der Vereinsamung. Die Umkehrung des bekannten Spruchs ergibt sich daraus als Auftrag: Der Mensch sei des Hundes bester Freund!

DANK

Zuallererst danke ich meiner Frau Miki Sakamoto. Sie hatte den kleinen Welpen großgezogen. Unter ihrer Fürsorge entwickelte er sich zu einem so prächtigen Hund. Branko ließ mich hineinblicken in seine Welt. Ich versuchte, diese zu verstehen, wenigstens ansatzweise. Nie wurde er müde, mich zu führen und sich führen zu lassen. Meine Frau tat alles, um ihm das Leben mit uns so angenehm wie möglich zu machen. Dass sie oft, meistens sogar, seine tägliche Betreuung übernahm, drückte dies aus. Morgens oder nachts reagierte sie auf sein Fiepen, mit dem er anzeigte, dass er hinausmusste oder dass es nun an der Zeit zum Ausgang war. Zu seinen Gunsten verzichtete sie über 13 Jahre lang auf sehr viel. Der Welpe hatte die richtige Wahl getroffen, als er ihr entgegenkroch. Große Teile des Buches gingen aus der Wechselwirkung zwischen ihr und dem Hund hervor. Es war für sie wie eine Wiederkehr ihrer Kindheit in Japan, in der ein Welpe ins Haus kam, vornehmlich von ihr großgezogen, und ihr Begleiter geworden war. »Rin«, so hieß er, bekam, als er erwachsen war, eine Hündin dazu. Diese war als Straßenhund zugelaufen und geblieben. Vier Junge bekam sie, die großgezogen und an Bekannte abgegeben wurden. Branko weckte diese Erinnerungen meiner Frau zu neuem Leben. Damit ist es auch ihr Buch geworden.

Auf Tochter Alexandra wirkte Branko höchst nachhaltig auf andere Weise. Sie macht nun tiergestützte Therapie, betätigt sich als Hundetrainerin und ist aktiv in einem Münchner Hundeverein. Jugendliche Erfahrungen müssen reifen. Branko hatte ihren Lebensweg offenbar stark beeinflusst. Dass wir mit ihm darüber hinaus zahlreiche Bekanntschaften mit anderen Menschen machten, versteht sich von selbst. Nicht selbstverständlich ist, wie er Freunde und gute Bekannte für sich gewann, sogar wenn diese vorher gar keine Erfahrungen mit Hunden gehabt hatten. Bei einem verhältnismäßig großen, zudem eher wolfsähnlichen Hund kann man dies nicht gerade erwarten. Wir danken daher Agatha und Raimund für all die Ausgänge, die sie mit Branko machten, wenn wir abwesend waren, und sich dabei stets ordentlich um seine Exkremente kümmerten.

Dr. Martin Brinkmann trug als Literaturagent entscheidend dazu bei, dass dieses Buch entstand und im Carl Hanser Verlag erscheinen konnte. Der damalige Lektor Christian Koth erlebte Branko noch und weiß, was das für ein Hund war, der ihm die bei einer Waldexkursion nass gewordenen Füße wärmte. Nicht mehr zuwedeln konnte Branko leider Annika Domainko, die dann als Lektorin das Buch betreute. Also danke ich ihr auf Menschenweise an dieser Stelle, wie auch allen, die im Verlag dafür sorgten, dass das Buch zustande kam. Für Tochter Susanne und die beiden Enkelinnen Luise und Annika wird es bittere Erinnerungen daran wecken, dass ihr Hund, ein wunderbarer Ridgeback, beim Brand des Hauses umgekommen ist. Er war ein Musterbeispiel dafür, dass Hunde und Katzen bestens zusammenleben können, wenn sie alle viel Freiheit genießen. Schließlich verbinde ich mit diesem Buch die Hoffnung, dass es immer mehr Hunden vergönnt sein wird, ein Leben mit Menschen zu führen, das nicht auf strenger Dressur beruht, sondern auf jener liebevollen Beziehung, zu der die Hunde befähigt sind.

LITERATUR

Anhalt, Utz, *Die gemeinsame Geschichte von Wolf und Mensch. Von Wolfsmenschen und Werwölfen*, Schwarzenbek 2013.

Baumgartner, Hansjakob, Sandra Gloor, Jean-Marc Weber & Peter A. Dettling, *Der Wolf, ein Raubtier in unserer Nähe*, Bern 2008.

Bekoff, Mark, *Canine Confidential. Why Dogs Do What They Do*, Chicago 2018.

Benecke, Norbert, *Der Mensch und seine Haustiere*, Stuttgart 1994.

Bloch, Günther & Elli H. Radinger, *Der Wolf kehrt zurück*, Stuttgart 2017.

Bradshaw, John, *The Animals Among Us. How Pets Make Us Human*, New York 2017.

Brandstetter, Johann & Josef H. Reichholf, *Symbiosen, Das erstaunliche Miteinander in der Natur*, Berlin 2016.

Bueler, Lois E., *Wild dogs of the world*, London 1973.

Chadwick, Douglas H., »Return of the Gray Wolf«, National Geographic 193 (5): 72–99.

Clutton-Brock, Juliet, *Domesticated Animals from early times*, London 1981.

Coppinger, Raymond & Lorna Coppinger, *Dogs. A New Understanding of Canine Origin, Behavior, and Evolution*, Chicago 2001.

Coppinger, Raymond & Lorna Coppinger, *What is a Dog?*, Chicago 2016.

Crisler, Lois, *Wir heulten mit den Wölfen*, München 1962.

Crutzen, Paul J., »Geology of mankind«, Nature 415, 23, 2002.

Derr, Mark, *How the Dog Became the Dog. From Wolves to Our Best Friends*, London 2011.

Despret, Vinciane, *Was würden Tiere sagen, würden wir die richtigen Fragen stellen?*, Münster 2019.

Dunbar, Robin, *Klatsch und Tratsch. Wie der Mensch zur Sprache fand*, München 1998.

Fagan, Brian, *Eiszeit. Leben und Überleben im letzten großen Klimawandel*, Stuttgart 2009.

Fox, Michael W., *The Whistling Hunters. Field Studies of the Asiatic Wild Dog (Cuon alpinus)*, New York 1984.
Fuhr, Eckhard, *Rückkehr der Wölfe. Wie ein Heimkehrer unser Leben verändert*, München 2014.
Fürstauer, Johanna, *Wie kam die Katze auf das Sofa? Eine Kulturgeschichte*, Wien 2011.
Garber, Marjorie, *Die Liebe zum Hund. Beschreibung eines Gefühls*, Frankfurt 1997.
Gomille, Axel, *Deutschlands wilde Wölfe*, München 2016.
Grossman, Loyd, *Der beste Freund des Menschen. Der Hund ... und seine wahre Geschichte*, Mürlenbach 1995.
Hemmer, Helmut *Domestikation. Verarmung der Merkwelt*, Braunschweig 1983.
Herre, Wolf & Manfred Röhrs, *Haustiere – zoologisch gesehen*, Stuttgart 1973.
Hoefs, Nicole & Petra Führmann, *Auf Hundepfoten durch die Jahrhunderte*, Stuttgart 2009.
Hygiene Museum Dresden (Hrsg.), *Mensch und Tier. Eine paradoxe Beziehung*, Dresden 2002.
Imbrie, John & Katherine Palmer Imbrie, *Ice Ages*, Cambridge, Mass. 1979.
Kahlke, Hans Dietrich, *Die Eiszeit*, Leipzig 1994.
Von Koenigswald, Wighart & Joachim Hahn, *Jagdtiere und Jäger der Eiszeit. Fossilien und Bildwerke*, Stuttgart 1981.
Kolbert, Elizabeth, *Das sechste Sterben. Wie der Mensch Naturgeschichte schreibt*, Berlin 2015.
Kotrschal, Kurt, *Einfach beste Freunde. Warum Menschen und andere Tiere einander verstehen*, Wien 2014.
Kotrschal, Kurt, *Wolf Hund Mensch. Die Geschichte einer jahrtausendealten Beziehung*, München 2014.
Kotrschal, Kurt, *Hund & Mensch. Das Geheimnis unserer Seelenverwandtschaft*, Wien 2016.
Kurtén, Björn, *How to Deep-Freeze a Mammoth*, New York 1986.
Kurtén, Björn, *Before the Indians*, New York 1988.
Lorenz, Konrad, *So kam der Mensch auf den Hund*, München 1983.
Mann, Thomas, *Herr und Hund. Ein Idyll*, Frankfurt 2013.
Marra, Peter P. & Chris Santella, *Cat Wars. The Devastating Consequences of a Cuddly Killer*, Princeton 2016.
Marshall Thomas, Elizabeth, *The Hidden Life of Dogs*, New York 1993.
Martin, Paul S. & Richard G. Klein (eds.), *Quaternary Extinctions. A Prehistoric Revolution*, Tucson 1984.

Ménatory, Gérard, *Das Leben der Wölfe, Mythos und Wahrheit*, Bergisch Gladbach 1992.
Miklosi, Adam, *Der Hund, Geschichte, Biologie, Rassen*, Bern 2018.
Nougier, Louis-René, *Die Welt der Höhlenmenschen*, Zürich und München 1989.
Oeser, Erhard, *Hund und Mensch. Die Geschichte einer Beziehung*, Darmstadt 2009.
Owens, Paul, *Der Hundeflüsterer*, Stuttgart 2005.
Pääbo, Svante, *Die Neandertaler und wir. Meine Suche nach den Urzeit-Genen*, Frankfurt 2015.
Probst, Ernst, *Deutschland in der Steinzeit. Jäger, Fischer und Bauern zwischen Nordseeküste und Alpenraum*, München 1999.
Reichholf, Josef H., *Warum die Menschen sesshaft wurden*, Frankfurt 2008.
Reichholf, Josef H., *Auf den Hund gekommen*, Zürich 2014.
Reichholf, Josef H., *Haustiere. Unsere nahen und doch so fremden Begleiter*, Berlin 2018.
Röcken, Hermann, *Das Arbeitstier. Wie es begann und was daraus wurde*, Percha 1989.
Rowlands, Mark, *Der Philosoph und der Wolf. Was ein wildes Tier uns lehrt*, München 2010.
Rudolph, Ebermut, *Vertrieben aus Eden. Das Tier im Zugriff des Menschen – beherrscht, behütet und bedroht*, München 1979.
Schilthuizen, Menno, *Darwin Comes to Town. How the Urban Jungle Drives Evolution*, London 2018.
Schönberger, Alwin, *Die einzigartige Intelligenz der Hunde*, München 2007.
Schulze, Gerhard, *Die beste aller Welten*, München 2003.
Serpell, James, *Das Tier und wir. Eine Beziehungsstudie*, Zürich 1990.
Shepard, Paul, *The Others. How Animals Made Us Human*, Washington, D.C. 1996.
Shipman, Pat, *The Invaders. How Humans and Their Dogs Drove Neanderthals to Extinction*, Cambridge, Mass. 2015.
Sutcliffe, Anthony J., *On the track of Ice Age mammals*, London 1985.
Sykes, Bryan, *Darwins Hund. Die Geschichte des Menschen und seines besten Freundes*, Stuttgart 2019,
Tabor, Roger, *The Wildlife of the Domestic Cat*, London 1983.
Tabor, Roger, *Katzen, die Überlebenskünstler*, Mürlenbach 1996.
Trinkaus, Erik & Pat Shimpan, *The Neandertals. Changing the Image of Mankind*, New York 1993.

Trumler, Eberhard, *Hunde ernst genommen,* München 1974.
Trumler, Eberhard, *Das Jahr des Hundes,* Mürlenbach 1984.
Tucholsky, Kurt & Klaus Ensikat, *Der Hund als Untergebener. Bissiges über Hunde und ihre Halter,* Großhansdorf 2013.
Turner, Dennis & Patrick Bateson (Hrsg.) *Die domestizierte Katze. Eine wissenschaftliche Betrachtung ihres Verhaltens,* Zürich 1988.
Van Schaik, Carel & Kai Michel, *Das Tagebuch der Menschheit. Was die Bibel über unsere Evolution verrät,* Reinbek bei Hamburg 2016.
Wiesner, Henning, *Wenn Hunde sprechen könnten!,* München 2013.
Wrangham, Richard, *Feuer fangen. Wie uns das Kochen zum Menschen machte – eine neue Theorie der menschlichen Evolution,* München 2009.
Wrangham, Richard, *Die Zähmung des Menschen,* München 2019.
Wynne, Clive, *... und wenn es doch Liebe ist? Neues zur Hund-Mensch-Beziehung,* Nerdlen 2019.
Zimen, Erik, *Der Hund. Abstammung, Verhalten, Mensch und Hund,* München 1988.
Zimen, Erik, *Der Wolf. Verhalten, Ökologie und Mythos,* München 1990.

REGISTER

Aasjäger/-verwerter 53, 55, 57, 98
Abfallverwerter 43, 55, 63, 113, 125, 181, 193
Aborigines 38, 103
Ackerbau 33, 35–37, 41, 180, 185 f.
Affen 31, 57, 66
Afrika 19, 27 f., 33, 37 f., 40, 42 f., 50 f., 56–61, 63, 65–68, 70, 74, 76–81, 84, 87 f., 94 f., 98 f., 102 f., 106 f., 112–115, 123, 184, 193
Ägypten 37, 68, 185
Akitas 126
Alaska 29, 59, 69, 71, 77, 105 f.
Alaskan Malamuts 66
Alpen 15, 27, 61, 142, 195
Alphawölfe 46, 48
Altai 123
Altamira 93
Althunde 91
Amazonien 104
Amseln 136, 195
Amur 124
Anatolien 123, 185
Antarktis 102, 106
Anthropozän 196
Antilopen 57 f., 93, 105, 124
Archäologie 22, 89
Arktis 28, 66, 69, 93, 99, 106
Asien 19, 29, 33, 36, 38, 40, 42, 51, 58 f., 63, 65, 68 f., 71, 75 f., 79, 87, 95, 102–108, 112 f., 116, 124–126
Äthiopien 67, 80
Auerochsen 58, 93, 114, 122, 124
Aurignacien 92
Australien 38 f., 102–105, 107 f.
Autofahren 146

Bakterien 43, 63, 98 f., 196
Balkan 51, 99
Bannzauber 123
Bären 28, 58 f., 71 f., 78, 84, 90–93, 96 f., 105, 115, 117
Bastet 185
Beljajew, Dimitri 118, 192
Bellen 18, 20–22, 26, 61, 133–135, 137 f., 141, 144 f., 154–156, 160, 172, 181, 189
Belohnungen 46, 113, 139, 172, 175
Beringia 106
Beringstraße 105
Berlin 191 f., 194
Bernhardiner 131
Betteln 151
Beutegreifer 52 f., 56, 59 f., 64, 86, 97, 124
Beutellöwen 103, 107
Beuteltiere 102–104
Beutelwölfe 103 f.
Biomasse 59, 196

Bisons 58, 86, 93, 105, 122
Blindenhunde 189
Bordercollies 159
Braunbären 71, 93, 96, 105
Buddhismus 183
Büffel 58, 60, 86, 105

Caniden 39 f., 54, 67
Cavalli-Sforza, Luigi L. 112, 126
Chauvet 93
China 32, 36, 116, 120, 123–126
Chow-Chows 126
Cro-Magnon-Menschen 114, 122
Crutzen, Paul J. 196

Dackel 20, 23, 47, 55
Darwin, Charles 25, 82
Defektmutanten 177
Denisovamenschen 108, 124
Deutschland 8, 11, 29, 47, 51, 121, 186
Dholen 40
Diclofenac 62
Dingos 38, 103 f.
Direwölfe 86, 105
Doggen 23, 186
Domestikation 7, 35–37, 40, 50, 60, 65, 68, 108, 113, 150, 179, 184, 188, 192–194, 196, 206, 210
Dominanz 46, 48 f., 115, 155
Dressur 9, 13, 16, 20 f., 46, 101, 138–140, 142, 181, 187, 207
Dunbar, Robin 111

Eem-Warmzeit 98
Eichhörnchen 135 f.
Eifersucht 181
Eisbären 105
Eiszeiten 8, 27–29, 33, 35–38, 40 f., 46, 58–60, 64 f., 68, 70 f., 74 f., 77–84, 86–88, 90, 92 f., 95–100, 102, 105–107, 112–116, 118, 120–126, 182, 205 f., 210
Eiszeitland 27, 40, 46, 58, 74, 78 f., 81, 86 f., 95–98, 120, 122
Eiszeitmenschen 28 f., 38, 71, 79, 88, 90, 92 f., 96, 100, 182, 206
Elche 71, 86, 93, 105, 194
Elefanten 58, 98
Empathie 208
Endorphine 175 f.
Epigenetik 22, 149, 177
Erdbaue 69 f.
Eurasien 34, 37 f., 58 f., 82, 94, 102, 112
Europa 27, 29, 33–38, 40, 42–44, 48, 50 f., 56, 58, 60, 62, 65, 70 f., 75, 87, 92, 95, 98, 102–109, 112 f., 116, 120–126, 185–187, 195
Evolution 60, 80, 102, 184, 196, 205
Evolutionsbiologie 22, 107, 109, 149

Falbkatzen 184, 193
Farben 170, 189
Fische 96, 121, 125, 193
Fledermäuse 195
Fliegen 196
Flöhe 195
Fortpflanzung 30, 77, 79, 83, 118, 182, 186, 188
Fossilfunde 29, 36 f., 71, 81 f., 122, 127
Frankreich 111, 122
Fressgier 150
Füchse 40, 51 f., 58, 67, 83, 92 f., 113, 116, 118, 169, 191 f.

Gämsen 92 f.
Gaure 124
Gazellen 57
Gehirn 31, 57, 66, 88, 94, 109–111, 143, 157, 171, 177, 179
Gehörsinn 9, 14, 20, 146, 158, 166–168, 170 f., 174, 189
Geier 44 f., 57, 61–65
Genetik 22, 24–26, 32 f., 36 f., 40, 56, 82, 87, 89, 91, 94, 108, 112 f., 120, 126, 149, 176 f., 180 f., 185
Geparde 39, 54, 56–59, 67 f., 96, 100, 105
Geruchssinn 21, 143–145, 166–169, 171, 174
Gesichtssinn 166, 168
Ghir-Wald 59
Giftköder 100
Glyptodonten 104
Gnus 60
Goldschakale 26, 50 f., 60, 89, 91, 119, 193
Grauwölfe 26, 39, 105
Griechenland 41, 124
Grizzlybären 78, 96, 105
Grönland 75
Großes Sterben 104 f.
Großkatzen 29, 54, 84, 96, 104, 189
Grundumsatz 66, 73
Grzimek, Bernhard 68, 81, 107

Hahn, Joachim 92
Hasen 52, 97, 101, 190
Haushunde 26, 36, 42, 46, 209
Hauskatzen 56, 184, 186–188, 190 f., 196
Haustiere 7, 10, 26, 33, 39, 54, 72, 187, 195, 209
Hermeline 58
Hetzjäger 96
Heulen 21 f., 30, 48, 56, 85, 117, 175
Himalaja 76
Hirnforschung 94
Hirsche 28, 48, 58, 93, 105, 114, 122, 124, 194
Hofhunde 15, 26, 49
Höhlen 27–29, 69, 71–74, 79, 86, 92 f., 114, 122 f.
Höhlenbären 28, 71, 92 f.
Höhlenhyänen 92 f.
Höhlenlöwen 28, 92 f.
Höhlenmalereien 79, 86, 93, 114, 122 f.
Höhlenmenschen 71, 93
Holozän 36
Homo erectus 58, 107
Homo sapiens 33, 38, 65, 74, 87, 89, 94, 97, 108, 110–114, 122, 124, 126
Hopfen 24
Hormone 175–178
Hundeartige 40, 50, 54 f., 60, 62, 69
Hundebisse 8, 12, 47–50, 145, 148, 150
Hundeblick 160 f.
Hundehütten 73, 136
Hundepensionen 153
Hunderassen 23–25, 36 f., 42, 44, 47, 74, 129, 148 f., 172, 177, 186
Hundwerdung 8, 20, 22, 25–27, 31–35, 38–40, 42, 46, 60, 64 f., 74, 78, 82, 89, 101, 112, 119–121, 125–127, 171, 173, 178 f., 182, 196, 206, 209
Hundwölfe 31, 35–37, 113, 117–119, 121, 127, 150, 179 f., 182, 192
Huskys 23, 66
Hütehunde 26, 37, 171 f.

Hyänen 28 f., 56, 58, 61, 70, 83–86, 92 f., 96, 115
Hyänenhunde 40, 60, 65 f., 69 f.
Hybride 24, 87

Indianer 86, 105
Indien 20, 38, 40, 42, 44, 50, 59, 62 f., 68, 116, 183, 193
Individualabstand 169
Infektionen 8, 62, 80, 95, 151
Insekten 196
Inuit 78
Irland 122
Istanbul 186, 191
Italien 99

Jagderfolg 53, 67, 83, 94, 96
Jagdgemeinschaft 89–91, 94
Jagdhunde 91, 100 f., 145
Jäger und Sammler 8, 36–38, 41, 75
Jaguare 69, 96, 104
Japan 125 f.
Jünger, Ernst 26

Kadavernutzer 43, 54–57, 61–64, 71, 85, 96, 98, 100, 112, 115 f., 119
Kampfhunde 37, 47
Kamtschatka 71
Kanada 69, 71, 78
Kängurus 102 f.
Kaninchen 103, 178
Karibus 77, 105
Katzen 10, 23, 52, 54–56, 84, 96, 103, 133–136, 155, 170, 174, 176, 184–194, 196, 210
Katzenartige 54
Kaukasus 27, 123 f.
Kehlkopfabstieg 110
Klein, Richard G. 106
Knurren 12, 16, 49, 145
Kodiakbären 71
Koenigswald, Wighart von 92
Kojoten 26, 40, 51, 83
Kommandos 12 f., 21, 101
Kommensalen 117
Koprophagie 43
Korea 125 f.
Köter 42
Kotrschal, Kurt 48, 175
Kufstein 92

Laktose 180
Lascaux 93
Lauerjäger 54 f., 69
Läufigkeit 30, 72, 119, 163, 190
Laufjäger 54
Läuse 195
Lebenserwartung 21, 177
Lefzen 19
Leinenpflicht 46 f.
Leitwölfe 83, 144
Leoparden 56, 59, 69, 124 f., 188
Levante 122
Liebe 162, 176, 178, 209
Lorenz, Konrad 26, 50, 89, 91, 119, 132, 209
Löwen 28, 41, 50, 55 f., 58–62, 70, 72, 78 f., 83–86, 90–93, 96 f., 103 f., 107, 115, 117, 124
Luchse 58

Madagaskar 106
Malaria 78, 80
Mammuts 27–29, 58, 92, 102, 104, 114 f., 122
Mammutsteppe 30, 58, 76–78, 80 f., 83, 112, 114 f., 122

Mann, Thomas 46, 101, 139
Marabus 61
Märchen 208
Marder 52 f., 58, 115
Markieren 155
Martin, Paul S. 106
Masern 95
Mastodonten 58
Maulkorb 46
Mäuse 10, 55, 185 f., 190, 192, 194 f.
Megafauna 76, 80, 104, 106–108, 112, 123
Menschenaffen 66
Mexiko 69, 76
Michel, Kai 180
Mischlinge 24 f., 55, 66, 87, 129, 131, 148
Mittelamerika 104
Mittelmeer 193
Molekulargenetik 24, 94
Möllers, Florian 192
Molossertyp 37
Mongolei 124, 126
Möpse 23
Moschusochsen 28, 93, 105
Müllhalden 44, 55, 63
Murmeltiere 92

Nackthunde 25
Nagana 78, 81
Namibia 123
Nashörner 58, 93, 122
Nationalparks 56 f., 60
Neandertaler 33, 38, 65, 74, 82, 87–89, 93–99, 101, 107–109, 111–114, 122, 124, 179
Neotenie 182
Neuseeland 106
Ngorongoro-Krater 56, 77
Nilpferde 59, 98
Nomaden 29, 36, 68, 80, 86, 109, 120, 180
Nordamerika 26, 29, 33, 36 f., 51, 58, 68 f., 75 f., 86, 93, 104–108
Nordmeer 106, 124
Nougier, Louis-René 93

Österreich 11, 14, 48, 186
Oxytocin 175

Pääbo, Svante 94
Pakistan 59
Palästina 113, 122
Panther 39
Parias 20, 42–45, 47–50, 55, 62 f., 119, 127, 151, 178, 191, 193, 197, 209
Paviane 57
Pavlow, Iwan 157, 164
Permafrost 71, 74–76
Pferde 58, 71, 79, 81, 93, 104, 114 f., 155, 157
Plautus 161
Pleistozäner Overkill 106 f., 112, 125
Polizeihunde 13, 15, 21, 139 f., 181, 207
Prägung 132–134, 160 f., 168, 171, 177
Prägungsblick 161
Primaten 57
Probst, Ernst 92
Pumas 78, 105
Pyrenäen 27

Rangordnung 43, 48
Ratten 10, 195
Raubtiere 29, 39, 41, 51, 53, 56, 58 f., 64, 70, 72, 77, 84, 86, 90, 98–100, 103 f., 107, 110, 117

Raumsinn 167, 169 f.
Reflexe 150, 157, 159, 164
Regression, unendliche 149
Rehe 52, 101, 169, 194
Rehpinscher 23, 186
Rentiere 28, 58, 93, 105
Reviere 70, 143
Rhein 59
Ridgebacks 145
Riesenfaultiere 104
Riesengürteltiere 104
Riesenhirsche 28, 58, 93, 122
Rinder 37, 78, 81, 103, 124, 180, 196
Romulus und Remus 34
Rothirsche 93, 105
Rotwölfe 40
Rudel 30 f., 43, 47–49, 61, 67, 70, 73, 83–86, 89–92, 99, 112, 116 f., 144, 157, 175, 182

Säbelzahntiger 28, 96
Sahara 102, 107, 123
Sambesi 80
Savanne 67, 77, 80, 107, 123
Schabrackenschakale 50, 60
Schafe 37, 53, 103, 124, 148, 171 f.
Schäferhunde 11–14, 20 f., 135, 140, 145 f.
Schakale 24, 26, 40, 42, 50–52, 54–56, 60–63, 65, 67, 83 f., 89, 91, 116, 119, 193
Schilthuizen, Menno 196
Schimpansen 57, 157
Schlafkrankheit 78, 80
Schlittenhunde 19, 66, 147
Schnauzer 8, 135
Schnee 19, 28, 74, 77, 123, 136, 141, 147 f.
Schneeleoparden 124
Schoßhunde 23
Schwalben 195
Schwarzbären 105
Schweine 125, 178, 196
Schwitzen 66, 74, 79
Sehsinn 166 f., 170 f.
Selbstdomestikation 35–39, 118–121, 127, 179, 192, 197
Selektion 83, 109, 118 f., 121, 192
Serengeti 56, 60, 68, 72, 77
Sesshaftwerden 35, 37, 41, 100, 120, 179–181, 185, 196, 210
Seuchenmodell 95
Shepard, Paul 208
Shipman, Pat 88–91, 94–96, 108
Sibirien 29, 59, 75, 78, 86, 93, 104, 121, 124, 126
Silberfüchse 192
Silvester 155 f.
Simienwölfe 40, 67
Sinnesorgane 157, 166
Sinnesschädigungen 167
Sozialdarwinismus 183
Sozialverhalten 50, 86, 119, 175
Speicheln 157
Spiegelneuronen 176–178
Spitze 126
Sprache 110–112, 159 f., 166, 168, 172, 174, 189
Spürhunde 168, 171
Staupevirus 60
Steinbeck, John 176
Steinböcke 92 f.
Steinzeit 7, 27, 32, 38, 46, 52, 54, 91, 100, 114, 179 f., 196
Stiere 79
Störche 44, 61, 195
Straßenhunde 45, 47–50, 63, 119, 151, 178

Streunende Hunde 20, 40, 42, 44, 55, 193
Stubentiger 184, 187
Südaffen 57
Südamerika 19, 40, 102, 104, 108
Sykes, Bryan 89–91, 96, 108, 120, 176
Symbiose 117, 179

Tapire 104
Tasmanien 104
Tasmanische Tiger 103
Tastsinn 166 f., 170
Tauben 195
Thailand 38
Themse 59
Thermoneutraltemperatur 73 f.
Tibet 76
Tiergestützte Therapie 140, 145
Tierheime 160
Tierkörperverwertung 115
Tiger 28, 58 f., 92, 96, 104, 124 f., 187
Tirol 92
Tischofer Höhle 92
Tollwut 47, 63
Torfspitze 37
Totemtiere 86
Trinkaus, Erik 94
Tropenwälder 69
Trypanosomen 78, 81
Tsetsefliegen 78–81, 87, 107
Tundra 69, 76
Tüpfelhyänen 28, 61

Ural 123
Urhunde 37
Ursprungsorte des Hundes 37
Urvertrauen 162

Van Schaik, Carel 180
Verdauungsenzyme 180 f.
Verhaltensforschung 26, 132, 160
Viehzucht 33, 36
Vielfraße 58 f., 92, 115
Viren 196
Vögel 12 f., 17, 32, 52, 61, 63 f., 100, 132, 136, 173, 190 f., 195

Wanzen 195
Wapitis 105
Warzenschweine 70
Weichselglazial 29, 35, 121
Wiesel 52, 58
Wildbeuter 53, 111
Wildhunde 39, 50, 60
Wildkatzen 56, 185, 191
Wildpferde 58, 71, 79, 114
Wildschweine 169
Williams-Beuren-Syndrom 176
Windhunde 23
Wisconsin-Eiszeit 29
Wisente 58, 105
Wolfskinder 31, 34
Wollnashörner 58, 93, 122
Wrangelinsel 104
Wrangham, Richard 99, 180
Wundstarrkrampf 8
Würmer 195
Würmglazial 29, 35, 121
Wynne, Clive 162, 176, 178

Zebras 58, 60 f., 78 f., 81
Zecken 163
Ziegen 37, 124
Zucht 20, 24 f., 32, 35, 37, 42, 44, 47, 66, 100, 118, 124 f., 127, 129–131, 135, 148, 165, 170, 172, 175, 178 f., 188, 196